制造业高技能应用丛书

编委会

编委会主任：张立新

副 主 任：张亚福

丛 书 主 编：李 锋

副 主 编：董湘敏

编 委： 白文韬 邓文亮 董湘敏 董英娟 段 莉
何婷婷 李艳艳 刘 静 刘翔宇 任小文
苏 磊 汤振宁 吴静然 杨 发 杨 峰
杨小强 杨志丰 姚 远 张黎明 张暑军
张香然 张永乐 张 宇 赵 玮

（按姓氏拼音排序）

组编单位：陕西航天职工大学

制造业高技能应用丛书

轨道交通装备无损检测

吴静然　主编

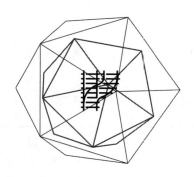

化学工业出版社

·北京·

内容简介

本书紧扣轨道交通无损检测岗位核心技能，详细讲解了目视检测、超声检测、射线检测、磁粉检测、渗透检测、涡流检测和TOFD、超声相控阵、数字射线成像等检测新技术。本书为方便读者考取相应的职业等级证书，以及满足学校相关课程的实训要求，还设置了实操和考证篇目，并以项目式的形式编写。

本书可供高等职业院校相关专业师生及从事铁路无损检测的工程技术人员学习参考。

图书在版编目（CIP）数据

轨道交通装备无损检测/吴静然主编．—北京：化学工业出版社，2024.5
ISBN 978-7-122-44874-3

Ⅰ.①轨… Ⅱ.①吴… Ⅲ.①轨道交通-交通设施-无损检验 Ⅳ.①U239.5

中国国家版本馆 CIP 数据核字（2024）第 067728 号

责任编辑：王 烨　　　　　　　　　　文字编辑：张 宇　陈小滔
责任校对：边 涛　　　　　　　　　　装帧设计：王晓宇

出版发行：化学工业出版社
　　　　　（北京市东城区青年湖南街13号　邮政编码100011）
印　　刷：北京云浩印刷有限责任公司
装　　订：三河市振勇印装有限公司
787mm×1092mm　1/16　印张16½　字数432千字
2024年8月北京第1版第1次印刷

购书咨询：010-64518888　　　　　　　售后服务：010-64518899
网　　址：http://www.cip.com.cn
凡购买本书，如有缺损质量问题，本社销售中心负责调换。

定　　价：89.00元　　　　　　　　　　　　　　　版权所有　违者必究

前言 PREFACE

无损检测技术被广泛应用于铁路车辆的各个生产和应用环节，已成为铁路车辆检修的重要检测手段之一。本书以培养应用型、技术型、创新型人才为目标，以职业能力为主线，通过对"1+X"轨道交通装备无损检测职业技能等级证书考证的教育教学实践，结合大量的实例实训，实现"教、学、做、考"一体化，使读者既能以直观快捷的方式进行实操，掌握一般的无损检测工作流程和方法，也为后续上岗工作打下坚实基础。

本书注重能力与基础知识融会贯通，以"基础理论够用为度"为原则，重点突出实用性。本书分为技能基础部分和实操与考证部分。技能基础部分详细介绍了目视检测、超声检测、射线检测、磁粉检测、渗透检测、涡流检测、检测新技术（TOFD检测、超声相控阵检测、数字射线成像检测）等内容。实操与考证部分以"1+X"轨道交通装备无损检测职业技能等级证书初、中级考试大纲为依据，针对目视检测、超声检测、射线检测、磁粉检测、渗透检测、涡流检测进行专项训练。

本书由河北石油职业技术大学吴静然主编，并负责全书的统稿工作，同时编写了第1章、第3章、第10章和附录。河北石油职业技术大学李艳艳编写第2章、第9章。中车唐山机车车辆有限公司张香然编写第4章、第11章。河北石油职业技术大学刘翔宇编写第5~7章、第12~14章。承德江钻石油机械有限责任公司付智和河北石油职业技术大学计延琦编写第8章。河北石油职业技术大学汤立松、王锋、褚亮也参与本书编写工作。

陕西智展机电技术服务有限公司为本书编写提供了大量帮助，另外，编写中参阅了国内外出版的部分教材和资料，在此一并表示衷心感谢！

限于编写时间和水平，书中难免存在不足之处，恳请读者和同行批评指正。

编者

目录

第1部分 技能基础

第1章 轨道交通无损检测基础 002
1.1 轨道交通装备焊接无损检测基础 002
1.2 轨道交通装备无损检测常用方法 003
1.3 轨道交通装备的缺陷检测 005
　1.3.1 铁道车辆缺陷的无损检测 005
　1.3.2 地铁车辆缺陷的无损检测 006
1.4 轨道交通装备无损检测的标准解读 007

第2章 目视检测 008
2.1 目视检测概述 008
　2.1.1 基本概念 008
　2.1.2 目视检测的必需条件 008
　2.1.3 目视检测的方法 009
2.2 目视检测设备与仪器 011
2.3 目视检测的方法 013

第3章 超声检测 014
3.1 超声检测设备和器材 014
　3.1.1 超声波简介 014
　3.1.2 超声波在介质中的传播 014
　3.1.3 超声波的获得和超声场 016
　3.1.4 超声检测仪器 017
　3.1.5 探头 018
　3.1.6 试块 021
　3.1.7 耦合剂 024

3.2 锻件的超声检测 ·· 025
    3.2.1 锻件中常见缺陷 ·· 025
    3.2.2 锻件检测 ··· 025
    3.2.3 锻件超声检测质量级别评定 ··· 028
3.3 平板对接焊缝超声检测 ··· 029
    3.3.1 超声检测技术等级 ·· 029
    3.3.2 检测条件的选择 ·· 030
    3.3.3 扫查 ·· 033
    3.3.4 检测仪的调节 ·· 034
    3.3.5 缺陷的定位 ··· 035
    3.3.6 缺陷的定量 ··· 035
    3.3.7 焊缝超声检测质量级别评定 ··· 038
3.4 轨道交通装备典型零部件超声检测 ·· 039
    3.4.1 车轴超声检测 ·· 039
    3.4.2 车轮超声检测 ·· 042
    3.4.3 检测系统校验 ·· 046

第 4 章 射线检测 ·· 047

4.1 射线检测概述 ·· 047
    4.1.1 基本原理 ··· 047
    4.1.2 射线的分类 ··· 047
    4.1.3 射线检测的优缺点 ·· 048
4.2 射线检测工艺卡识读与设备、器材 ·· 049
    4.2.1 射线检测工艺卡的用途及识读 ·· 049
    4.2.2 工艺卡示例 ··· 049
    4.2.3 X射线机的种类和特点 ·· 054
    4.2.4 射线检测辅助设备、器材 ·· 055
4.3 暗室处理技术 ·· 061
    4.3.1 射线胶片 ··· 061
    4.3.2 胶片暗室处理的基本程序 ·· 066
    4.3.3 胶片暗室处理的注意事项 ·· 068
    4.3.4 显影和定影的影响因素 ··· 069
    4.3.5 胶片干燥的方法 ·· 071
4.4 射线机结构及透照操作 ··· 071
    4.4.1 X射线机的基本结构 ··· 071
    4.4.2 X射线管的相关知识 ··· 075

  4.4.3　X射线机操作流程及注意事项 ……………………………………………… 079
  4.4.4　X射线透照参数的确定 ………………………………………………………… 081
  4.4.5　标记带的组成及制作要求 …………………………………………………… 085
  4.4.6　贴片的要求和方法 …………………………………………………………… 085
  4.4.7　像质计（IQI）的摆放要求 …………………………………………………… 086
 4.5　钢板、钢管对接焊接接头的射线检测 ………………………………………………… 087
  4.5.1　散射线的来源与分类 …………………………………………………………… 087
  4.5.2　散射线的影响因素 ……………………………………………………………… 090
  4.5.3　散射线的控制措施 ……………………………………………………………… 091
  4.5.4　射线透照技术等级的确定 ……………………………………………………… 093
  4.5.5　底片黑度及测量 ………………………………………………………………… 096
  4.5.6　底片的质量要求 ………………………………………………………………… 097
  4.5.7　评片基本知识 …………………………………………………………………… 098
  4.5.8　焊接缺陷的影像分析 …………………………………………………………… 101
 4.6　轨道交通装备典型零部件射线检测 …………………………………………………… 106
  4.6.1　摇枕、侧架式转向架概述 ……………………………………………………… 106
  4.6.2　摇枕、侧架的射线检测 ………………………………………………………… 107
  4.6.3　铸钢件底片影像分析及评定 …………………………………………………… 116
 4.7　射线防护 ………………………………………………………………………………… 118
  4.7.1　辐射生物效应 …………………………………………………………………… 118
  4.7.2　辐射损伤 ………………………………………………………………………… 118
  4.7.3　射线防护方法 …………………………………………………………………… 119
  4.7.4　辐射防护监测 …………………………………………………………………… 119

第5章　磁粉检测 …………………………………………………………………………… 121

 5.1　磁粉检测的基本知识 …………………………………………………………………… 121
  5.1.1　磁粉检测的基本原理 …………………………………………………………… 121
  5.1.2　磁粉检测的适用范围及优缺点 ………………………………………………… 122
  5.1.3　磁粉检测的检测方法 …………………………………………………………… 123
 5.2　磁粉检测的器材和设备 ………………………………………………………………… 123
  5.2.1　磁粉（磁悬液） ………………………………………………………………… 123
  5.2.2　磁粉检测设备 …………………………………………………………………… 124
  5.2.3　标准试片 ………………………………………………………………………… 124
  5.2.4　标准试块 ………………………………………………………………………… 125
 5.3　工件的磁化方法 ………………………………………………………………………… 126
  5.3.1　周向磁化 ………………………………………………………………………… 126

    5.3.2 纵向磁化 ·· 127
  5.4 工件的磁化规范 ·· 129
    5.4.1 轴向通电法和中心导体法的磁化规范 ·············· 129
    5.4.2 触头法的磁化规范 ·· 129
    5.4.3 磁轭法的磁化规范 ·· 130
  5.5 磁痕的观察、分析与记录 ···································· 130

第6章 渗透检测 ··· 132

  6.1 渗透检测的一般知识 ·· 132
    6.1.1 渗透检测的基本原理 ··································· 132
    6.1.2 渗透检测的优缺点 ·· 133
  6.2 渗透检测试剂 ·· 134
  6.3 渗透检测设备及辅助器材 ···································· 134
    6.3.1 渗透检测设备 ·· 134
    6.3.2 渗透检测试块 ·· 136
  6.4 渗透检测方法和步骤 ·· 139
  6.5 渗透检测观察、评定和记录 ································· 140
    6.5.1 观察 ·· 140
    6.5.2 显示的分类 ··· 141
    6.5.3 缺陷的评定 ··· 142
    6.5.4 缺陷的记录 ··· 142
    6.5.5 渗透检测报告 ·· 143

第7章 涡流检测 ··· 145

  7.1 涡流及集肤效应 ··· 145
    7.1.1 涡流 ·· 145
    7.1.2 集肤效应 ·· 145
  7.2 涡流检测的原理 ··· 146
    7.2.1 涡流检测的基本原理 ···································· 146
    7.2.2 涡流检测技术的分类 ···································· 146
  7.3 涡流检测的特点与应用 ··· 147
  7.4 涡流检测器材 ·· 148
    7.4.1 涡流检测线圈 ·· 148
    7.4.2 涡流检测仪 ··· 151
    7.4.3 试样 ·· 152
  7.5 涡流检测的一般步骤 ·· 153

	7.5.1 检测前的准备工作	154

    7.5.1　检测前的准备工作 …………………………………………………… 154
    7.5.2　确定检测规范 ………………………………………………………… 154
    7.5.3　检测工件 ……………………………………………………………… 155
    7.5.4　检测结果的分析与评定 ……………………………………………… 155

第 8 章　新技术 ………………………………………………………………… 156

  8.1　TOFD 检测 ……………………………………………………………… 156
    8.1.1　TOFD 检测简介 ……………………………………………………… 156
    8.1.2　TOFD 检测设备 ……………………………………………………… 159
    8.1.3　TOFD 检测操作 ……………………………………………………… 161
    8.1.4　TOFD 检测应用案例 ………………………………………………… 163
    8.1.5　TOFD 检测的典型焊接缺陷 ………………………………………… 165
  8.2　超声相控阵检测 ………………………………………………………… 172
    8.2.1　超声相控阵检测简介 ………………………………………………… 172
    8.2.2　超声相控阵检测设备 ………………………………………………… 177
    8.2.3　超声相控阵检测操作 ………………………………………………… 182
    8.2.4　超声相控阵检测的典型焊接缺陷 …………………………………… 184
  8.3　数字射线成像检测 ……………………………………………………… 188
    8.3.1　数字射线成像检测简介 ……………………………………………… 188
    8.3.2　数字射线成像检测系统 ……………………………………………… 190
    8.3.3　数字射线成像检测应用案例 ………………………………………… 192
    8.3.4　数字射线成像检测的典型焊接缺陷 ………………………………… 193

第 2 部分　实操与考证

第 9 章　项目一：目视检测 ………………………………………………… 196

  9.1　任务一：作业指导书编写 ……………………………………………… 196
  9.2　任务二：目视检测操作 ………………………………………………… 198
    9.2.1　任务要求 ……………………………………………………………… 198
    9.2.2　工具准备 ……………………………………………………………… 199
    9.2.3　任务实施 ……………………………………………………………… 199
  9.3　任务三：结果评定 ……………………………………………………… 201

第 10 章　项目二：超声检测 ………………………………………………… 202

  10.1　任务一：作业指导书编写 ……………………………………………… 202

10.2 任务二：锻件超声检测操作 ·· 203
    10.2.1 任务要求 ··· 203
    10.2.2 工具准备 ··· 203
    10.2.3 任务实施 ··· 204
10.3 任务三：焊缝超声检测操作 ·· 205
    10.3.1 任务要求 ··· 205
    10.3.2 工具准备 ··· 205
    10.3.3 任务实施 ··· 205
10.4 任务四：结果记录及报告编制 ·· 208

第11章 项目三：射线检测 ·· 212

11.1 任务一：作业指导书编写 ·· 212
11.2 任务二：射线检测操作 ·· 213
    11.2.1 任务要求 ··· 213
    11.2.2 工具准备 ··· 213
    11.2.3 任务实施 ··· 214
11.3 任务三：结果评价及报告编制 ·· 214

第12章 项目四：磁粉检测 ·· 216

12.1 任务一：作业指导书编写 ·· 216
12.2 任务二：磁粉检测操作 ·· 218
    12.2.1 任务要求 ··· 218
    12.2.2 工作准备 ··· 218
    12.2.3 任务实施 ··· 218
12.3 任务三：结果评价及报告编制 ·· 219

第13章 项目五：渗透检测 ·· 221

13.1 任务一：作业指导书编写 ·· 221
13.2 任务二：渗透检测操作 ·· 223
    13.2.1 任务要求 ··· 223
    13.2.2 工具准备 ··· 223
    13.2.3 任务实施 ··· 223
13.3 任务三：结果评价及报告编制 ·· 224

第14章 项目六：涡流检测 ·· 225

14.1 任务一：作业指导书编写 ·· 225

| 14.2 任务二：涡流检测操作 ………………………………………………………… 227
| 14.2.1 任务要求 ………………………………………………………………… 227
| 14.2.2 工作准备 ………………………………………………………………… 227
| 14.2.3 任务实施 ………………………………………………………………… 228
| 14.3 任务三：结果评价及报告编制 ……………………………………………… 229

附录 …………………………………………………………………………………… 231

　　"1+X"轨道交通装备无损检测等级考试通用样题 ……………………………… 231
　　"1+X"轨道交通装备无损检测等级考试专业样题 ……………………………… 241

参考文献 ……………………………………………………………………………… 251

第1部分

技能基础

第1章
轨道交通无损检测基础

无损检测技术促进了工业的发展，继而促进了整个经济的发展。因此，无损检测技术水平从某种意义上讲，可以作为衡量一个国家工业和经济发展的程度，以及科学技术发展水平高低的标志之一，在一定程度上反映了一个国家的工业发展水平。汽车、船舶、飞机、航天、原子能（核能）、石油、化工、电子等工业各部门的迅猛发展，促进了焊接技术的发展。在焊接生产中，焊接质量是焊接结构的生命线，而焊接检测在焊接质量控制活动中扮演着重要的角色。事实上，为了有效地开展焊接检测工作，检测人员必须具有较宽的知识面和检测技巧，因为焊接检测并不只是简单地看看焊缝，更重要的是要对焊接产品的质量水平，特别是缺陷的存在与影响作出合理的判断。

1.1 轨道交通装备焊接无损检测基础

无损检测（non-destructive testing，NDT）是指在不损害或不影响被检测对象使用性能，不伤害被检测对象内部组织的前提下，利用材料内部结构异常或缺陷存在引起的热、声、光、电、磁等反应的变化，以物理或化学方法为手段，借助现代化的技术和设备器材，对试件内部及表面的结构、性质、状态，以及缺陷的类型、性质、数量、形状、位置、尺寸、分布及其变化进行检查和测试的方法。

与破坏性检测相比，无损检测有以下特点：一是具有非破坏性，因为它在做检测时不会损害被检测对象的使用性能；二是具有全面性，由于检测是非破坏性的，因此必要时可对被检测对象进行全面检测，这是破坏性检测办不到的；三是具有全程性，破坏性检测一般只适用于对原材料进行检测，如机械工程中普遍采用的拉伸、压缩、弯曲等，破坏性检验都是针对制造用原材料进行的，对于产成品和在用品，除非不准备让其继续服役，否则是不能进行破坏性检测的，而无损检测因不损坏被检测对象的使用性能，所以，它不仅可对制造用原材料，各中间工艺环节，直至最终产成品进行全程检测，也可对服役中的设备进行检测。

焊接检测是应用无损检测的常见领域之一，也是轨道交通装备安全保障的重要环节。焊接生产是依据技术标准和技术规范、经规定程序批准实施的有关施工用工程图样、工艺文件及订货合同等进行的，在进行检测时也必须按照这些文件的规定进行。

(1) 相关技术标准和技术规范

产品标准按使用范围划分有国际标准、区域标准、国家标准、行业标准、企业标准等。通常对于标准的制定，国际标准由国际标准化组织（ISO）理事会审查，ISO理事会接纳国际标准并由秘书处颁布，在中国，国家标准由国务院标准化行政主管部门制定，行业标准由国务院有关行政主管部门制定，企业生产的产品没有国家标准和行业标准的，应当制定企业标准，作为组织生产的依据，并报有关部门备案。由此可见标准是产品生产的行动准则，执行标准有利于合理利用国家资源，推广科学技术成果，提高经济效益，保障安全和人民身体健康，保护消费者的利益，保护环境，有利于产品的通用互换等。所以，在焊接检测时应依据有关标准进行。除此之外还包括有关的技术规范，它通常规定了具体焊接产品的质量要求和质量评定方法，是指导焊接检测工作的法规性文件。

（2）工程图样

施工用工程图样一般都明确规定或提出对焊接质量或焊缝质量的具体要求，是生产中使用的最基本资料。根据一般技术和工艺管理有关规定，施工用工程图样通常是经过产品的试验、验收和规定审批程序批准的技术文件，加工制作须按图样的规定进行。通常图样规定了结构（件）的尺寸、形状及相应的偏差要求、材料、焊缝位置、坡口形式与尺寸、焊接方法及一些焊缝的检测要求等。

（3）检测的工艺文件

这类文件具体规定了检测方法及其实施过程，是检测工作的指导性实施细则，主要包括工艺规程及卡片、检测规程及卡片等。它们具体规定了检测方法和检测程序，指导现场检测人员进行工作。此外，这类文件还包括检查过程中收集的检测单据、检测报告、不良品处理单、更改通知单（如图样更改、工艺更改、材料代用、追加或改变检测要求等）等书面通知。

（4）订货合同

用户对产品焊接质量的要求在合同或有关协议中有明确标定的，可以视为图样和技术文件的补充规定，作为焊接检测的验收依据，有利于满足需求质量要求，使最终拿出的产品和客户的需求质量一致，注意要依照法律的规定执行。

无损检测的主要目的之一，就是对非连续加工（例如多工序生产）或连续加工（例如自动化流水线生产）的原材料、半成品、成品以及产品构件提供实时的工序质量控制，特别是控制产品材料的冶金质量与生产工艺质量，例如缺陷情况、组织状态、涂镀层厚度监控等，同时，通过检测了解到的质量信息又可反馈给设计与工艺部门，促使进一步改进设计与制造工艺以提高产品质量，减少废品和返修品，从而达到降低制造成本、提高生产效率的效果。由此可见，在生产制造过程中采用无损检测技术，及时检出原始的和加工过程中出现的各种缺陷并据此加以控制，防止不符合质量要求的原材料、半成品流入下道工序，可避免徒劳无功所导致的工时、人力、原材料以及能源的浪费，同时也促使设计和工艺方面的改进，亦即避免出现最终产品的"质量不足"。

另一方面，利用无损检测技术也可以根据验收标准将材料、产品的质量水平控制在符合使用性能要求的范围内，避免无限度地提高质量要求造成所谓的"质量过剩"。利用无损检测技术还可以通过检测确定缺陷所处的位置，在不影响设计性能的前提下使用某些存在缺陷的材料或半成品，例如使缺陷处于加工余量之内，或者允许局部修磨或修补，或者调整加工工艺使缺陷位于将要加工去除的部位等，从而可以提高材料的利用率，获得良好的经济效益。

1.2 轨道交通装备无损检测常用方法

轨道交通装备是铁路和城市轨道交通运输所需各类装备的总称，主要涵盖了机车车辆、工程及养路机械、通信信号、牵引供电、安全保障、运营管理等各种机电装备。最典型的轨道交通就是由传统火车和标准铁路所组成的铁路系统。随着我国铁路向高速、重载方向发展，在大力挖掘运输潜力的同时，列车的运行安全越来越引起人们的重视，为此对车辆的设计、制造、维修、运营管理等都提出了更高的要求。为了保证列车运行安全，在车辆的整个寿命期内，都必须对车辆零部件进行非破坏性检查，以确保零部件的使用可靠性。

目前无损检测技术被广泛应用于轨道交通领域的各个生产和应用环节，已成为铁路车辆检修的重要检测手段之一。近年来，随着无损检测技术的进步以及城市轨道交通的不断发展和进步，无损检测技术已经应用于城市轨道车辆的高级别检修中，能够对轨道车辆的车钩、走行部件、悬挂件等重要的系统部件的内部缺陷进行快速、准确检测，从而有效地提升轨道车辆的运行安全。

车辆中不同的部位有着不同的作用，且制造方式、运行方式、保修方式及工作时长都不一样，因此不同的部位需要不同的检测技术进行检测，而不同的检测技术由于作用的不同也需要有针对性地对零件部位进行检测。对于车辆的关键部位，由于不同的检测技术效果不同，因此不同的部位也要用相应的检测技术来检测才能达到更好的效果。

目前，轨道交通常用的无损检测技术有超声检测（UT）、磁粉检测（MT）、渗透检测（PT）、射线检测（RT）、涡流检测（ET）等，除此之外，还包括最简单的目视检测。

（1）超声检测

超声检测是利用超声波能穿透金属材料的特点来检查零件是否有缺陷的检测方法。车辆探伤通过超声波探头发射超声波，经过耦合剂入射到工件中传播，根据反射回波在荧屏上的位置和波幅高低判断缺陷的大小和位置。

超声检测技术是铁路轮轴、焊接件等关键零部件的重要检测手段之一，而目前车辆检修中主要将超声检测应用于轮轴镶入部位的检测。由于技术条件制约，目前地铁的超声检测技术多为A型脉冲反射法手动扫查，所使用的设备也以便携式为主，相控阵和TOFD（超声波衍射技术）等新技术在地铁车辆检修领域得到推广。

（2）磁粉检测

磁粉探伤是利用工件表面和近表面缺陷磁导率和钢铁磁导率的差异（磁化后这些不连续处的磁场将发生畸变），从而吸引磁粉形成缺陷处的磁粉堆积，来判断缺陷的位置。磁粉探伤可在适当的光照条件下，让被检测工件显现出缺陷位置和形状。磁粉探伤能够检测工件表面和近表面的裂纹、折叠、疏松、冷隔、发纹、非金属夹杂、未焊透、气孔等问题。

磁粉检测技术具有操作简单、灵敏度高、成本低的优点，因此是车辆检修中应用最广泛的一种无损检测技术，所使用的设备有固定式、在线通过式、移动式、便携式等多种。但由于磁粉检测是利用铁磁性材料在工件表面及近表面缺陷处产生漏磁的原理，因此它又具有一定的局限性，如只适用于铁磁性材料、需要去除表面油漆、对缺陷方向性有要求等。

（3）渗透检测

渗透检测是用于检查表面开口缺陷的检测方法，通过渗透剂渗入表面开口缺陷内，利用显像剂的作用将缺陷内的渗透剂吸附到工件表面形成痕迹而显示缺陷的存在。车辆探伤采用的渗透检测法是最有效的检测工件表面是否有破损的方法，可很好地检测表面点状和线状缺陷。

渗透检测技术不受工件几何形状影响，对缺陷方向和操作者要求也不高，但只局限于表面开放性缺陷的检测，而且操作过程较为繁琐，目前在车辆检修中，主要应用于中小型零部件的表面缺陷检测。

（4）射线检测

射线检测是利用X射线或γ射线穿透工件，透过工件的射线使工业胶片曝光，胶片经化学处理为底片，把底片放在专用观片灯上观察，可以看到不同黑度构成的不同形状的影像，根据影像评定内部结构或缺陷情况并依据相关标准评价其质量。

射线检测技术在铁路系统有较多应用，如摇枕、侧架射线检测，焊缝检测，压力容器检测，等。但由于存在放射性污染，该技术在地铁车辆检修中应用较少，目前有使用射线检测技术对风缸焊缝进行检测的。

(5) 涡流检测

涡流检测是指利用电磁感应原理,通过测量被检工件内感生涡流的变化来无损地评定导电材料及其工件的某些性能,或发现缺陷的无损检测方法。

涡流检测技术在铁路领域应用较少,法国铁路曾将其用于导管和滚动轴承部件的检测,我国国内也仅局限于轴承滚珠、整体轮辐板检测等,同样在地铁车辆检修中也有少量应用。

(6) 目视检测

目视检测是通过肉眼直接观察零件的表面,判断零件是否存在缺陷。通过目视或者借助强光手电筒进行整个车体目视检查,可观察焊缝是否有气孔等缺陷。目视检测操作简便,无需借助复杂的辅助器具,适用于较明显、可用肉眼直接观察到的车体焊接缺陷。这种检测方法虽然简单、快速、经济,但是存在明显的缺点,即需要检测人员视力好且只能检测零件表面。

为更好地维护交通设备,保障轨道交通安全,可利用工业内窥镜对列车车身一些难以直接观察到的部位进行检查。这种目视检测方式既不需要拆卸部件,也不需要对车身造成破坏,直接通过工业内窥镜前端探头就能深入车体并观察到车体部件内部的状况,包括走行部(转向架)内侧、摇枕内簧、列车车钩等部位,观察掉落的螺柱等异物以及裂纹、破损等情况,以方便工作人员及时进行维修和采取处理措施。

1.3 轨道交通装备的缺陷检测

1.3.1 铁道车辆缺陷的无损检测

(1) 车体缺陷检测

对于高铁车辆的车体,以铝合金钢板的应用最为广泛。车体采用薄壁筒形的整体承载式轻量化结构,主要构成部分如车顶、侧墙、边梁、横梁和骨架等均采用大面积铝合金挤压型材经加工后制成,型材与型材间通过纵向焊缝形成相应的机械结构。由此可见,铝合金钢板车体在制造过程中存在大量焊缝,且在车辆运行过程中受自身张力和雨水、冰雹、沙尘等外界环境的影响,极易对车身结构产生损伤。对于车体缺陷的检测,常使用的无损检测方法为目视检测和超声检测。

车体铝合金焊缝连接处缺陷经过底漆、中涂、腻子、面漆等工序后容易被掩盖,大部分内部分层缺陷极难通过目视检测直接发现,这时需要使用超声检测对内部分层缺陷进行检测。超声检测需要使用超声波探伤仪,选择合适的探头,并将车体表面进行清洁,同时还需要注意的是,车体铝合金材质的晶粒较大,仪器不宜选择过高的发射频率。超声检测法非常适合铝合金板材内部出现的分层缺陷的检测和诊断,具有效率高、速度快、检测准确的特点。

(2) 转向架缺陷检测

车辆转向架一方面支撑着车体的重量,另一方面也连接着车轮和电机,负责整个车辆的牵引和制动,且在运行过程中承载着巨大的振动和应力。一旦这些关键部位的铁磁性构件在运行中出现破损,会立刻引起较大的交通事故,造成巨大的人身和财产损失。

以中车某公司生产的 250km/h 速度级和谐号动车组高速列车为例,车辆转向架包括动车转向架和拖车转向架,其主要结构基本一致,主要由 H 型构架、空心轴轮对、铸钢轴箱体、铝合金前盖和铸铝整体齿轮箱结构构成。其中构架作为转向架的主体组成部分,其主要构成为钢板、铸钢和无缝钢管等材料的焊接结构,因此在转向架构架中存在铁磁性构件,如钢板、铸钢等。

对于车辆转向架构架的缺陷检测，可以采用超声检测和磁粉检测，其中超声检测与车体检测相似，而磁粉检测是使用便携式磁粉探伤仪对转向架刚性结构的表面缺陷进行有效定位和检测。值得注意的是，若转向架构架表面存在油漆层，需将油漆层剥离以避免干扰。同时，新兴的磁记忆检测技术可以在不损害构件的前提下检测转向架构架的早期应力集中，从而起到缺陷定位和预警的效果。

(3) 轮轴缺陷检测

高铁车辆的轮轴由车轮和车轴两部分组成，其中车轮作为车辆走行部的重要部件，极易产生各种类型的缺陷，包括车轮断裂、踏面擦伤、硌伤、滚动解除疲劳和剥离等。

对于相对明显的车轮断裂等缺陷，可以直接进行目视检测。而对于其他类型的车轮缺陷，主要采用磁粉检测和超声检测，其中磁粉检测可以有效检测出车轮表面细小的缺陷，而超声检测法可以对车轮和制动盘等压装部位的内部进行缺陷检测。高铁车辆的车轴一般会喷涂防锈剂，虽然仍可以使用磁粉检测但在实际应用中并不方便，因此车轴通常采用目视检测和超声检测。车轴的目视检测需要先观察车轴外表面涂装有没有破损，如斑点、切口等。若车轴表面有小的破损，但没有外露金属，则可以利用超声检测对内部进行缺陷检测。若车轴表面出现较宽范围的涂装破损或明显的腐蚀，必须马上更换轮对，且须采取必要的维修措施。

(4) 车钩缺陷检测

车钩是连挂机车和车辆或车辆和车辆之间的关键零部件，其主要作用是传递牵引力及冲击力，并使车辆之间保持一定距离。磁粉检测、超声检测和射线检测是车钩检修中常用的无损检测方法。其中，磁粉检测可以对车钩缓冲器各零部件的表面及近表面缺陷进行诊断，无法对内部缺陷进行检测，有一定的局限性；射线检测可以直观显示车钩内部缺陷形貌，且灵敏度较高，研究表明射线检测能检测出的最小缺陷尺寸要小于超声检测，因此射线检测适合较小尺寸缺陷的检测；超声检测则可以得到缺陷的深度信息，它适用于车钩材质较厚位置的检测。

1.3.2 地铁车辆缺陷的无损检测

(1) 轴轮缺陷检测

地铁车辆的轴轮部位是承载车身重量和运行的重要部位，轴轮的检测可以用超声检测或磁粉检测。超声检测穿透力强，可以检测轴轮内部缺陷，磁粉检测对于表面的损坏检测力强，两者结合可以更好地对轴轮的安全进行保障。

(2) 风缸缺陷检测

风缸的无损检测通常使用射线检测或超声检测。由于风缸处于地铁车辆的内部，耐压且气密性状态使它成为影响地铁车辆安全行驶的重要因素。风缸属于压力容器，制作材料是非金属类材料，因此利用射线或超声波对风缸进行检测是最方便且最安全的。

(3) 发动机缺陷检测

对于地铁车辆状态的检测，如发动机的检测，可以采用超声检测和射线检测。射线检测可以查出发动机内部状况，看里面是否有损坏。超声检测对发动机的外部检测非常精确。地铁车辆发动机推动整个车辆的运行，如今发动机的研究也向着越来越高的效率前进，因此对发动机的检测也应十分谨慎。

(4) 转向架缺陷检测

地铁车辆转向架支撑着车辆整体的重量，承载着机身的各种负荷与作用力，是车辆的重要组成部件之一。由于转向架自身的作用使它长期处于磨损的状态，因此其检测方式选择磁粉检测和渗透检测。

1.4 轨道交通装备无损检测的标准解读

（1）铁道车辆

铁路无损检测主要分为机车车辆专业无损检测和工务专业无损检测。2014年国家铁路局国铁科法〔2014〕50号《国家铁路局关于公布铁道行业技术标准复审结果的通知》，对当时现行有效的1740个铁道行业技术标准进行了全面复审，保留898个标准作为行业标准，废止842个标准，其中无损检测相关标准废止23项。2015年中国铁路总公司颁布了铁总科技〔2015〕17号《中国铁路总公司关于部分原铁道行业标准转为总公司技术标准的通知》文件。对上述两个文件审核后认为继续有效的标准进行整合，现行有效的无损检测标准如表1-1所示。

表1-1 现有机车车辆无损检测行业标准

序号	标准编号	标准名称
1	TB/T 1558.1—2020	《机车车辆焊缝无损检测 第1部分:总则》
2	TB/T 1558.2—2018	《机车车辆焊缝无损检测 第2部分:超声检测》
3	TB/T 1558.3—2020	《机车车辆焊缝无损检测 第3部分:射线照相检测》
4	TB/T 1558.4—2018	《机车车辆焊缝无损检测 第4部分:磁粉检测》
5	TB/T 1558.5—2018	《机车车辆焊缝无损检测 第5部分:渗透检测》
6	TB/T 1618—2001	《机车车辆车轴超声波检验》
7	TB/T 1619—2010	《机车车辆车轴磁粉探伤》
8	TB/T 2494.1—1994	《轨道车辆车轴探伤方法 新制车轴超声波探伤》
9	TB/T 2494.2—2010	《轨道车辆车轴探伤方法 第2部分:在役车轴超声波探伤》
10	TB/T 2995—2000	《铁道车轮和轮箍超声波检验》
11	TB/T 3078—2003	《高磷闸瓦超声波检验》
12	TB/T 3105.1—2009	《铁路货车铸钢摇枕、侧架无损检测 第1部分:射线照相检验》
13	TB/T 3105.2—2009	《铁路货车铸钢摇枕、侧架无损检测 第2部分:超声波检验》
14	TB/T 3105.3—2009	《铁路货车铸钢摇枕、侧架无损检测 第3部分:磁粉检验》

（2）地铁车辆

与铁道车辆相比，地铁车辆有其鲜明的特点，由于关键零部件的制造工艺多由国外引入，因此在进行无损检测时多采用ISO、EN、NF等相关国际标准，同时结合相关铁路（TB）标准，如ISO 17638：2016《焊缝的无损检测—磁粉检测》、ISO 17636-1：2022《焊缝无损检测—熔化焊接接头射线检测》、ISO 17640：2018《焊缝无损检测—超声波检测技术、检测级别和评定》、ISO 17637：2016《焊缝无损检测—熔化焊焊接接头外观检测》、EN ISO 3452-1：2021《无损检测—渗透检测》、EN 1291：2002《焊缝磁粉探伤验收等级》、EN 10228-1：2016《钢锻件的无损检测》、EN 1369：2012《铸造—磁粉检测》、NF F00-090《铁路制件磁粉探伤》等。

第2章
目视检测

2.1 目视检测概述

目视检测（visual testing，VT）是一种表面检测方法，其应用范围相当广泛，不但能检测工件的几何尺寸、结构完整、形状缺陷等，而且还能检测工件表面上的缺陷和其他细节。目视检测是国际上非常重视的无损检测第一阶段首要方法。按照国际惯例，目视检测要先做，以确认不会影响后面的检测，再接着做四大常规检测。

2.1.1 基本概念

目视检测是指用人的眼睛或借助于光学仪器对工业产品表面进行观察或测量的一种检测方法。肉眼观察是最通常和最简便的方法，也可以借助一些光学仪器和设备用探视的方法进行观测。目视检测是焊接无损检测中重要的第一环。

与其他表面检测方法相比，目视检测的主要优点有：
① 原理简单，易于掌握和理解；
② 不受或很少受被检产品的材质、结构、形状、尺寸等因素的影响；
③ 无需复杂的设备器材，检测结果直观、真实、可靠、重复性好等。

目视检测的局限性在于：
① 受到人眼分辨能力和仪器分辨率的限制，目视检测不能发现表面上非常细微的缺陷；
② 在观察过程中由于受到表面照度、颜色的影响容易发生遗漏现象。

目视检测常常用于检查焊缝，焊缝本身有工艺评定标准，都是可以通过目测和直接测量尺寸来做初步检测，发现咬边等不合格的外观缺陷，就要先打磨或者修整，之后才做其他深入的仪器检测。例如焊接件表面和铸件表面目视检测做得比较多，而锻件就很少。

2.1.2 目视检测的必需条件

（1）光源

在目视检查中，光照是必要条件之一，合适的照明条件是保证目视检测结果正确的前提。由于人眼对背景光的限制和敏感程度不同，不同的光照将产生不同的效果，所以根据检测对象和环境，制定出了具体的照度范围。一般检测时，至少要有160lx的光照强度，而用于检测或研究一些小的异常区时，则至少要有540lx的光照强度。光源可以是自然光源（日光），也可以是人工光源，可视具体情况进行选择。

（2）目视检测的分辨率

目视检测使用的基本工具是人的眼睛。影响目视检测的因素包括照在被检物体上的光线波长或颜色，光照强度，以及物体所处现场的背景颜色和结构等。反差是很重要的，白色背景中的红线能在白色光中被看见,但在淡蓝色光中能看得很清楚,如果红色光照着整个现场,则实际上就看不见这根红线了。因此,同样的缺陷由于背景光的不同,将产生不同的视觉效果。同时,应避免光线闪耀刺眼,有时为了清楚地显示缺陷,应改变光线的入射方向,这也是为了使背景光产生更好的视觉效果。

正常的眼睛,在平均视野下,能看清直径大约为0.25mm的圆盘和宽度为0.025mm的线。正常眼睛不能聚焦的距离小于150mm,要借助于光学仪器,使被检物由不可见变为可见。

人眼与被检表面的距离不大于600mm,视线与被检表面夹角大于30°,自然光源或人工光源的条件下,能在18%中性灰度纸板上分辨出一条宽度为0.8mm的黑线,是目视检测必须达到的分辨率(图2-1)。

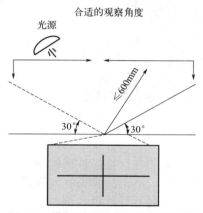

图2-1 横侧梁接口处焊缝目视检测

2.1.3 目视检测的方法

目视检测可分为直接目视检测和间接目视检测两种检测技术。

(1) 直接目视检测

直接目视检测(图2-2)是指直接用人眼或使用放大倍数为6倍以下的放大镜,对试件进行检测。在进行直接目视检测时,应当能够充分靠近被检试件,使眼睛与被检试件表面距离不超过600mm,视线与被检表面所成的夹角不小于30°。检测区域应有足够的照明条件,一般检测时,至少要有160lx(勒克斯)的光照强度,但不能有影响观察的刺眼反光,特别是对光泽的金属表面进行检测时,不应使用直射光,而要选用具有漫散射特性的光源,通常光照强度不应大于2000lx。对于必须仔细观察或发现异常情况需要进一步观察和研究的区域则要保证有540lx以上的光照强度。

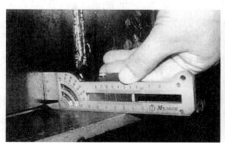 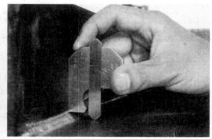

图2-2 直接目视

直接目视检测应能保证在与检测环境相同的条件下，清晰地分辨出18%中性灰度色卡上面0.8mm的黑线。

（2）间接目视检测

无法直接进行观察的区域，可以辅以各种光学仪器或设备进行间接观察，如使用反光镜、望远镜、工业内窥镜、光导纤维或其他合适的仪器进行检测（图2-3）。我们把不能直接进行观察而借助于光学仪器或设备进行目视观察的方法称为间接目视检测。间接目视检测必须至少具有与直接目视检测相当的分辨能力。

图2-3　间接目视检测

（3）遥测目视检测技术

在实际工作中，有些区域，既无法进行直接目视检测，又无法使用普通光学设备进行间接目视检测，甚至这些区域附近工作人员无法较长时间停留或根本无法接近。例如对核电站蒸汽发生器一次侧管板、传热管二次侧进行目视检测时，由于附近区域放射性剂量相当高，人在这样的区域长时间工作是不适合的；又例如对反应堆压力容器内壁、接管段等进行目视检测时，由于环境中放射性剂量相当高，而且反应堆压力容器中又充满了水，人根本无法靠近。因此，必须使用专用的机械装置加光学设备对这些设备进行目视检测。我们把使用特殊的机器装置加光学设备，人在相对远和安全的地方通过遥控技术对试件进行目视检测的技术称为遥测目视检测技术。遥测目视检测技术属于间接目视检测技术。当然，遥测目视检测同样必须至少具有与直接目视检测相当的分辨能力。

（4）图像记录

记录方法一般分为纸质记录、照片记录、录像记录、腹膜记录等多种方法。

① 纸质记录：这是一种最常用的方法，适用于各种不同的场合，通过观察对发现的问题用文字描述结合绘制简图的方法进行记录。其常用于单件试件的直接目视检测，具有成本低、经济性好的特点，但是对图像的记录不够直观、准确，只能绘制形状较为简单的试件和缺陷。

② 照片记录：使用普通照相机或数码照相机对观察发现的问题进行拍摄，普通照相机记录在感光胶片上，通过冲洗得到便于观察的照片，数码照相机记录在存储介质上，通过计算机屏幕观察，也可以与普通感光胶片一样冲洗成照片后，进行观察分析。照相记录具有图像清晰直观、真实、成本低、经济性好等特点，但是所记录的图像往往比实际的缺陷小，有时受环境、背景的影响较难一次全面记录缺陷。

③ 录像记录：使用普通摄像机或数码摄像机对观察发现的问题进行拍摄或对整个检测区域进行拍摄，记录在磁带或储存器上，然后通过放录系统重现所拍摄图像。其具有图像清晰、直观、真实等特点，但是使用摄像机要有较高的专业技能，否则所拍摄图像容易产生抖动、模糊等现象。

④ 腹膜记录：使用特种材料如橡皮泥、胶状树脂等对缺陷进行印膜，适用于记录表面不规则类缺陷，其记录的印膜与真实缺陷凹凸相反、大小相同，有助于缺陷大小、深度的精确测量和永久保存。使用腹膜记录对操作者有较高的要求，揭膜时必须小心以防印膜损坏。

2.2 目视检测设备与仪器

(1) 放大镜

放大镜是观察小于 0.2mm 的物体的一种最简单的光学仪器，放大倍数一般在 6 倍以下。为使用方便通常选用带有手柄，带照明，透镜直径一般为 80~150mm 的放大镜，如图 2-4 所示。

(2) 望远镜

望远镜是能把远方很小的物体的张角按一定的倍率放大，使之在像空间具有较大的张角，使本来无法用肉眼看清或分辨的物体变得清楚可见，如图 2-5 所示。

图 2-4　放大镜　　　　　　　　　图 2-5　望远镜

(3) 内窥镜

内窥镜是一种管状光学仪器，用于检测管件内表面或其他肉眼难以检查到的工件内腔表面。管子可以是柔性的，也可以是刚性的，有各种长度和直径，以便适用于不同距离工件表面的照明和观察。常用的内窥镜有刚性内窥镜、柔性内窥镜和视频内窥镜。

① 刚性内窥镜：通常用于观察者和观察区之间是直通道的场合，不锈钢镜管内，光导纤维束将光从外部光源导入，以照明观测区，可对观测区进行高分辨力的观测，放大倍数常为 3~4 倍，也有 50 倍的。刚性内窥镜视频成像原理如图 2-6 所示，常见的刚性内窥镜形式如图 2-7 所示。

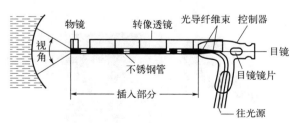

图 2-6　刚性内窥镜视频成像系统示意图

② 柔性内窥镜：主要用于观察者和观察区之间无直通道的场合，典型的柔性光纤内窥镜由物镜先端部、弯曲部、柔软部以及操作部和目镜组成。光导纤维束和用以操纵头部角度的钢丝等均装在镜筒中。柔性内窥镜视频成像原理如图 2-8 所示。

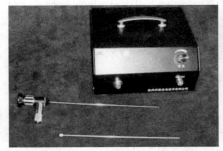 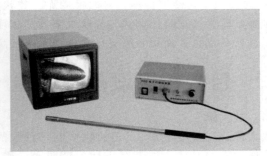

图 2-7 刚性内窥镜

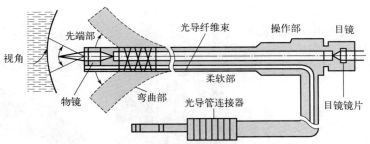

图 2-8 柔性内窥镜视频成像系统示意图

③ 视频内窥镜：可提供高分辨力、高清晰度的图像，具有更大的灵活性，典型的视频内窥镜成像系统由先端部、弯曲部、柔软部、控制部以及视频内窥镜控制组和监视器组成。其首先利用光导纤维束将光送至检测区，光敏电容器将反射光转变成电模拟信号，图像处理器将其数字化并加以组合，最后直接输出给监视器。视频内窥镜视频成像原理如图 2-9 所示，常见的视频内窥镜形式如图 2-10 所示。

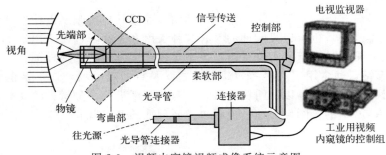

图 2-9 视频内窥镜视频成像系统示意图

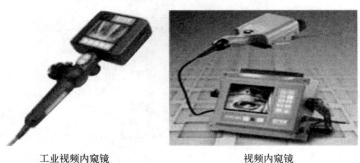

工业视频内窥镜　　　　视频内窥镜

图 2-10 视频内窥镜

2.3 目视检测的方法

(1) 试件的确认

目视检测开始前,首先应根据工作指令对试件进行确认,以防误检和漏检。对于大批量试件应核对批号和数量;对于单件小批量试件应核对试件编号或其他识别标识;对于容器类设备应核对铭牌。

(2) 表面清理

① 目的。目视检测主要是基于缺陷与本底表面具有一定的色泽差和亮度差而构成可见性来实现的,因此,当被检件表面有影响目视检测的污染物时,必须将这些污染物清理干净,以实现全面、客观、真实的观察。

② 污染物类别。表面需清理的污染物分为固体污染物和液体污染物两大类。固体污染物有:铁锈、氧化皮、腐蚀产物;焊接飞溅、焊渣、铁屑、毛刺;油漆及其他有机防护层。液体污染物有:防锈油、机油、润滑油及含有有机组分的其他液体;水和水蒸发后留下的水合物。

③ 清除方法。常用清除污染物的方法有机械方法、化学方法和溶剂去除方法。

机械方法有:抛光、干吹砂、湿吹砂、铜丝刷、砂皮砂等。抛光适用于去除试件表面积炭、毛刺等。干吹砂适用于去除氧化皮、熔渣、铸件型砂、磨料、喷涂层积炭等。湿吹砂用于沉积物比较轻微的情况。钢丝刷、砂皮砂适用于除去氧化皮、熔渣、铁屑、铁锈等。

化学方法有:碱洗和酸洗。碱洗适用于去除锈蚀、油污、积炭等,多用于铝合金。强酸溶液用于去除严重的氧化皮,中等酸度的溶液用于去除轻微氧化皮,弱酸溶液用于去除试件表面铬层金属。

溶剂去除方法有:溶剂液体清洗和溶剂蒸气除油。溶剂液体清洗法通常用酒精、丙酮、三氯乙烷等溶剂清洗或擦洗,常用于大部件局部区域的擦洗。

(3) 焊缝表面准备

被检焊缝表面应没有油漆、锈蚀、氧化皮、油污、焊接飞溅物,或者妨碍目视检测的其他不洁物,表面准备还得有助于随后进行的无损检测。表面准备区域包括整条焊缝表面和邻近的 25mm 宽基体金属表面。

对于锈蚀、氧化皮、油漆和焊接飞溅物,可用砂皮进行磨光处理,也可以用砂轮机进行打磨处理;对于油污污染物等,可以用溶剂进行表面清洗,以达到可以进行目视检测的条件。

(4) 原材料表面准备

① 铸件。铸件加工完成后应经过表面清砂、修整、打磨光滑、表面清洁等处理手段,方可进行目视检测。

② 锻件。锻件表面应没有氧化皮或者妨碍目视检测的其他不洁物,可以用砂皮进行磨光处理,也可用钢丝刷进行清理,当然也可将两种方法混合使用以达到最适合的观察条件。用吹砂清理锻件表面也是可以的,但必须防止吹得过重。

③ 管材。当被检表面上的锈蚀、氧化皮、粗糙度或污染物形成的不洁度严重到足以淹没缺陷指示,或者当被检表面上具有涂层时,则须对相应的表面进行酸洗、碱洗、喷砂或清洗处理,以使它露出固有色泽,表面清洁和光洁。

第3章
超声检测

3.1 超声检测设备和器材

超声检测（ultrasonic testing，UT）是利用材料自身或缺陷的声学特性对超声波传播的影响，来检测材料缺陷或某些物理特性的一种无损检测方法。超声波进入物体后遇到缺陷时，一部分声波会产生反射，发射和接收器可对反射波进行分析，就能非常精确地测出缺陷来，并且能显示内部缺陷的位置和大小，测定材料厚度，等。超声检测（UT）是铁路行业首选的无损检测方法，它使用高频定向声波来测量材料厚度、发现隐藏缺陷或分析材料特性。

3.1.1 超声波简介

人耳听到的声音来源于物体的振动，在弹性介质中，如果波源所激发的纵波频率在 20~20000Hz 之间，就能引起人耳的听觉，在这个频率范围内的振动叫做声振动，此时产生的波动叫声波。当频率低于 20Hz 或高于 20kHz 时人耳则无法感觉到。为与可听见的声波进行区别，称低于 20Hz 的声波为次声波，高于 20kHz 的声波为超声波。超声检测中实际所发出和接收的频率要比声波高得多，一般为 0.5~25MHz，常用频率为 0.5~10MHz。金属材料超声检测常用频率范围在 1~5MHz，其中 2~2.5MHz 被推荐为焊缝检测的公称频率。

3.1.2 超声波在介质中的传播

超声波是一种机械波，机械振动与波动是超声检测的物理基础。超声波的波形主要有纵波、横波、表面波和板波等，如图 3-1 所示。而在超声检测中应用较多的是纵波和横波。

① 纵波。当弹性介质受到交替变化的正弦拉应力作用时，质点产生疏密相间的纵向振动，并作用于相邻质点而在介质中向前传播。此时介质中质点的振动方向与波的传播方向一致，这种波称为纵波，也称为压缩波或疏密波，如图 3-1(a) 所示。纵波常用符号"L"表示，任何弹性介质（固体、液体和气体）中都能传播纵波。

② 横波。当弹性介质受到交替变化的正弦剪切力作用时，质点产生具有波峰和波谷的横向振动，并在介质中传播，它的振动方向与波的传播方向相垂直，这种波称为横波，也称为切变波，如图 3-1(b) 所示。横波常用符号"T"或"S"表示，只在固体介质中传播。

③ 表面波。在半无限弹性介质与气体介质的交界面上受到交替变化的表面张力作用时，介质表面的质点就产生相应的纵波和横波振动，其结果导致表面质点绕其平衡位置做椭圆运动，并作用于相邻质点而在介质表面传播，这种波称为表面波。通常所说的表面波，一般是指瑞利波，如图 3-1(c) 所示，表面波常用符号"R"表示，图中表示的是瞬时的质点位移状态。

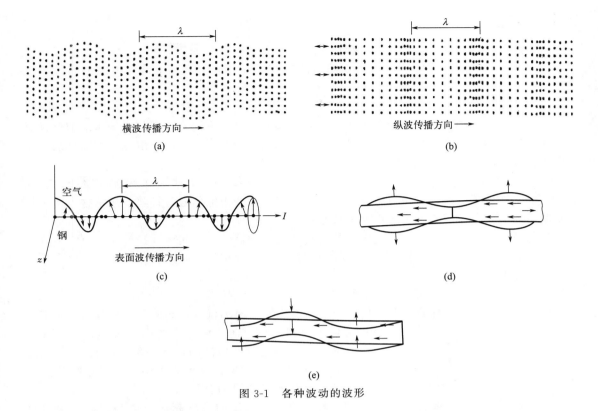

图 3-1 各种波动的波形

表面波传播深度约为 1~2 个波长范围,其振动随深度的增加而迅速减小。因此,一般认为,表面波检测只能发现距工件表面 2 倍波长深度内的缺陷。表面波只在固体介质表面传播。

④ 板波。当板状弹性介质受到交替变化的表面张力作用且板厚与波长相当时,与表面波的形成相类似,介质质点产生相应的纵向和横向振动,质点的振动轨迹也是椭圆形,声场遍布整个板厚,这种波称为板波,也称兰姆波。板波常用符号"P"表示,如图 3-1(d)、(e) 所示。

与表面波不同之处是板波的传播要受到两个界面的束缚,从而形成对称型和非对称型两种情况。对称型板波在传播过程中,质点的振动以板厚为中心面对称,即板的上下表面上质点振动的相位相反,中心面上质点的振动方式类似于纵波。非对称型板波在传播过程中,上下表面质点振动的相位相同,中心面上质点的振动方式类似于横波。

几种波的特点和区别见表 3-1。

表 3-1 几种波的特点和区别

波的类型		质点振动特点	传播介质	应用
纵波		质点振动方向平行于波传播方向	固、液、气体介质	钢板、锻件检测等
横波		质点振动方向垂直于波传播方向	固体介质	焊缝、钢管检测等
表面波		质点做椭圆运动,椭圆长轴垂直波传播方向,短轴平行于波传播方向	固体介质	钢管检测等
板波	对称型(S型)	上下表面:椭圆运动 中心:纵向振动	固体介质(厚度与波长相当的薄板)	薄板、薄壁钢管等 ($\delta<6mm$)

3.1.3 超声波的获得和超声场

(1) 超声波的发射和接收

利用某些材料的物理效应可以实现超声波的发射和接收，实现电能与声能之间的相互转换。

① 逆压电效应与超声波的发射。在如石英、钛酸钡、硫酸锂等天然或人工压电材料制成的压电晶片两面施加高频的交变电场，以致在晶片的厚度方向上出现相应的压缩和伸长变形，这一现象称为压电材料的逆压电效应。在逆压电效应的作用下，压电晶片将随外加电压的变化在其厚度方向上做相应的超声振动，发出超声波。

② 压电效应与超声波的接收。沿厚度方向做超声振动的压电晶片的表面随之产生交变电压的现象称为压电材料的压电效应，即把回波信号转变为电信号。接收并显示这一源于超声波振动的交变电压即实现了超声波的接收。

在超声检测中，用以实现上述电声相互转换的声学器件称为超声波换能器，习惯上称之为探头。发射和接收纵波的称直探头，发射和接收横波的称斜探头或横探头。

(2) 超声场的结构

充满超声波的空间或超声波振动所波及的部分介质叫超声场。

一般来说，如果传播条件和传播介质的情况不同，声场就有不同的形状和范围。确定声场的几何形状和大小，通常要考虑的因素很多，其中最主要的因素是声源的直径及声波的传播频率（或波长）。实际检测时，准确地确定声场的形状和大小，对确定缺陷的性质、大小和位置有着重要的意义。

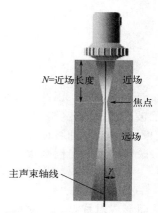

图 3-2 直探头发出的超声波

通常称超声探头发出的束状超声场为超声波声束（见图 3-2）。主声束的截面大，能量集中，并具有很好的指向性，指向性的好坏由指向角表征。

① 主声束轴线上的声压分布。在探头附近，主声束轴线上的声压出现若干极大和极小值，这段声程称为超声波主声束的近场。其中距探头最远的声压极大值点至探头表面的距离称为近场长度，用符号 N 表示，近场以外（$x > N$）即为超声波声束的远场。

② 近场长度。就直探头发射的纵波声束而言，近场长度可近似地表示为：

$$N \approx D^2/4\lambda \tag{3-1}$$

式中 D——直探头压电晶片的直径，mm；
　　N——近场长度，mm；
　　λ——超声波波长，mm。

由式(3-1)可见，压电晶片的直径越大，频率越高，探头的近场越长。这一结论也定性地适用于斜探头发射的横波声场。

近场区检测定量是不利的，处于声压极小值处的较大缺陷回波可能较低，而处于声压极大值处的较小缺陷回波可能较高，这样就容易引起误判，甚至漏检，因此应尽可能避免在近场区检测定量。

③ 指向特性。超声场的指向特性是指超声波向某一方向集中发射的特性。指向特性的优劣由指向角（又称为半扩散角）表征。指向角越小，超声波声束的指向性越好，声能量越集中。压电晶片的直径越大，频率越高，超声波声束的指向性越好。

3.1.4 超声检测仪器

超声检测仪器是超声检测的主体设备，它的作用是产生电振荡并加于换能器（探头）上，激励探头发射超声波，同时将探头送回的电信号进行放大，通过一定方式显示出来，从而得到被探工件内部有无缺陷及缺陷位置和大小等信息。

(1) 仪器的分类

超声仪器分为超声检测仪器和超声处理（或加工）仪器，超声检测仪属于超声检测仪器。超声检测技术在现代工业中的应用日益广泛，由于探测对象、探测目的、探测场合、探测速度等方面的要求不同，因而有各种不同设计的超声检测仪，常见的有以下几种。

① 按超声波的连续性分类。

a. 脉冲波检测仪：这种仪器通过探头向工件周期性地发射不连续且频率不变的超声波，根据超声波的传播时间及幅度判断工件中缺陷的位置和大小。这是目前使用最广泛的检测仪。

b. 连续波检测仪：这种仪器通过探头向工件中发射连续且频率不变（或在小范围内周期性变化）的超声波，根据透过工件的超声波强度变化判断工件中有无缺陷及缺陷大小。这种仪器灵敏度低，且不能确定缺陷位置，因而已大多被脉冲波检测仪所代替，但其在超声显像及超声共振测厚等方面仍有应用。

c. 调频波检测仪：这种仪器通过探头向工件中发射连续的频率周期性变化的超声波，根据发射波与反射波的差频变化情况判断工件中有无缺陷。以往的调频式电路检测仪便采用这种原理，但由于只适宜检查与探测面平行的缺陷，所以这种仪器也大多被脉冲波检测仪所代替。

② 按缺陷显示方式分类。

a. A 型显示检测仪：A 型显示是一种波形显示，检测仪荧光屏的横坐标代表声波的传播时间（或距离），纵坐标代表反射波的幅度，由反射波的位置可以确定缺陷位置，由反射波的幅度可以估算缺陷大小。

b. B 型显示检测仪：B 型显示是一种图像显示，检测仪荧光屏的横坐标是靠机械扫描来代表探头的扫查轨迹，纵坐标是靠电子扫描来代表声波的传播时间（或距离），因而可显示出被测工件任意纵截面上缺陷的分布及缺陷的深度。

c. C 型显示检测仪：C 型显示也是一种图像显示，检测仪荧光屏的横坐标和纵坐标都是靠机械扫描来代表探头在工件表面的位置。探头接收信号幅度以光点辉度表示，因而，当探头在工件表面移动时，荧光屏上便显示出工件内部缺陷的平面图像，但不能显示缺陷的深度。

③ 按超声波的通道分类

a. 单通道检测仪：这种仪器由一个或一对探头单独工作，是目前超声检测中应用最广泛的仪器。

b. 多通道检测仪：这种仪器由多个或多对探头交替工作，每一通道相当于一台单通道检测仪，适用于自动化检测。

(2) 超声检测仪的工作原理

目前，广泛使用是 A 型脉冲反射式数字超声检测仪，其工作频率按 －3dB 测量应至少包括 0.5~10MHz 频率范围。这种检测仪属于被动声源检测仪，即仪器本身发射超声波，它所发射的超声波是不连续的脉冲波，在工件中遇到缺陷后，在荧光屏上是 A 型显示，即以幅度估计缺陷大小，这种仪器是由一个（或多个）探头单独工作，属于单通道检测仪。

数字超声检测仪在电路上有重大改变，数字信号处理在计算机中是用程序来实现的。通常,首先要进行的处理是去除信号中的噪声,其次是将已经去除噪声的信号进行 UT 检测所需的处理,包括增益控制、衰减补偿、求信号包路线等。超声信号经接收部分放大后,由模数转换器转变为数字信号传给计算机,换能器的位置可受电脑控制或由人工操作,由转换器将位置变为数字信号传给计算机。计算机再把随时间和位置变化的超声波波型进行适当处理,得出进一步控制检测系统的结论,进而设置有关参数或将处理结果波形、图形等在屏幕上显示,或打印出来,或给出光、声识别及报警信号。

图 3-3 所示是典型的 A 型脉冲反射式数字超声检测仪的原理框图。

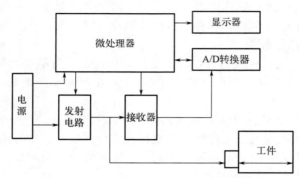

图 3-3　A 型脉冲反射式数字超声检测仪的原理框图

在实际检测过程中,当电源接通以后,发射电路被触发产生高频电脉冲作用于探头,通过探头中压电晶片的逆压电效应将电信号转换为声信号发射超声波。超声波进入工件后在工件中传播,在传播过程中遇到缺陷或底面等异质界面后发生反射,反射波被探头接收,通过探头压电晶片的正压电效应将声信号转换为电信号送至放大器电路被检波,然后加到示波管垂直偏转板上,形成一条时基扫描亮线,并将缺陷波 F 和底波 B 按时间展开,从而得到一定形状的波形。由于示波屏上波高与声压成正比,扫描光点的位移与时间成正比,因此可以根据 A 型显示检测仪示波屏上缺陷波的幅度和位置对缺陷进行定量和定位。

3.1.5　探头

超声检测中,如何发射超声波,以及如何接收经被探测材料传播后的超声波,是首先要解决的问题。因为它的好坏直接关系到检测的水平。

(1) 探头的作用

超声检测中,超声波的产生和接收过程是一种能量的转换过程,它是通过探头来实现电能和声能的转换的,因此探头又称为超声换能器。其主要作用是:

① 实现声、电能转换;

② 控制超声波的指向性和干扰区的影响范围;

③ 控制工作频率,因为频率越高,波长越短,可提高检测灵敏度。

(2) 探头的种类及结构

超声检测中使用的探头因检测对象、目的和条件的不同而不同。其中焊缝超声检测使用的主要是压电晶片面积不超过 500mm^2,且任意一边长度不大于 25mm 的纵波直探头和横波斜探头。

① 直探头。直探头主要探测与探测面平行的缺陷,如板材、锻件检测等。直探头由壳体、吸收块、压电元件和保护膜等组成,其基本结构如图 3-4(a) 所示。各部分作用:

a. 压电晶片的作用是发射和接收超声波,实现电、声换能。

b. 保护层用于保护压电晶片不致磨损,分为硬、软保护膜两类,前者用于表面光洁度较高的工件检测，后者用于表面光洁度较低的工件检测。

c. 吸收块（阻尼块）紧贴压电晶片，对压电晶片的振动起阻尼作用，另外还可以吸收晶片背面的杂波，提高信噪比，并且支撑晶片。

d. 外壳的作用在于将各部分组合在一起，并保护之。

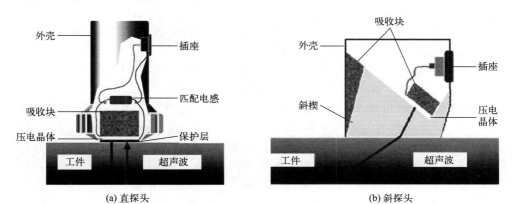

图 3-4 直探头和斜探头的基本结构

② 斜探头。斜探头一般由探头芯、透声器和壳体等部分组成。基本结构如图 3-4(b) 所示。在结构上，斜探头与直探头的主要区别是前者在压电元件的正前方设置了透声楔（斜楔）。纵波以位于第一和第二临界角之间的透射楔角度入射至工件表面，通过波形转换在钢中得到单一的折射横波。透射楔材料的纵波声速应小于钢的横波声速，常用材料为有机玻璃。透射楔的形状设计以楔底反射波经楔内多次反射仍无法返回压电晶片为原则。

(3) 探头的型号

我国探头型号的组成包括频率、晶片材料、晶片尺寸、探头种类和特征等。其中：频率用数字表示，单位为 MHz；晶片材料用化学元素符号缩写表示，如表 3-2 所示；晶片尺寸用数字表示，单位为 mm；探头种类用汉语拼音字母表示，如表 3-3 所示；探头特征用数字表示，如 K 值、水中焦距等。

表 3-2 晶片材料代号

压电材料	锆钛酸铅	钛酸钡	钛酸铅	铌酸锂	石英	碘酸锂	其他
代号	P	B	T	L	Q	I	N

表 3-3 探头种类代号

种类	直探头	斜探头（K 值）	斜探头（折射角）	分割探头	水浸探头	表面波探头	可变角探头
代号	Z	K	X	FG	SJ	BM	KB

举例说明如下：

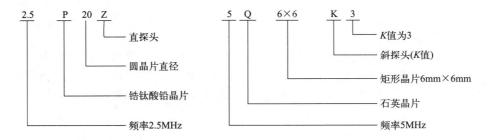

（4）斜探头的主要性能

除公称频率和晶片尺寸外，斜探头的主要性能还有：

① 声速折射角（K 值）。声速折射角的正切值称为探头的 K 值。为简化缺陷定位的计算步骤，K 值一般取为整数。斜探头的公称折射角为 45°、60°或 70°，K 值为 1.0、1.5、2.0 或 2.5。折射角的实测值与公称值的偏差应不超过±2°；K 值的偏差不应超过±0.1。

② 斜探头前沿长度。斜探头的声束入射点至探头前端的水平距离称为斜探头的前沿长度，入射点位置允差的最大允许值为±1mm。

③ 声束角。探头主声束轴线与晶片中心法线之间的夹角称为声束角。为保证缺陷定位与指示长度的测量精度，声束角允差的最大允许值为±2°。

斜探头的声束折射角或 K 值、前沿长度及声束角必须在探头开始使用时每周按 GB/T 27664.2—2011《无损检测　超声检测设备的性能与检验　第 2 部分：探头》规定的方法至少检查一次。

（5）检测仪和探头的主要技术性能指标及有关术语

在超声检测中，检测仪和探头是配套使用的，一些测试项目也只有它们组合到一起才能完成。因此，所提及的超声检测仪的技术性能指标，有些实际上是检测仪和探头的综合技术性能指标。为了客观评定超声检测仪的技术性能指标，有些国家除了规定统一的测试条件和试块外，还规定要使用统一的标准探头，以便直接进行比较。我国目前的检测仪和探头往往都是由制造商配套提供的，对于探头的技术性能指标还没有统一的规定和通用系列化，不同厂家的检测仪和试块之间严格说起来还不能任意选配，因此，检测仪和探头也还有一些各自独立的技术性能指标。

① 标准频率与回波频率。标准频率是制造厂在检测仪和探头上标注的频率，对于宽频带检测仪来说指的是一个范围标准。当检测仪和探头组合使用时，经被探工件中传播后返回的声波频率称为回波频率。回波频率除了取决于检测仪的发射电路及探头组合性能外，还受辐射声阻抗大小和工件表面耦合状况等多方面因素的影响，需进行测试。

② 灵敏度。超声检测中灵敏度的广义的概念是指发现缺陷的能力，检测仪的灵敏度是通过调整发射功率、发射脉冲宽度、增益、抑制等使检测系统在一定条件下能够发现欲探测的最小缺陷的能力。影响检测仪灵敏度的因素主要有探测频率、检测仪放大器功能、探头特性及被测件材质等。理论上认为超声波可探测的缺陷最小当量尺寸为 1/2 波长。

③ 盲区。从探测面到能够测出缺陷的最小距离，即在此区域内无法探测缺陷，称为盲区。影响检测仪盲区的重要因素有发射强度、发射脉冲宽度、放大器恢复时间、晶片的 θ 值。

④ 分辨力。分辨力也称分辨能力或分辨率，它是超声波探测系统在时间轴上分开两个相邻缺陷回波的能力，通常用两个相邻缺陷之间的距离来表示（或分贝值表示）。一般说的分辨力多指远距离分辨力。影响分辨力的因素主要有发射波的强度、发射波的宽度和晶片 θ 值。分辨力尚可分为纵向分辨力和横向分辨力。纵向分辨力是指在声束的作用范围内，在探测仪荧光屏上能够把距探头不同距离的两个相邻缺陷作为两个反射信号相区别出来的能力。横向分辨力则是在声束的作用范围内，在探测仪荧光屏上能够把距探头相同距离的两个相邻缺陷作为两个反射信号相区别出来的能力。

⑤ 水平线性。水平线性也称时基线性，它是指检测仪荧光屏水平扫描线上显示的多次波底之间间隔距离相等的程度。实际上水平线性的好坏就是检测仪水平扫描速度的均匀程度，水平线性差指水平扫描单位长度所代表的时间（或探测距离）是不均匀的，影响水平线性的主要因素是时基电路和显示系统等。

⑥ 垂直线性。它是指检测仪荧光屏上反射波高度与接收信号之间成正比关系的程度。

影响垂直线性的主要因素是放大器和示波管的性能。

⑦ 动态范围。它是指反射信号从垂直极限（有的标准规定为垂直极限的 80%）衰减到消失时所需的衰减量。对于垂直线性好的检测仪，动态范围的含义是线性范围内所能探测的最大缺陷与最小缺陷之比。影响动态范围的主要因素有探头和放大器的线性范围及荧光屏面积的大小等。

仪器和探头的性能包括仪器的性能、接头的性能及仪器与探头的综合性能。

① 仪器的性能：仅与仪器有关的性能，如仪器的垂直线性、水平线性和动态范围等。

② 探头的性能：仅与探头有关的性能，如探头的入射点、K 值或折射角、主声束偏离和双峰情况等。

③ 仪器与探头的综合性能：不仅与仪器有关而且与探头有关的性能，如分辨力、盲区、灵敏度余量等。

3.1.6 试块

(1) 试块的作用

按一定的用途设计制作的具有简单几何形状的人工反射体的标准块，称为试块。试块的主要作用如下：

① 测试仪器与探头的性能：仪器和探头的一些性能常利用试块来测定，如仪器的垂直线性、水平线性、分辨力、盲区等。

② 确定检测灵敏度：每台仪器的灵敏度都有一定的调整范围，检测前需要利用试块来调整检测灵敏度，以便能在最大深度处发现规定大小的缺陷。

③ 调整扫描速度（时基线比例）：一般检测前要利用试块来调整扫描速度，以便对缺陷定位。

④ 评价缺陷的当量大小：检测中在 $x<3N$ 以内发现缺陷时，采用试块比较法来确定缺陷的当量大小。

(2) 试块的分类

① 标准试块（STB 试块）。标准试块是指由权威机构制定的试块，取英文"standard test block"的字头 STB 来表示，指具有规定的化学成分、表面粗糙度、热处理及几何形状的材料块，用于评定和校准超声检测设备，即用于仪器探头系统性能校准的试块。这种试块若是由国际机构（如国际焊接学会、国际无损伤检测协会等）制定的，称为国际标准试块；若是由国际焊接协会制定的，称为 IIW 试块；若是由我国国家机构制定的，称为国家标准试块。

② 对比试块（RB 试块）。对比试块又称参考试块，是由各个部门按某些具体检测对象制定的试块，取英文"reference block"的字头 RB 表示，指与被检件或材料化学成分相似，含有意义明确参考反射体（反射体应采用机加工方式制作）的试块，用以调节超声检测设备的幅度和声程，以将所检出的缺陷信号与已知反射体所产生信号相比较，即用于检测校准的试块。这种试块常用于调整检测的灵敏度、调整探测范围和确定当量大小等。

(3) 常用试块

① CSK-ⅠA 试块：采用 20 优质碳素结构钢。

a. $\phi 50mm$、$\phi 44mm$、$\phi 40mm$ 台阶孔用于测定横波斜探头的分辨力。

b. $R=100mm$、$R=50mm$ 阶梯圆弧用于调整横波扫描速度和探测范围。

c. 试块上标定 K 值，从而可直接测出横波斜探头的 K 值。

其结构及主要尺寸如图 3-5 所示。

② CSK-ⅡA 试块：材质与被检测工件材质相同或相近，形状与尺寸如图 3-6 所示。

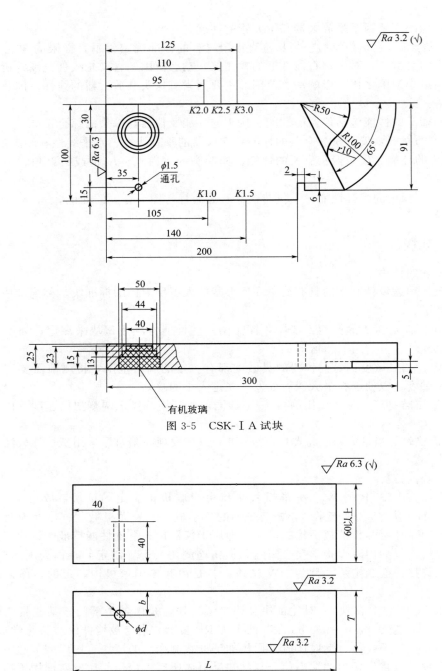

图 3-5　CSK-ⅠA 试块

图 3-6　CSK-ⅡA 试块

CSK-ⅡA 试块的主要用途如下：
    a. 绘制距离-波幅曲线。
    b. 调整绘制范围和扫描速度。
    c. 调节和检验检测灵敏度。
    d. 测定斜探头的 K 值。
    e. 应用不同深度的横孔校验仪器的放大线性及探头的声束指向性。

③ CSK-ⅢA 试块：材质与 CSK-ⅠA 试块相同，其形状与尺寸见图 3-7。CSK-ⅢA 试块的主要用途与 CSK-ⅡA 试块相同。

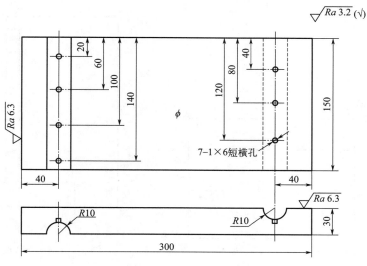

图 3-7 CSK-ⅢA 试块

④ CSK-ⅣA 试块：形状与尺寸见图 3-8。图中 L 为试块长度，由使用的声程确定，尺寸误差不大于 ± 0.05mm。

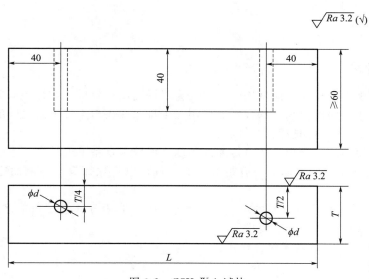

图 3-8 CSK-ⅣA 试块

CSK-ⅠA、CSK-ⅡA、CSK-ⅣA 试块适用于工件壁厚范围为 6～500mm 的焊接接头的超声检测。其中，CSK-ⅡA 适用于工件壁厚范围为 6～200mm 的焊接接头；CSK-ⅣA 适用于工件壁厚范围为 200～500mm 的焊接接头；对于工件壁厚范围为 8～120mm 的焊接接头的超声检测，也可采用 CSK-ⅢA 试块。

⑤ CS-1 型、CS-2 型试块：我国机械部规定的平底孔标准试块，材质一般为 45 碳素钢。这两种试块为圆形平底孔试块，供直探头纵波检测使用，属于对比试块。CS-1 型试块形状

如图 3-9 所示，整套试块分五组共 26 块。CS-2 型试块形状如图 3-10 所示，试块有 11 组共 66 块。

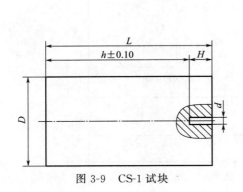
图 3-9　CS-1 试块

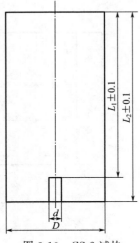
图 3-10　CS-2 试块

CS-1 型、CS-2 型试块的主要用途如下：
a. 测试检测仪的水平线性、垂直线性和动态范围。
b. 测试直探头和检测仪的组合性能，如灵敏度、始波宽度等。
c. 绘制距离-波幅当量曲线。
d. 调节检测仪灵敏度。
e. 确定缺陷的平底孔当量尺寸。

3.1.7　耦合剂

耦合就是实现声能从探头向试块的传递。为了提高耦合效果，在探头与工件表面之间施加的一层透声介质称为耦合剂。耦合剂的作用在于排除探头与工件表面之间的空气，使超声波能有效地传入工件，达到检测的目的。

超声检测中使用的耦合剂，从声传递的角度来说要求具备下列性质：
① 容易附着在试件的表面上，有足够的润湿性，以排除探头与检测面之间由试件表面粗糙度造成的空气薄层；
② 声阻抗尽量与被检测材料的声阻抗相差小一些，以利于声能尽可能多地进入试件。

从实用角度来说，耦合剂还要求：
① 对人体无害，对试件无腐蚀作用；
② 容易清除；
③ 来源方便，价格低廉。

表 3-4 给出了几种主要耦合剂的密度、声速和声阻抗值。

表 3-4　几种主要耦合剂的和声阻抗值

耦合剂	密度/(g/cm^3)	声速/(m/s)	声阻抗/(kg/m^2·s)
水(20℃)	1.0	1.48	1.50
甘油(100%)	1.27	1.88	2.38

续表

耦合剂	密度/(g/cm³)	声速/(m/s)	声阻抗/(kg/m²·s)
水玻璃(33%体积)(硅酸钠)	1.26	1.72	2.17
机油	0.52	1.39	1.28

由此可见，甘油声阻抗高，耦合性能好，常用于一些重要工件的精确检测，但价格较贵，对工件有腐蚀作用。水玻璃（硅酸钠）的声阻抗较高，常用于表面粗糙的工件检测，但清洗不太方便，且对工件有腐蚀作用。水的来源广，价格低，常用于水浸检测，但易使工件生锈。机油黏度、流动性、附着力适当，对工件无腐蚀，价格也不贵，因此是目前应用最广的耦合剂。

此外，近年来化学糨糊也常用来作为耦合剂，耦合效果比较好。

3.2 锻件的超声检测

锻件是由热态钢锭经锻压变形而成。锻压过程包括加热、形变和冷却。锻件的方式大致分为镦粗、拔长和滚压。镦粗是锻压力施加于坯料的两端，形变发生在横截面上。拔长是锻压力施加于坯料的外圆，形变发生在长度方向上。滚压是先镦粗坯料，然后冲孔，再插入芯棒，并在外圆施加压力。滚压既有纵向形变，又有横向形变。其中镦粗主要用于饼类锻件，拔长主要用于轴类锻件，而筒类锻件一般先镦粗后冲孔再滚压。

3.2.1 锻件中常见缺陷

为了改善锻件的组织性能，锻后还要进行正火、退火或调质等热处理。

锻件中的缺陷按缺陷形成的时期可分为铸造缺陷、锻造缺陷和热处理缺陷。铸造缺陷主要有残余缩孔、疏松、夹杂、裂纹等。锻造缺陷主要有折叠、白点、裂纹等。热处理缺陷主要有裂纹、白点等。

残余缩孔是铸锭中的缩孔在锻造时切头量不足残留下来的，多见于锻件的端部，在轴向上有较大的延伸长度。

疏松是钢锭在凝固收缩时形成的不致密和孔穴，锻造时因锻造比不足而未全焊合，多出现在大型锻件中。

夹杂有内在夹杂、外来非金属夹杂和金属夹杂。内在夹杂主要集中于钢锭中心及头部。

裂纹的形成原因有很多，如锻造裂纹和热处理裂纹等。奥氏体钢轴心晶间裂纹就是铸造引起的裂纹。锻造和热处理不当，会在锻件表面或芯部形成裂纹。

白点是锻件含氢量较高，锻后冷却过快，钢中溶解的氢来不及逸出造成应力过大而引起的开裂。白点主要集中于锻件大截面中心。合金总量超过 3.5%～4.0% 和含 Cr、Ni、Mu 的合金钢大型锻件容易产生白点。白点在钢中总是成群出现。

3.2.2 锻件检测

(1) 按检测分类

锻件检测可分为原材料检测、制造过程中的检测、产品检验及在役检验。原材料检测和制造过程中的检测的目的是及早发现缺陷，以便及时采取措施避免缺陷发展扩大造成报废。产品检验的目的是保证产品质量。在役检验的目的是监督运行后可能产生或发展的缺陷，主要是疲劳裂纹。

经过锻造的工件中的缺陷具有一定的方向性。通常缺陷的分布和方向与锻造流线方向有关，为了得到最好的检测效果，应尽可能使超声波声束与锻造流线方向垂直。例如：轴类锻件的锻造工艺以拔长为主，因而大部分缺陷的取向与轴线平行，此类工件的检测以纵波直探头从径向探测效果最佳，考虑到缺陷会有其他的分布及取向，因此轴类锻件检测，还应辅以直探头轴向探测和斜探头周向探测及轴向探测；模锻件的变形流线是与外表面平行的，检测时要尽量使声束与外表面垂直，采用水浸法比较容易实现。

（2）探测条件的选择

① 探头的选择。锻件超声检测时，探头以直探头为主，分为单晶直探头和双晶直探头。根据工艺和锻件几何形状选择斜探头，一般选用尽可能高的探头频率，以利于提高检测灵敏度和分辨力。纵波直探头晶片尺寸直径为 10～30mm，常用 20mm 的。对于较小的锻件，考虑近场区和耦合损耗等原因，一般采用小晶片探头。有时为了探测与探测面成一定倾角的缺陷，也可采用一定 K 值的探头进行探测。对于近距离缺陷，由于直探头的盲区和近场区的影响，常采用双晶直探头探测。锻件的晶粒一般细小，因此可选用较高的检测频率，常用频率为 2.5～5.0MHz。对于少数材质晶粒粗大、衰减严重的锻件，为了避免出现"林状回波"，提高信噪比，应选用较低的频率，一般为 1.0～2.5MHz。

晶片尺寸的选择与声程和频率有关。指定频率下，晶片尺寸越小，近场长度、宽度就越小，远场声波的扩散角越大。晶片尺寸为 6～12mm（或等效面积的矩形晶片）的小探头，最适合短声程检测。对于长声程检测，例如单晶直探头进行大于 100mm 声程的检测或斜探头进行大于 200mm 声程的检测时，选择直径 12～24mm 的晶片更为合适。

② 耦合的选择。在锻件检测时，为了实现较好的声耦合，一般要求探测面的表面粗糙度 Ra 不高于 $6.3\mu m$，表面平整均匀，无划伤、油垢、污物、氧化皮、油漆等。锻件的检测需具有光滑的表面，满足入射面的要求，以提高灵敏度。当在试块上调节检测灵敏度时，要注意补偿块与工件之间因曲率和表面粗糙度不同引起的耦合损失。

锻件检测时，常用机油、化学糨糊、甘油等作为耦合剂。当锻件表面较粗糙时也可选用水玻璃（硅酸钠）作为耦合剂。

③ 扫查面的选择。锻件检测时，原则上应在探测面上从两个相互垂直的方向进行全面扫查，扫查面积尽可能完全覆盖工件的表面。在扫查时，每条扫查轨迹的宽度应互相有重叠覆盖，大致应为探头直径的 15%，探头扫查的移动速度不大于 150mm/s。扫查过程中要注意观察缺陷波的情况和底波的变化情况。探测厚度大于 400mm 时应从相对的表面进行全面的扫查。

④ 试块选择。锻件检测中，要根据探头和探测面的情况选择试块。探测厚度 $>3N$，底面与探测面平行时，可采用计算法确定基准灵敏度；探测厚度 $<3N$，需采用标准试块确定基准灵敏度。采用单晶直探头探测时，调节检测灵敏度和对缺陷定量时用 CS-Ⅰ试块；工件小于 45mm，采用双晶直探头时，调节检测灵敏度和对缺陷定量时用 CS-Ⅱ试块。

⑤ 检测时机。锻件超声检测应在热处理后进行，因为热处理可以细化晶粒，减少衰减。此外，还可以发现热处理过程中产生的缺陷。对于带孔、槽和台阶的锻件，超声波应在孔、槽和台阶加工前进行。因为孔、槽、台阶对检测不利，容易产生各种非缺陷回波。表面粗糙度 Ra 应不高于 $6.3\mu m$。

当热处理后材质衰减仍较大且对于探测结果有较大影响时，应重新进行热处理。

（3）锻件检测的步骤

① 扫描速度的调节。锻件检测前，一般根据锻件要求的探测范围来调节扫描速度，以便发现缺陷后对缺陷定位。扫描速度的调节可在试块上进行，也可在锻件上尺寸已知的部位上进行。在试块上调节扫描速度时，试块的声速应尽可能与工件相同或相近。

调节扫描速度时，一般要求第一次底波前沿位置不超过水平刻度极限的 80%，以便观察一次底波之后的某些信号情况。

② 检测灵敏度的调节。锻件检测起始灵敏度是由锻件技术要求或有关标准确定的,一般不低于 ϕ2mm 平底孔当量直径。调节锻件检测起始灵敏度的方法有两种,一种是利用锻件底波来调节,另一种是利用试块来调节。

③ 纵波(直探头)检测时缺陷定位。仪器按 $1:n$ 调节纵波扫描速度,缺陷波前沿所对的水平刻度值为 τ_f、测缺陷至探头的距离 x_f 为:

$$x_f = n\tau_f$$

探头声束轴线不偏离,则缺陷正位于探头中心轴线上。

例如:用纵波直探头检测某工件,仪器按 $1:2$ 调节纵波扫描速度,检测中示波屏上水平刻度值 "70" 处出现一缺陷波,那么此缺陷至探头的距离 x_f 为:

$$x_f = n\tau_f = 2 \times 70 = 140 \text{(mm)}$$

④ 缺陷大小的测定。锻件检测中,对于尺寸小于声束截面的缺陷一般用当量法定量。当缺陷位于 $x \geqslant 3N$ 区域内时,常用当量计算法和当量 AVG 曲线法定量;当缺陷位于 $x < 3N$ 区域内时,常用试块比较法定量。对于尺寸大于声束截面的缺陷一般采用测长法,常用的测长法有 6dB 法和端点 6dB 法。必要时还可以采用底波高度法来确定缺陷的相对大小。

⑤ 缺陷回波判别。锻件检测中,不同性质的缺陷,回波是不同的,实际检测时可根据示波屏上的缺陷回波情况来分析缺陷的性质和类型。

a. 单个缺陷回波。锻件检测中,示波屏上单独出现的缺陷回波称为单个缺陷回波。一般单个缺陷是指与邻近缺陷间距大于 50mm、回波高不小于 ϕ2mm 的缺陷,如锻件中单个的夹层、裂纹等。检测中遇到单个缺陷时,要测定缺陷的位置和大小:当缺陷较小时,用当量法定量;当缺陷较大时,用 6dB 法测定其面积范围。

b. 分散缺陷回波。锻件检测中,工件中的缺陷较多且较分散,缺陷彼此间距较大,这种缺陷回波称为分散缺陷回波。分散缺陷一般是指在边长为 50mm 的立方体内少于 5 个,不小于 ϕ2mm 的缺陷,如分散性夹层。分散缺陷一般不太大,因此常用当量法定量,同时还要测定分散缺陷的位置。

c. 密集缺陷回波。锻件检测中,示波屏上同时显示的缺陷回波甚多,波与波之间的间隔距离甚小,有时波的下沿连成一片,这种缺陷回波称为密集缺陷回波。

密集缺陷可能是疏松、非金属夹杂物、白点或成群的裂纹等。

锻件内不允许有白点缺陷存在,这种缺陷的危害很大。通常白点的分布范围较大,且基本集中于锻件的中心部位,它的回波清晰、尖锐,成群的白点有时会使底波严重下降或完全消失。这些特点是判断锻件中白点的主要依据,如图 3-11 所示。

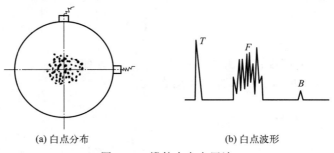

(a) 白点分布　　　　　　　(b) 白点波形

图 3-11　锻件中白点回波

d. 游动回波。在圆柱形轴类锻件检测过程中,当探头沿着外圆移动时,示波屏上的缺陷波会随着该缺陷探测声程的变化而游动,这种游动的动态波形称为游动回波。

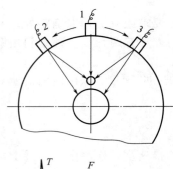

游动回波的产生是由不同声束射至缺陷产生反射引起的。声束轴线射至缺陷时。缺陷声程小,回波高,左右移动探头,扩散声束射至缺陷时,缺陷回波声程大,回波低。这样,同一缺陷回波的位置和高度随探头移动发生游动(图3-12)。

不同的探测灵敏度下,同一缺陷回波的游动情况不同。一般可根据探测灵敏度和回波的游动距离来鉴别游动回波。一般规定游动范围达25mm时,才算游动回波。根据缺陷游动回波包络线的形状,可粗略地判别缺陷的形状。

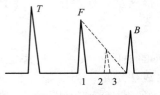

图3-12 游动回波

3.2.3 锻件超声检测质量级别评定

锻件检测评级分为:单个缺陷当量评级、底波降低量评级、密集区缺陷当量直径评级、密集区缺陷所占面积比评级,对于不同种类缺陷应对照评定。锻件灵敏度的确定可采用曲线法,如果被检部位大于等于三倍近场区也可采用大平底法。

(1) 采用大平底法的灵敏度确定

① 判断所检测部位是否大于等于三倍近场区,可采用计算法进行判断:

$$N = \frac{D^2}{4\lambda}$$

式中,N 为近场区长度;D 为探头直径;λ 为波长。

例题:检测200mm锻件,采用2.5Zϕ20。

$$\lambda = \frac{c}{f} = \frac{5.9}{2.5} = 2.36 \text{mm} \quad (c:纵波声速5900\text{m/s};f:频率2.5\text{MHz},注意单位的转换)$$

$$N = \frac{D^2}{4\lambda} = \frac{20^2}{4 \times 2.36} = 42.4 \text{mm}$$

$$3N = 127.2 \text{mm}$$

200mm>127.2mm,由此判断可采用大平底法调节灵敏度。

② 大平底法调节灵敏度方法

a. 将锻件完好部位,大平底回波调至满屏幕80%;

b. 计算锻件底面大平底与ϕ2mm平底孔的dB差,计算方法如下:

$$\Delta \text{dB} = 20\lg\left(\frac{2\lambda X}{\pi D^2}\right)$$

式中,x 为大平底的厚度;D 为ϕ2mm平底孔直径,即2mm。

仍以上文举例(检测200mm锻件,采用2.5Zϕ20):

$$\Delta \text{dB} = 20\lg\left(\frac{2\lambda X}{\pi D^2}\right) = 20\lg\left(\frac{2 \times 2.36 \times 200}{3.14 \times 2^2}\right) = 75 \text{dB}$$

c. 灵敏度设置,大平底满屏80%波高加上ΔdB(大平底80%FSH+ΔdB),即调节完灵敏度。

(2) 单个缺陷质量评级方法

① 首先记录ϕ2mm平底孔灵敏度下的仪器增益值,并记录为dB_1;

② 发现缺陷后将缺陷波幅降至满屏幕的80%，并记录仪器增益值，dB_2；
③ 计算 ΔdB ($\Delta dB = dB_1 - dB_2$)；
④ 按公式进行当量转化并评级：

$$N = \Delta dB - 40\lg \frac{T}{X} - 12$$

式中，N 为自定义的变量，N 的计算结果即为 $\phi 4 + N$，用于单个缺陷质量评级；ΔdB 为第③步骤的计算结果，即缺陷与锻件厚度处的 $\phi 2mm$ 平底孔相差多少 dB；T 为锻件厚度；X 为缺陷的深度；$40\lg \frac{T}{X}$ 为缺陷深度与板厚声程差所产生差异值；12 为 $40\lg \frac{4}{2} = 12dB$，即 $\phi 4 = \phi 2 + 12dB$。

例题：$T=200mm$ 锻件，采用 $2.5Z\phi 20$ 探头检测，在深度 150mm 处发现缺陷，缺陷与 $\phi 2mm$ 平底孔灵敏度相差 20dB（ΔdB），求该锻件按单个缺陷评级结果？

已知：$\Delta dB = 20dB$

$$40\lg \frac{T}{X} = 40\lg \frac{200}{150} = 5dB$$

$$N = \Delta dB - 40\lg \frac{T}{X} - 12 = 20 - 5 - 12 = 3dB$$

$\phi 4 + N = \phi 4 + 3dB$，应评定为单个缺陷Ⅱ级。

3.3 平板对接焊缝超声检测

对接焊缝的超声检测主要用于检测焊缝中的未焊透、未熔合、夹渣、气孔、裂纹等缺陷。因焊缝余高凹凸不平，故焊缝超声检测常用斜探头横波检测。为了保证检测可靠性，检测表面应清除探头移动区的飞溅、锈蚀、油垢及其他污物。探头移动区的深坑应补焊，然后打磨平滑，漏出金属光泽，以保证良好的声学接触。对接焊缝的超声检测的根本任务是通过探头对被测焊缝的扫查，判定缺陷的位置及大小，从而对焊接质量进行评定，评出产品的等级。

3.3.1 超声检测技术等级

根据质量要求，超声检测等级分为 A、B、C 三级，从检测的完善程度来说 A 级最低，B 级一般，C 级最高，检测工作的难度系数按 A、B、C 顺序逐级增高。超声检测应按照工件的材质、结构、焊接方法、使用条件及承受载荷的不同，合理地选用检测级别。超声检测技术等级选择应符合制作、安装、在用等有关规定、标准及设计图样规定。

(1) A级检测
A级检测适用于与承压设备相关的支撑件和结构件焊接接头检测：
① A级检测适用于工件厚度为 6~40mm 的焊接接头的检测。
② 可用一种折射角（K 值）斜探头采用直射法和一次反射波法在焊接接头的单面双侧进行检测，如受条件限制，也可以选择双面单侧或单面单侧进行检测，一般不要求进行横向缺陷的检测。

(2) B级检测
B级检测适用于一般承压设备对接焊接接头的检测：
① B级检测适用于工件厚度为 6~200mm 的焊接接头的检测。

② 焊接接头一般应进行横向缺陷的检测。

③ 对于要求进行双面双侧检测的焊接接头，如受几何条件限制或由于堆焊层（或复合层）的存在而选择单面双侧检测时，还应补充斜探头做近表面缺陷检测。

(3) C 级检测

C 级检测适用于重要承压设备对接焊接接头检测：

① C 级检测适用于工件厚度为 6～500mm 的焊接接头的检测。

② 采用 C 级检测时应将焊接接头的余高磨平，以便探头在焊缝上做平行扫查。

③ 工件厚度大于 15mm 的焊接接头一般应在双面双侧进行检测，如受几何条件限制或由于堆焊层（或复合层）的存在而选择单面双侧检测时，还应补充斜探头做近表面缺陷检测。

④ 对于单侧坡口角度小于 5° 的窄间隙焊缝，如有可能应增加检测与坡口表面平行的缺陷的有效方法。

⑤ 工件厚度大于 40mm 的对接接头，还应增加直探头检测。

⑥ 焊接接头应进行横向缺陷的检测

3.3.2 检测条件的选择

(1) 检测范围

超声检测是指采用 A 型脉冲反射式超声检测仪检测缺陷，并对其进行等级分类的全过程。检测范围包括压力容器原材料、零部件和焊缝的超声检测以及超声测厚。

(2) 检测人员

① 凡从事超声检测的人员应按有关规程或技术条件的规定经严格的培训和考核，并持有相应考核组织颁发的等级资格证书，取得相应的技术等级资格证书，从事相对应考核项目的检验工作。

② 超声检测人员应具有一定的金属材料、设备制造安装、焊接及热处理等方面的基本知识，应熟悉被检工件的材质、几何尺寸及透声性等，对检测中出现的问题做出分析、判断和处理。

(3) 检测仪的选择

超声检测仪是超声检测的主要设备。目前国内外检测仪种类繁多、性能各异，检测前应根据探测要求和现场条件来选择检测仪。一般根据以下情况来选择仪器：

① 对于定位要求高的情况，应选择水平线性误差小的仪器。

② 对于定量要求高的情况，应选择垂直线性好、衰减器精度高的仪器。

③ 对于大型零件的检测，应选择灵敏度余量高、信噪比高、功率大的仪器。

④ 为了有效地发现近表面缺陷和区分相邻缺陷，应选择盲区小、分辨力好的仪器。

⑤ 对于室外现场检测，应选择重量轻、荧光屏亮度好、抗干扰能力强的携带式仪器。

⑥ 要选择性能稳定、重复性好和可靠性好的仪器。

(4) 探头的选择

超声检测中，超声波的发射和接收都是通过探头来实现的。探头的种类很多，结构形式也不一样。检测前应根据被检对象的形状、衰减和技术要求来选择探头。探头的选择包括探头形式、频率、晶片尺寸和斜探头 K 值的选择等。

① 探头形式的选择。常用的探头形式有纵波直探头、横波斜探头、表面波探头、双晶探头、聚焦探头等。一般根据工件的形状和可能出现缺陷的部位、方向等条件来选择探头的形式，使声束轴线尽量与缺陷垂直。

a. 纵波直探头只能发射和接收纵波，声束轴线垂直于探测面，主要用于探测与探测面平行的缺陷，如锻件、钢板中的夹层、折叠等缺陷。

b. 横波斜探头是通过波形转换来实现横波检测的，主要用于探测与探测面垂直或成一定角度的缺陷，如焊缝中的未焊透、夹渣、未溶合等缺陷。

c. 表面波探头用于探测工件表面缺陷，双晶探头用于探测工件近表面缺陷，聚焦探头用于水浸探测管材或板材。

② 探头频率的选择。超声检测频率在 0.5～10MHz 之间，选择范围大，因此一般使用的频率范围为 2.0～5.0MHz，国内多采用 2.5MHz。一般选择频率时应考虑以下因素。

a. 由于波的绕射，超声检测中能探测到的最小缺陷尺寸为 $d_f = \lambda/2$，显然，要想探测到更小的缺陷，就必须提高超声波的频率。

b. 频率高，脉冲宽度小，分辨力高，有利于区分相邻缺陷。

c. 由 $\sin\theta_0 = 1.22\dfrac{\lambda}{D_s}$ 可知，频率高，波长短，则半扩散角小，声束指向性好，能量集中，有利于发现缺陷并对缺陷定位。

d. 由 $N = \dfrac{D_s^2}{4\lambda}$ 可知，频率高，波长短，近场区长度大，对检测不利。

e. 由 $\alpha_s = c_2 F d^3 f^4$ 可知，频率增加，衰减急剧增加。

由以上分析可知，频率的高低对检测有较大的影响。频率高，则灵敏度和分辨力高，指向性好，对检测有利。但频率高，会使近场区长度大，衰减大，又对检测不利。实际检测中要全面分析考虑各方面的因素，合理选择频率。一般在保证检测灵敏度的前提下尽可能选用较低的频率。

a. 对于晶粒较细的锻件、轧制件和焊接件等，一般选用较高的频率，常用 2.5～5.0MHz。

b. 对于晶粒较粗大的铸件、奥氏体钢等宜选用较低的频率，常用 0.5～2.5MHz，如果频率过高，就会引起严重衰减，示波屏上出现林状回波，信噪比下降，甚至无法检测。

③ 探头晶片尺寸的选择。

a. 检测面积大的工件时，为了提高检测效率宜选用大晶片探头。

b. 检测厚度大的工件时，为了有效地发现远距离的缺陷宜选用大晶片探头。

c. 检测小型工件时，为了提高缺陷定位定量精度宜选用小晶片探头。

d. 检测表面不太平整、曲率较大的工件时，为了减少耦合损失宜选用小晶片探头。

④ 横波斜探头 K 值的选择

a. 为保证声束扫查到整个焊缝截面，探头 K 值必须满足：

$$K \geqslant \dfrac{a+b+L_0}{T}$$

式中　a——上焊缝宽度的一半，mm；

　　　b——下焊缝宽度的一半，mm；

　　　L_0——探头的前沿长度，mm；

　　　T——焊缝母材厚度，mm。

b. 对于用有机玻璃斜探头检测钢制工件，$\beta_s = 40°$（$K = 0.84$）左右时，声压往复透射率最高，即检测灵敏度最高。

c. 由 $K = \tan\beta_s$ 可知，K 值越大，β_s 越大，一次波的声程越大。实际检测中：

- 当工件厚度较小时，应选用较大的 K 值，以便增加一次波的声程，避免近场区检测；

- 当工件厚度较大时，应选用较小的 K 值，以减少声程过大引起的衰减，便于发现深度较大处的缺陷；

• 在焊缝检测中，还要保证主声束能扫查整个焊缝截面，对于单面焊根部未焊透，还要考虑端角反射问题，应使 $K=0.7\sim1.5$，因为 $K<0.7$ 或 $K>1.5$ 时，端角反射率很低，容易引起漏检。

(5) 试块

① 试块应采用与被检工件声学性能相同或近似的材料制成，该材料用直探头检测时，不得有大于 $\phi 2mm$ 平底孔当量直径的缺陷。

② 校对用反射体可采用长横孔、短横孔、横通孔、平底孔、线切割槽和 V 形槽等。校准时探头主声束与反射体的反射面相垂直。

③ 试块的外形尺寸应能代表被检工件的特征，试块厚度应与被检工件厚度相对应。如果涉及两种或两种以上不同厚度的部件进行熔焊，试块的厚度应根据其平均厚度来确定。

④ 试块的制造要求应符合 JB/T 8428—2015《无损检测 超声试块通用规范》的规定。

⑤ 现场检测时，也可采用其他形式的等效试块。

(6) 耦合剂的选用

耦合剂选择要求：

① 能润湿工件和探头表面，流动性、黏度和附着力适当，不难清洗；

② 声阻抗高，透声性能好；

③ 来源广，价格便宜；

④ 对工件无腐蚀，对人体无害，不污染环境；

⑤ 性能稳定，不易变质，能长期保存。

耦合剂应采用机油、化学糨糊、甘油和水等透声性好，且不损伤检测表面的液体。

(7) 检测面

① 检测面和检测范围的确定原则上应保证检查到工件被检部分的整个体积。对于钢板、锻件、钢管、螺栓件，应检查到整个工件；而对于熔接焊缝则应检查到整条焊缝。

② 检测面应经外观检查合格，所有影响超声检测的锈蚀、飞溅和污物都应予以清除，表面粗糙度应符合检测要求。为提高超声波在检测面上的透声性能，检测前应彻底清除探头移动区内的焊接飞溅物、松动的氧化皮或锈蚀层及其他表面附着物，并控制检测表面的粗糙度不超过 $6.3\mu m$，以利于探头的自由移动，提高检测速度，避免探头过早磨损。

③ 耦合补偿。

a. 表面粗糙度补偿：在检测和缺陷定量时，应对由表面粗糙度引起的能量损耗进行补偿。

b. 衰减补偿：在检测和缺陷定量时，应对材质衰减引起的检测灵敏度下降和缺陷定量误差进行补偿。

设测得的工件与试块表面耦合差补偿是 ΔdB。具体补偿方法如下：

先用"衰减器"衰减 ΔdB，将探头置于试块上调好检测灵敏度，然后再用"衰减器"增益 ΔdB（即减少 ΔdB 衰减量），这时耦合损耗恰好得到补偿，试块和工件上相同反射体回波高度相同。

如果检测面与对比试块之间最大的超声波传输损失差（包括表面耦合损失和材质衰减）超过 2dB，应按 GB/T 11345—2013《焊缝无损检测 超声检测 技术、检测等级和评定》规定的方法测试并在调节灵敏度时予以补偿。

一般情况下，焊缝表面不必再做修整。但若焊缝的余高形状或咬边给正确评价检测结果造成困难，就要对焊缝的相应部位做适当修磨以使其圆滑过渡，去除余高的焊缝应尽量磨至与母材平齐。

3.3.3 扫查

在进行超声波检测时,检测面上探头与试件的相对运动称为扫查。扫查一般考虑两个原则,一是保证试件的整个检查区有足够的声束覆盖以避免漏检;二是扫查过程中声束入射方向始终符合所规定的要求。

探头常用的扫查方式见图 3-13。

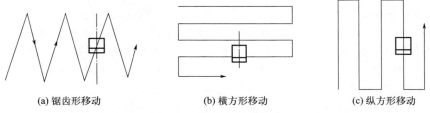

(a) 锯齿形移动　　　　　(b) 横方形移动　　　　　(c) 纵方形移动

图 3-13　探头的扫查方式

锯齿形扫查是手工超声检测中最常用的扫查方式。探头前后移动的范围应保证扫查到全部焊缝截面,在保持探头垂直焊缝做前后移动的同时,还应做 10°～15° 的左右转动。

(1) 双探头扫查方式

根据两个探头相对位置可分为图 3-14 所示的几种扫查方式。

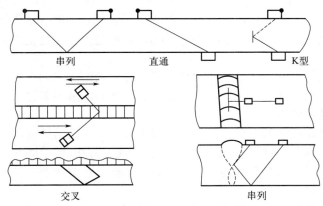

图 3-14　双探头的扫查方式

① 扫查速度。为使缺陷回波能充分被探头接收,并在荧光屏上有明显的显示或在记录装置上能得到明确的记录,扫查速度 v 应当适当。通常,这取决于探头的有效尺寸和仪器重复频率。探头有效尺寸 D 愈大,重复频率 f 愈高,扫查速度 v 可以相应高一些。

② 接触的稳定性。扫查过程中应给探头以适当的和一致的压力(指直接接触而言),否则,耦合液厚度会发生变化,使检测灵敏度不稳定。

③ 方向性。扫查过程中,探头的方向(斜射探头尤甚)应严格按照扫查方式所规定的进行。因为探头放置方向的改变在单探头检测时将因入射波的方向变化而使缺陷检出灵敏度变化;在双探头法检测时,则可使反射或透射波不能被另一探头接收,故保持一定的方向更为重要。

双探头法检测时两探头的相对位移必须相同或协调,才能使缺陷回波被另一探头所接收，纵波、横波均是如此。

焊件的材质、板厚及形状不同，选择的焊接方法和工艺就不同，所以产生缺陷的原因、位置、大小和性质也就不相同。因此，在检测工艺规定中规定了对于不同的焊缝，探头应采用不同的扫查方式。

(2) 单斜探头扫查方式

① 前后扫查。探头移动方向垂直于焊缝轴线的扫查方式，常用于估判缺陷形状和估计缺陷的高度。

② 左右扫查。探头移动方向平行于焊缝轴线的扫查方式，可以用来探测和区分焊缝中纵向的点、条状缺陷，在缺陷定量时，常用来测定缺陷的指示长度。

③ 转角扫查。以探头的入射点为回转中心的扫查方式，可用来确定缺陷的方向和区分点、条状缺陷。对于判断缺陷性质（特别是裂纹），转角动态波形是很有帮助的。

④ 环绕扫查。又称为对位或摆动扫查，是以缺陷为中心，不断变换探头位置的扫查方式。这种方式常用于估判缺陷的形状，尤其适用于点状缺陷。

⑤ 斜扫查。探头沿焊缝轴线平行移动，而声束中心与焊缝轴线保持 $10°\sim45°$ 夹角。借助这种扫查方式可发现焊缝和热影响区的横向裂纹及与焊缝轴线成倾斜夹角的缺陷，以及电渣焊时比较容易产生的"八"字裂纹。

3.3.4 检测仪的调节

(1) 扫描速度的调节

仪器示波屏上时基扫描线的水平刻度值 τ 与实际声程 χ（单程）的比例关系，即 $\tau:\chi=1:n$ 称为扫描速度或时基扫描线比例。它类似于地图的比例尺，如扫描速度 1:2 表示仪器示波屏上水平刻度 1mm 表示实际声程 2mm，目的是在规定的范围内发现缺陷并对缺陷定位。

方法：根据探测范围利用已知尺寸的试块或工件上的两次不同反射波的前沿分别对准相应的水平刻度值来实现（注意：不能利用一次反射波和始波来调节）。

(2) 检测灵敏度的调节

检测灵敏度是指在确定的声程范围内发现规定大小的缺陷的能力，一般根据产品技术要求或有关标准确定。调节检测灵敏度的目的在于发现工件中规定大小的缺陷，并对缺陷定量。检测灵敏度太高或太低都对检测不利。灵敏度太高，示波屏上杂波多，判定困难。灵敏度太低，容易引起漏检。

实际检测中，在粗探时为了提高扫查速度而又不致引起漏检，常常将检测灵敏度适当提高，这种在检测灵敏度的基础上适当提高后的灵敏度叫作搜索灵敏度或扫查灵敏度。调节检测灵敏度的常用方法有试块调节法和工件底波调节法两种。

利用试块和底波调节检测灵敏度的方法应用条件不同。利用底波调节灵敏度的方法主要用于具有平底面或曲底面的大型工件的检测，如锻件检测。利用试块调节灵敏度的方法主要用于无底波和厚度尺寸小于 $3N$ 的工件的检测，如焊缝检测、钢板检测、钢管检测等。

此外，还可以利用工件某些特殊的固有信号来调节检测灵敏度，例如在螺栓检测中常利用螺纹波来调节检测灵敏度，在汽轮机叶轮键槽径向裂纹检测中常利用键槽圆角反射的键槽波来调节检测灵敏度。

(3) 距离-波幅曲线（DAC）

描述某规则反射体回波高度与反射体距离之间关系的曲线称为距离-波幅曲线（distance amplitude curve，DAC），即 DAC 曲线。

距离-波幅曲线是表示某一大小的缺陷在不同的声程位置上波幅的变化曲线。通过这条曲线，可以判定被检测到的缺陷相对于这条曲线的当量。

距离-波幅曲线主要用于判定缺陷大小，给验收标准提供依据。它由判废线、定量线、评定线组成，如图 3-15 所示，制作方法见后面任务实施。

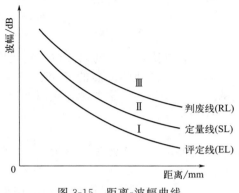

图 3-15　距离-波幅曲线

定量线、评定线、判废线之间的距离与板厚和所用试块有关，具体根据表 3-5 确定。

表 3-5　距离-波幅曲线的灵敏度

试块形式	板厚/mm	评定线	定量线	判废线
CSK-ⅡA	≥6～40	$\phi2\times40-18dB$	$\phi2\times40-12dB$	$\phi2\times40-4dB$
	>40～100	$\phi2\times60-14dB$	$\phi2\times60-8dB$	$\phi2\times60+2dB$
	>100～200	$\phi2\times60-10dB$	$\phi2\times60-4dB$	$\phi2\times60+6dB$
CSK-ⅢA	8～15	$\phi1\times6-12dB$	$\phi1\times6-6dB$	$\phi1\times6+2dB$
	>15～40	$\phi1\times6-9dB$	$\phi1\times6-3dB$	$\phi1\times6+5dB$
	>40～120	$\phi1\times6-6dB$	$\phi1\times6$	$\phi1\times6+10dB$

3.3.5　缺陷的定位

横波斜探头检测平面时，声束轴线在探测面处发生折射，工件中缺陷的位置由探头的折射角和声程来确定或由缺陷的水平和垂直方向的投影来确定。由于横波扫描速度可按声程、水平、深度来调节，数字超声检测仪可以直接读出水平、垂直、声程，这样要注意确定缺陷是否在焊缝中。在实际检测时，可在缺陷波幅最大时的探头实际位置用尺子量出 L_f 所对应的缺陷位置，从而判断缺陷是否在焊缝中。

3.3.6　缺陷的定量

(1) 当量法

采用当量法确定的缺陷尺寸是缺陷的当量尺寸。常用的当量法有当量试块比较法、当量计算法和当量 AVG 曲线（又称为距离-波幅-当量曲线）法。

① 当量试块比较法。当量试块比较法是将工件中的自然缺陷回波与试块上的人工缺陷回波进行比较来对缺陷定量的方法。

加工制作一系列含有不同声程、不同尺寸的人工缺陷（如平底孔）试块，检测中发现缺陷时，将工件中自然缺陷回波与试块上人工缺陷回波进行比较。当同声程处的自然缺陷回波与某人工缺陷回波高度相等时，该人工缺陷的尺寸就是此自然缺陷的当量大小。

利用试块比较法对缺陷定量要尽量使试块与被测工件的材质、表面光洁度和形状一致，并且其他探测条件不变，如仪器、探头、灵敏度旋钮的位置和探头施加的压力等。当量试块比较法是超声检测中应用最早的一种定量方法，其优点是直观易懂。当量概念明确，定量比较稳妥可靠。但这种方法需要制作大量试块，成本高，同时操作也比较繁琐，现场检测要携带很多试块，很不方便。因此当量试块比较法应用不多，仅在 $x<3N$ 的情况下或特别重要的零件的精确定量时应用。

② 当量计算法。当 $x \geqslant 3N$ 时，规则反射体的回波声压变化规律基本符合理论回波声压公式。当量计算法就是根据检测中测得的缺陷波高的 dB 值，利用各种规则反射体的理论回波声压公式进行计算来确定缺陷当量尺寸的定量方法。应用当量计算法对缺陷定量不需要任何试块，是目前广泛应用的一种当量法。

(2) 测长法

根据测定缺陷长度时的灵敏度基准不同将测长法分为相对灵敏度法、绝对灵敏度法和端点峰值法。

① 相对灵敏度测长法。相对灵敏度测长法是以缺陷最高回波为相对基准，沿缺陷的长度方向移动探头，降低一定的 dB 值来测定缺陷的长度。降低的分贝值有 3dB、6dB、10dB、12dB、20dB 等几种，常用的是 6dB 法和端点 6dB 法。

6dB 法（半波高度法）：由于波高降低 6dB 后正好为原来的一半，因此 6dB 法又称为半波高度法（见图 3-16）。

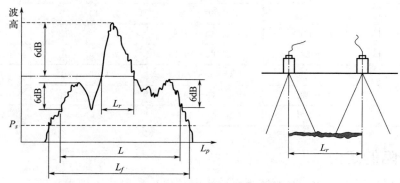

图 3-16　半波高度缺陷测长法

半波高度法：移动探头找到缺陷的最大反射波（不能达到饱和），然后沿缺陷方向左右移动探头，当缺陷波高降低一半时，探头中心线之间的距离就是缺陷的指示长度。

6dB 法的具体做法是：移动探头找到缺陷的最大反射波后，调节衰减器，使缺陷波高降至基准波高，然后用衰减器将仪器灵敏度提高 6dB，沿缺陷方向移动探头，当缺陷波高降至基准波高时，探头中心线之间的距离就是缺陷的指示长度。

半波高度法（6dB 法）是用来对缺陷测长的较常用的一种方法。其适用于测长扫查过程中缺陷波只有一个高点的情况。

端点 6dB 法（端点半波高度法）：当缺陷各部分反射波高有很大变化时，测长采用端点 6dB 法（见图 3-17）。

端点 6dB 法测长的具体做法是：当发现缺陷后，探头沿着缺陷方向左右移动，找到缺陷两端的最大发射波，分别以这两个端点反射波高为基准，继续向左、向右移动探头，当端点反射波高降低一半时（或 6dB 时），探头中心线之间的距离即为缺陷的指示长度。这种方法适用于测长扫查过程中缺陷反射波有多个高点的情况。

半波高度法和端点 6dB 法都属于相对灵敏度法,因为它们是以被测缺陷本身的最大反射波或以缺陷本身两端最大反射波为基准来测定缺陷长度的。

② 绝对灵敏度测长法。在斜探头左右扫查的过程中,以缺陷反射波幅降至规定参考波高为标准确定缺陷边界的方法称为测定缺陷指示长度的绝对灵敏度法。

如果将 DAC 中评定线规定为参考波高,则缺陷的反射波包络线超过评定线的部分所对应的探头左右移动的间距即为在评定线灵敏度下测得的缺陷指示长度。

当探头平行缺陷的延伸方向移动时,其缺陷反射波的波高都在某一灵敏度水平之上(如图 3-18 所示的 B 线)时,可采用绝对灵敏度法。

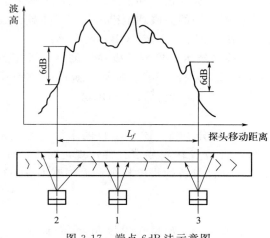
图 3-17 端点 6dB 法示意图

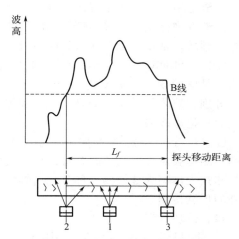
图 3-18 绝对灵敏度法示意图

具体测法是:探头平行缺陷延伸方向分别左右移动,当缺陷波高降到某一灵敏度水平时(如图 3-18 所示的 B 线),此时探头中心线之间的距离即为缺陷的指示长度。

③ 端点峰值法。探头在测长扫查过程中,当发现缺陷反射波峰值起伏变化,有多个高点时,可以缺陷两端反射波极大值之间探头的移动长度来确定缺陷指示长度。这种方法称为端点峰值法。

端点峰值法测得的缺陷长度比端点 6dB 法测得的指示长度要小一些。端点峰值法也只适用于测长扫查过程中,缺陷反射波有多个高点的情况。

(3) 底波高度法

底波高度法是利用缺陷波与底波的相对波高来衡量缺陷的相对大小。当工件中存在缺陷时,由于缺陷反射,使工件底波下降,缺陷愈大,缺陷波愈高,底波就愈低,缺陷波高与底波高之比就愈大。

底波高度法常用以下几种方法来表示缺陷的相对大小。

① F/B_F 法。F/B_F 法是在一定的灵敏度条件下,以缺陷波高 F 与缺陷处底波高 B_F 之比来衡量缺陷的相对大小。

② F/B_G 法。F/B_G 法是在一定的灵敏度条件下,以缺陷波高 F 与无缺陷处底波高 B_G 之比来衡量缺陷的相对大小。

③ B_G/B_F 法。B_G/B_F 法是在一定的灵敏度条件下,以无缺陷处底波 B_G 与缺陷处底波 B_F 之比来衡量缺陷的相对大小。

底波高度法不用试块,可以直接利用底波调节灵敏度和比较缺陷的相对大小,操作方便，但不能给出缺陷的当量尺寸，同样大小的缺陷，距离不同，F/B_F 不同，距离小时 F/B_F 大，距离大时 F/B_F 小。因此 F/B_F 相同的缺陷当量尺寸并不一定相同。此外底波高度法只适用于具有平行底面的工件。

最后还要指出：对于较小的缺陷底波往往饱和，对于密集缺陷往往缺陷波不明显，这时上述底波高度法就不适用了，可借助于底波的次数来判定缺陷的相对大小和缺陷的密集程度。底波次数少，则缺陷尺寸大或密集程度严重。

底波高度法可用于测定缺陷的相对大小、密集程度、材质晶粒度和石墨化程度等。

3.3.7　焊缝超声检测质量级别评定

焊缝超声检测在技术层面包含两个方面，即检测方法的选择和检测结果的验收评定，然而不同的标准体系中焊缝超声检测的检测方法和检测结果的验收评定措施均有所不同。在超声检测领域，常用的标准体系为能源行业标准（NB）和国家标准（GB）两个体系。

GB/T 11345—2013 标准除常规技术外，只在检测技术、检测等级和检测结果评定方面给出了具体的规定，而 GB/T 29711—2013 和 GB/T 29712—2013 则属于新增配套使用标准，分别在缺陷显示类型的判定方法和焊缝质量验收方面给出了具体的规定。

（1）检测等级

GB/T 11345—2013 标准按其检测结果的好坏，划分了 A、B、C、D 四个检测等级，不同的检测等级对应不同的缺陷检出率。其中检测等级 D 仅在规范中有特殊规定时才能使用，包括非铁素体类焊缝检测、部分熔透焊缝检测、自动化设备的焊缝检测和温度在 0～60℃ 范围外的焊缝检测。

（2）试块

GB/T 11345—2013 标准采用四种参考反射体试块，分别是直径为 3mm 的长横孔（相当于旧版 GB/T 11345—1989 标准中使用的 RB 系列试块），孔径为 1.5～3mm 的平底孔，宽度和深度均为 1mm 的矩形槽，以及串列法检测用到的 ϕ6mm 平底孔。

（3）距离-波幅曲线（DAC）

GB/T 11345—2013 基于长横孔技术（基于直径为 3mm 的横孔）的检测灵敏度的设定，规定了四个距离-波幅曲线等级：

① 参考等级。所谓的参考等级，就是以 ϕ3mm 横孔作为基准反射体制作的距离-波幅曲线，即参考基准距离-波幅曲线，也称定量线，记为 H_0。

② 评定等级。所谓的评定等级是指评定线，此线的主要作用是为了测量缺欠的显示长度，采用固定回波幅度等级法：找到超过评定等级的缺欠最高波后，移动探头使回波降至评定线，此时探头移动距离为该缺欠的显示长度。

③ 记录等级。记录等级对应验收等级 -4dB，记录等级的主要作用是，如果单位焊缝长度内存在单个或多个间断的缺欠，记录缺欠的累计长度。

④ 验收等级。目前 GB/T 11345—2013 有两个验收等级，分别是 2 级和 3 级，验收等级的灵敏度设定比较复杂，它是根据焊缝母材厚度、缺欠显示长度与板厚之间的倍数关系而变化的。

（4）评定方法

对于缺陷检测显示评定的步骤、方法和思路，GB/T 29712—2013 要求对超过评定等级的显示进行评定，评定的结果要与国际标准接轨，采用的是可验收或不可验收评价准则，并没有给出具体的评定级别。GB/T 29712—2013 标准先看缺陷显示长度，再看缺陷显示波幅当量是否超过验收级别。

3.4 轨道交通装备典型零部件超声检测

3.4.1 车轴超声检测

(1) 车轴概述

车轴是轨道交通装备走行部的关键零部件,它的质量好坏直接影响轨道交通装备的运行安全,因此在车轴新制、组装、运用及检修过程中必须进行超声检测。

随着轨道交通装备的发展,车轴按照用途分主要有动车轴、车辆轴和机车轴三大类;按照形式分主要有实心轴和空心轴两大类。实心轴主要用于普通机车车辆,而空心轴则主要用于高速动车组中,以减轻簧下重量,个别的地铁车轴也使用空心轴。目前的空心轴中心孔主要有 $\phi30mm$、$\phi60mm$ 和 $\phi65mm$ 三种。

根据轮对型号不同,和其装配的零件不同,车轴外圆面各部位名称也有所不同。RC3、RC4、RD3、RD4 轮对的车轴只具有轮座;部分地铁及动车组动车轮对的车轴具有轮座和齿轮箱座;拖车的车轴和 RD3A、RD4A、RD3A1、RD3B 一样,既有轮座又有制动盘座,各部位名称如图 3-19 所示。

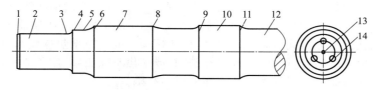

图 3-19 车轴各部位的名称
1—轴端倒角;2—轴颈;3—卸荷槽;4—轴颈后肩;5—防尘板座;6—轮座前肩;
7—轮座;8—轮座后肩;9—制动盘座前肩;10—制动盘座;11—制动盘座后肩;
12—轴身;13—中心孔;14—轴端螺栓孔

空心轴具有中心孔,与实心轴的加工流程不同,超声检测也有所不同。

实心轴一般工艺流程:冶炼⇨铸、轧⇨锻造⇨粗加工⇨径向超声检测⇨热处理⇨热校直⇨粗加工(车、锯、磨轴两端面)⇨超声波贯通检查⇨粗加工、精加工⇨外观检查⇨磁粉检测⇨成品轴交出(轮对组装)。

空心轴一般工艺流程:冶炼⇨铸、轧⇨锻造⇨热处理⇨热校直⇨粗加工⇨径向超声检测⇨超声波贯通检查⇨粗加工、精加工(中心孔、外圆各部位尺寸加工)⇨外观检查⇨超声检测(孔内表面波超声波探伤)⇨磁粉检测⇨成品轴交出。

从工艺流程可以看出,车轴内部可能存在铸造、锻造及热处理过程中产生的各种缺陷,如夹杂物、残余缩孔、疏松、晶粒粗大、锻造裂纹、热处理裂纹、发纹及白点等。

(2) 车轴超声波探伤设备

① 实心轴超声波探伤设备。实心轴检测中,扫查面为外圆面或轴的端面,一般采用便携式超声检测系统进行手工扫查,不同检测单位所用探伤仪略有不同,目前常见的有如图 3-20(a)、(b) 所示两种。

当然,也有部分探伤设备厂家生产车轴自动超声检测系统,但由于多种原因,自动检测设备探伤检查的轮轴须全部手工探伤复验,所以实心轴的自动探伤设备应用并不广泛。

② 空心轴超声波探伤设备。由于中心孔的存在,空心轴使用常规的便携式探伤仪进行手工扫查是行不通的,于是就出现了空心轴超声波自动检测设备。此种设备是以内孔表面为扫查面对空心轴进行检测的,设备通常由机械部分、电气部分和辅助装置组成。机械部分主

(a) KW-4C型超声波探伤仪　　　　　(b) NDC-1型超声波探伤仪

图 3-20　超声波探伤仪

要包括：移动小车、驱动单元、用于探头臂的运动小车、探头臂、探头架及液压系统。电气部分主要包括：保险机构、控制和报警系统、不间断电源（UPS），以及用于机械管理的电子部件 PLC 或计算机、超声波电子部件、超声检测系统和与计算机的连接通信部分。辅助装置：轴端适配器，用于将探头导入车轴中心孔。

自动设备的检测探头是一个探头组件（简称探杆），主要包括：探头组件机械支撑结构、密封装置、导向装置、探头安装槽、探头固定装置、控制线管及输油线管（或进油管、回油机械装置）等。探头组件安装的探头类型主要有：轴向横波探头（或横波聚焦探头），用于探测车轴外表面横向缺陷（疲劳裂纹）；周向横波探头（或横波聚焦探头），用于探测车轴外表面纵向缺陷；纵波探头（直探头、双晶探头和/或聚焦直探头），用于监控检测车轴材质的内部缺陷；表面波探头，用于探测内孔表面的横向缺陷。

根据需要，每个探头组件可安装不同数量的探头。目前，用于检修及运用车轴的检测设备的探头组件安装 3 个探头，包括轴向正反向横波探头 2 个、直探头（双晶探头）1 个。用于新制及组装车轴的检测设备的探头组件安装 7 个探头，包括（轴向正反向横波探头 2 个、）周向正反向横波探头 2 个、直探头（双晶探头）1 个、正反向表面波探头 2 个。

空心轴超声检测大多是在轮对状态下完成的，国内用得较多的空心轴探伤设备主要有两种，见图 3-21。

两种设备中，图 3-21(a) 所示设备主要用于新组装车轴的超声检测，探杆为刚性的，由于空心轴一般长度较长，所以此种设备一般一次检测空心轴的一半，完成一根车轴的检测需要探杆从空心轴两端分别进入一次。图 3-21(b) 所示设备主要用于空心轴轮对的检测，探

(a) 刚性探杆空心轴超声波探伤机　　　　　(b) 柔性探杆空心轴超声波探伤机

图 3-21　空心轴超声波探伤机

杆为柔性探杆且长度较长，只需从一端进入一次就可完成整根车轴检测。近几年，此种空心轴超声波探伤机也逐渐用于新组装的空心轴轮对的超声检测。

空心轴检测设备的要求：不同轴段设置不同的检测灵敏度和深度补偿。

定位精度：轴向移动±2mm，周向旋转±1°；扫描模式：螺旋向前扫描，扫描螺距≤10mm可调，旋转速度≥20r/min可调；显示方式：A型显示、B型显示和/或C型显示。

(3) 新制车轴超声检测

从上述的加工流程可以看出，新制实心车轴超声检测包括径向超声检测、超声波贯通检查，TB/T 1618和Q/CR 880等标准都对此部分有相应的规定。除此之外，空心轴在中心孔加工完成之后还需增加以中心孔为探测面对中心孔内表面进行的超声检测。

径向超声检测主要检测车轴内部轴向缺陷，频率一般采用2.0～10MHz，通过0°探头或双晶探头在车轴外圆面采用纵波进行检测。

① 制作径向检测DAC曲线。径向检测距离-波幅曲线按所用探头和仪器在TS-2试块（图3-22）上实测的数据绘制而成。制作时分别以TS-2试块上轴颈、轮座及轴身不同声程下平底孔的测试dB值，绘制相应的距离-波幅曲线。使用前应对曲线进行校验。

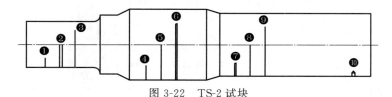

图 3-22　TS-2 试块

② 调节探伤灵敏度。将直探头置于TS-2试块轴颈上，调整仪器，将❶号平底孔回波高度调为垂直刻度满幅度的适当高度（如50%），补偿试块与实物车轴之间的耦合差（以试块的底波和实物的底波高度dB差计），即为轴颈部位径向探伤灵敏度；将直探头置于TS-2试块轮座上，调整仪器，将❹号平底孔回波高度调为垂直刻度满幅度的适当高度（如50%），补偿试块与实物车轴之间的耦合差，即为轮座部位径向探伤灵敏度；将直探头置于TS-2试块轴身上，调整仪器，将❼号平底孔回波高度调为垂直刻度满幅度的适当高度（如50%），补偿试块与实物车轴之间的耦合差，即为轴身部位径向探伤灵敏度。当检测的车轴带有制动盘座或齿轮箱座时，调节灵敏度可借用尺寸相当的轮座的平底孔，也可以制作相应的平底孔。

采用底波衰减法时，将直探头置于TS-2试块轴身上，使❿号锥孔处轴身底波高度为垂直刻度满幅度的50%，补偿试块与实物车轴之间的耦合差，即为底波衰减法灵敏度。

根据所探伤车轴的直径调节水平检测范围，其他按钮禁止调节。

③ 扫查。为保证良好的声耦合，在探伤前必须对车轴外圆面进行擦拭，除去油污，若有不平整毛刺要用平锉或砂布打磨干净，并涂耦合剂。手工探伤时扫查速度不大于150mm/s，覆盖率不小于10%。

由于探伤范围较大，径向探伤也可采用水浸或局部水浸法用超声波自动探伤机进行检测。

④ 质量标准。

a. 动车组车轴不应存在大于或等于ϕ2mm平底孔当量的缺陷。

b. 实心轴及最高运行速度小于或等于200km/h的空心轴不应存在大于或等于ϕ3mm平底孔当量的缺陷。

c. 最高运行速度大于200km/h的车轴不应存在大于或等于ϕ2mm平底孔当量的缺陷。

3.4.2 车轮超声检测

(1) 车轮概述

车轮也是转向架中关键的零部件,在运行过程中起着非常重要的作用:支撑车辆的全部重量,承受机车车辆的负荷;传送牵引和制动的扭矩,保证车轮与轨道的附着力;减轻和吸收行驶时的振动和冲击力,防止机车车辆零部件受到剧烈振动和早期损坏,适应车辆的高速性能并降低行驶时的噪声,保证行驶的安全性、操纵稳定性、舒适性和节能经济性等。车轮和车轴、制动盘(齿轮箱)共同组装成了轮对,如图 3-23 所示。

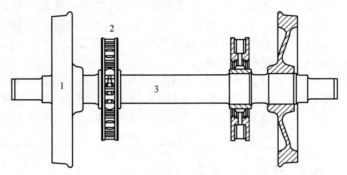

图 3-23 典型车辆轮对示意
1—车轮;2—制动盘;3—车轴

车轮各部位的名称见图 3-24。

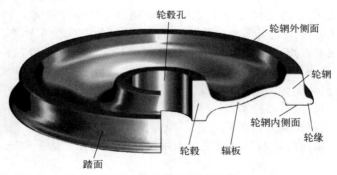

图 3-24 车轮各部位名称

车轮一般加工工艺流程:切割⇨加热⇨轧制⇨等温⇨粗加工⇨热处理⇨检测⇨精加工⇨检测⇨包装。

车轮的主要缺陷有表面夹杂、偏析、白点、残余缩孔、分层、中心疏松、折叠、裂纹及结疤等。

车轮超声检测分新制车轮和运用检修车轮超声检测两种情况。

车轮分两种,即整体辗钢车轮和分体轮。其中,分体轮由轮箍和轮芯组成。高速动车及普通车辆车轮一般都是整体辗钢车轮,材质选用 CL60 钢材,是我国铁路车辆上采用的主型车轮。分体轮则主要用于机车。

(2) 车轮自动超声检测设备

新制车轮超声检测设备主要采用自动检测设备。自动探伤设备也有多种形式,如图 3-25 (a)、(b) 所示。其中,(a) 所示设备检测时车轮平放,(b) 所示设备检测时车轮则立放。

(a) 卧式车轮超声波探伤机　　　　　　　(b) 立式车轮超声波探伤机

图 3-25　车轮超声波探伤机

由图 3-25 可以看出，新制车轮检测设备对车轮轴向透声检测时采用纵波直探头，径向检测时采用分割式纵波探头，通过对踏面和轮辋内侧面的扫查完成车轮的检测。

目前，低速（最高运行速度小于等于 160km/h）车辆车轮的超声检测分手工和自动两种，自动检测发现缺陷时须使用手工检测方式确认，并以手工检测为准。超限缺陷车轮旋修后须手工复探，所以自动探伤设备应用并不广泛，因此后边内容主要讲解手工检测，检测仪器同车轴手工超声检测所用超声波探伤仪。

检修动车车轮的超声探伤设备则主要采用自动检测设备，发现缺陷后用便携式相控阵检测仪器进行复探。自动检测设备分为固定式（图 3-26）和移动式，其中固定式主要用于主机厂的检修基地，而移动式主要用于动车段上，检测时通过设备在地沟中的移动完成整列车车轮的检测。

图 3-26　固定式动车车轮超声检测设备

动车车轮自动检测设备中的探头除了常规纵波双晶探头和横波斜探头以外，为了对车轮的检测更加全面，还包括若干个超声相控阵探头，探头的扫查面也是车轮踏面和内侧面。

（3）新制车轮超声检测

其主要检测整体轮的轮辋部位及分体轮的轮箍部分，目的是检测轴向透声性及内部缺陷。动车车轮还需检测辐板及轮毂部分的内部缺陷。

① 灵敏度调节。轴向检测灵敏度调节：直探头调整相应试块上 $\phi 2mm$ 平底孔回波为 50%，后增益 4~8dB 即可。

径向检测灵敏度调节：双晶探头调整相应试块上 ϕ2mm 平底孔回波为 50%，后增益 4～8dB 即可。

轴向透声灵敏度调节：直探头将试块相应锥底孔处底波调至荧光屏满刻度的 50%，后再增益 4dB 以上。

动车新制车轮探伤灵敏度调节：将探头置于整体车轮试块探测面上扫查，找到埋深深度最小的 ϕ1mm 平底孔（轮辋）或 ϕ3mm 平底孔（辐板和轮毂）反射波，调整仪器使最大反射波高至满屏刻度的 80%，记录 dB 值，然后依次探测并记录不同深度的 ϕ1mm 平底孔或 ϕ3mm 平底孔反射波并调整至最高波，做好标记，依次将所标记的各点连接成圆滑曲线，并延伸至整个探测范围，该曲线即为该探头在对应探测面的 DAC 曲线，以绘制的 DAC 曲线的增益值，作为检测基准灵敏度。

② 扫查。低速机车车辆新制车轮：轴向检测、轴向透声检测时，探头扫查面为车轮轮辋内侧面；整体车轮轮辋径向检测时，扫查面为车轮轮辋踏面；轮箍径向检测时，扫查面为内径面。

动车车轮：轮辋检测时，探头扫查面为踏面和轮辋内侧面；辐板检测时，探头扫查面为辐板两个面，扫查方向应同表面垂直；轮毂检测时，探头扫查面为轮毂两个表面，扫查方向应同表面垂直。

手工扫查时应使探头均匀受力，探头移动的同时，观察示波屏底波的变化及底波前是否出现异常反射回波。采用自动车轮超声波探伤机进行检测时，应通过合理设置检测程序获得合适的车轮旋转速度与探头步进距离或移动速度，对车轮轮辋、踏面、内侧面全表面进行扫查，进行轴向检测、轴向透声检测及径向检测，并通过人工观察或自动检测程序对缺陷情况进行评定与报告。

③ 质量标准。低速机车车辆新制车轮轴向、径向检测：不应存在超过 ϕ2mm 平底孔当量的缺陷。

轴向透声检测：当某处底波降至 50% 高度以下时，需用其他方法判明该处是否存在缺陷，如有缺陷则判为不合格。

动车新制车轮轮辋：单个缺陷不应大于 ϕ1mm 平底孔当量大小；底波衰减量应小于 4dB。

辐板：单个最大缺陷的反射当量不应大于 ϕ5mm 平底孔；不应存在 10 个及以上的大于或等于 ϕ3mm 且小于 ϕ5mm 的平底孔当量的缺陷；大于或等于 ϕ3mm 且小于 ϕ5mm 当量的任意两个缺陷间隔距离不应小于 50mm。

轮毂：单个最大缺陷的反射当量不应大于 ϕ5mm 平底孔；不应出现 3 个或 3 个以上的大于或等于 ϕ3mm 小于 ϕ5mm 平底孔当量的缺陷；大于或等于 ϕ3mm 且小于 ϕ5mm 当量的任意两个缺陷间隔距离不应小于 50mm；底波的衰减量不应大于或等于 6dB。

（4）运用检修车轮超声检测

低速车辆运用检修车轮超声检测主要检测车轮轮辋内部缺陷和疲劳裂纹。高速车辆运用检修时，车轮超声检测是检测轮辋、轮缘和辐板区域的疲劳裂纹。

低速车辆车轮超声检测一般采用两种探头，分别为大角度横波探头（2.5P14×16×69°）、纵波双晶探头（2.5P6×8FG10、2.5P6×8FG20、2.5P6×8FG30）。

① 灵敏度调节。将 2.5P14×16×69°横波探头置于对比试样轮对上，移动探头，调节仪器，此时水平时基线代表声程，检测范围为 500mm，使踏面下 30mm 处 ϕ3mm×90mm 横孔的反射波前沿达到 160mm 左右，波高达到荧光屏垂直刻度满幅的 50%[见图 3-27(a)]，增益 12dB，表面耦合差增益 0～3dB，以此作为横波探伤灵敏度。

将 2.5P6×8FG20 纵波双晶探头置于对比试样轮对踏面上，移动探头，调节仪器，此时水平时基线代表声程，检测范围为100mm，使踏面下30mm处φ3mm×90mm横孔的反射波前沿达到20mm左右，且幅度达到荧光屏垂直刻度满幅的50%[见图3-27(b)]，增益6dB，表面耦合差增益2~6dB，以此作为探伤灵敏度。

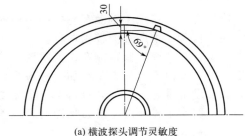

(a) 横波探头调节灵敏度　　(b) 纵波双晶探头调节灵敏度

图3-27　探头灵敏度调节示意图

② 扫查。探头置于踏面上，沿车轮圆周以锯齿形方式全面扫查，至少1周，扫查速度应小于等于100mm/s，覆盖率应大于等于10%，如图3-28所示。

发现缺陷时，根据缺陷深度不同，可采用不同焦距的探头（2.5P6×8FG10或2.5P6×8FG30，此时灵敏度的调节应分别采用踏面下10mm或30mm处φ3mm×90mm横孔）重新扫查并定量。

③ 质量标准。

a. 不允许存在径向裂纹缺陷。

b. 周向点状、面状缺陷规定如下：缺陷与踏面距离小于等于35mm，当量面积小于等于30mm^{2}时，允许存在，当量面积大于30mm^{2}时，须消除；缺陷与踏面距离大于35mm，当量面积小于等于100mm^{2}时，允许存在，当量面积＞100mm^{2}时，须报废；两个相邻的缺陷间距小于等于5mm者，合并为一处缺陷计算；允许存在的缺陷须跟踪检查。

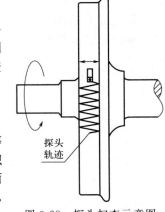

图3-28　探头扫查示意图

(5) 动车车辆车轮超声检测

一般采用四种探头检测：纵波直探头、焦距10~35mm的双晶探头、35°~70°横波探头、超声相控阵探头。其中轮缘检测需要横波和相控阵探头，轮辋检测需要四种探头，辐板检测需要横波和相控阵探头。

① 灵敏度调节。将探头置于样板轮踏面或轮辋内侧面，探测对应样板轮上的人工缺陷，转动样板轮或移动探头，使人工缺陷反射波达到最高，并调节到屏幕满幅度的80%，进行距离补偿，表面耦合补偿0~6dB，以此作为探伤灵敏度。

② 扫查。记录动车组轮对编号信息（含车轴编号、车轮编号、走行里程等），启动探伤程序，轮对开始转动即探头扫查开始，同时系统采集检测数据，转动超过一周后轮对停止即扫查完成，检测者分析数据确认检测结果。

③ 质量标准。

轮辋部位：不应存在大于或等于φ3mm横孔当量大小的缺陷。

辐板部位：不应存在大于或等于15mm×3mm（长×深）刻槽当量大小的缺陷。

轮缘部位：不应存在大于或等于10mm×3mm（长×深）刻槽当量大小的缺陷。

对于确认存在疲劳缺陷的车轮，应立即停止使用，无法消除缺陷的应报废。

3.4.3　检测系统校验

不同工件的探伤对探头及检测设备有不同的要求，这里不一一进行介绍，只对整体的检测系统的校验要求做简单的介绍。

为了保证检测结果的准确性及可靠性，轨道交通装备用车轴及车轮的超声检测，必须定期对检测系统进行性能校验，主要包括日常性能校验、季度性能校验两种。

日常性能校验包括检查检测系统的技术状态，开工前校验检测系统灵敏度及检测系统完工后灵敏度复核。每班开工前的校验和完工后的复核由不同的人员参加。一般规定开工前的校验由探伤工、探伤工长、质检员、监造人员及设备维修工参加，且每个人都需要在记录上签字或盖章。每班完工后灵敏度复核由探伤工、探伤工长及质检员参加即可，完工后灵敏度复核不符合相应的要求时，该班次所有检测的车轴或车轮须重新检验。

季度性能校验每季度进行一次，检验的项目一般包括日常性能校验规定的项目（班后灵敏度复核除外），其余项目根据检测设备不同而有所区别。手工检测设备一般涉及检测系统的水平线性、垂直线性、分辨力及灵敏度余量的测试；自动检测设备则涉及检查超声系统硬件设备，DAC 曲线的制作及系统的信噪比、误报率等。

一般规定：检测设备发生故障，检修后投入使用前应重新进行日常性能校验；新购置及大修、小修后的检测设备，第一次使用前应进行季度性能校验。

第4章 射线检测

4.1 射线检测概述

射线检测（radiographic testing，RT）依据被检工件由于成分、密度、厚度等的不同，对射线（即电磁辐射或粒子辐射）产生不同程度的吸收或散射的特性，对被检工件的质量、尺寸、特性等作出判断，可以检查金属和非金属材料及其制品的内部缺陷。

4.1.1 基本原理

射线在穿透物体的过程中会与物质发生相互作用，因吸收和散射而使其强度降低。其强度衰减程度取决于物质的衰减系数和射线在物质中穿越的厚度。如果被检测工件的局部存在缺陷，且构成缺陷的物质的衰减系数又不同于工件，该局部区域透过射线的强度就会与周围产生差异。把某种接收器（如胶片）放在适当位置使其接收透过射线并反映透过射线强度的分布。由于缺陷部位和完好部位的透过射线强度不同，接收器相应部位就会出现不同的状态（如胶片的黑度差异），对此进行观察和评定，即可对工件的质量进行评判，如图 4-1 所示。

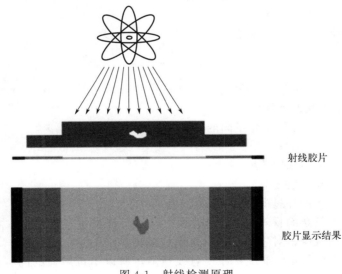

图 4-1 射线检测原理

4.1.2 射线的分类

工业射线检测最常用的射线为 X 射线和 γ 射线。X 射线、γ 射线产生的机理不同，能量也可以不同，但它们的量子都是光量子（光子），都是电磁辐射。

（1）X 射线

X 射线是在 X 射线管中产生的。X 射线管是一个具有阴阳两极的真空管，阴极多是钨丝，阳极是金属制成的靶，在阴阳两极之间加有很高的管电压，当阴极加热到白炽的状态时释放出大量电子，这些电子在高压电场中被加速，从阴极飞向阳极，形成管电流，以很高的速度撞击金属靶，并失去所具有的动能，这些动能绝大部分转换为热能，仅有极少一部分转换为 X 射线向四周辐射。

常用 X 射线的谱线一般从最低波长开始呈连续分布，称为连续谱。而当管电压超过某个值时，波谱曲线上除连续谱外，还会出现标识靶材料特征的标识谱。

连续谱多用于探伤，标识谱多用于元素分析。

（2）γ 射线

1906 年，法国科学家贝克勒耳发现铀和含铀的矿物能发射肉眼看不见的射线，这种性质称为放射性。原子序数大于 83 的元素都有放射性现象。

放射性原子核数量的减少服从指数衰减规律：

$$N = N_0 e^{-\lambda t}$$

式中，N 为 t 时刻放射性物质尚未发生衰变的原子核的数量；N_0 为开始时刻（$t=0$）未发生衰变的原子核的数量；t 为衰变时间；λ 为衰变常数，即单位时间内原子核发生衰变的概率，不同的原子核衰变常数不同。

通常用半衰期来描述放射性元素衰减的快慢。半衰期表示放射性原子核数目因衰变而减少到原来数目一半所需要的时间，通常用 $T_{1/2}$ 表示。由上面公式，可得：

$$N = N_0 e^{-\lambda T_{1/2}} = \frac{N_0}{2}$$

从而得到：

$$e^{-\lambda T_{1/2}} = \frac{1}{2}$$

两边取自然对数，$\ln 2 = 0.693$，所以

$$T_{1/2} = \frac{0.693}{\lambda}$$

衰变产生的射线有三种，分别为 α 射线（氦原子核）、β 射线（电子）和 γ 射线。

（3）X 射线与 γ 射线的性质

X 射线与 γ 射线具有与可见光不同的性质：

① 不可见，沿直线传播；
② 不带电，不受电磁场的影响；
③ 有反射、干涉和衍射现象；
④ 可穿过可见光不能穿过的物质；
⑤ 会与物质发生复杂的物理和化学作用；
⑥ 具有辐射生物效应，对生物机体有杀伤和破坏作用。

轨道交通行业射线检测大部分采用 X 射线检测，所以本章后面的内容全部为 X 射线检测的内容，不涉及 γ 射线检测。

4.1.3 射线检测的优缺点

（1）优点

① 应用范围广，几乎适用于所有的材料，对工件的形状、表面粗糙度没有严格的要求，

材料晶粒度对检测没有影响。

② 射线检测是轨道装备几种无损检测中常用的方法之一，主要检测工件内部宏观的几何缺陷。射线检测用接收器（如底片）作为记录介质，可以直接得到缺陷的直观图像，且可以长期保存。

③ 通过观察底片能够比较准确地判断出缺陷的性质、数量、尺寸和位置。

④ 其所能检出的缺陷高度尺寸与透照厚度有关，可以达到透照厚度的1%，甚至更小。

⑤ 其检测薄工件也没有问题，几乎不存在检测厚度下限。

（2）局限性

① 射线检测易检出有局部厚度差的缺陷，对面积型缺陷的检测具有方向性。

② 检测厚工件时受穿透能力的限制，不同的射线机能穿透的材料最大厚度是不同的。

③ 检测成本高，检测速度慢。

④ 射线对人体有伤害，需要采取防护措施。

4.2 射线检测工艺卡识读与设备、器材

4.2.1 射线检测工艺卡的用途及识读

工艺卡是以表卡形式出现的，针对具体产品或结构的具体检测工序做出的具体参数和技术措施的规定性工艺文件。工艺卡适用对象可能是某具体产品或产品的某一部件，也可以是部件上的某一具体结构。射线检测工艺卡一般依据通用工艺规程和设计文件的要求制定，用来指导检测人员如何进行检测。

工艺卡一般为表格形式，图文并茂，文字简洁，方便检测人员使用。工艺卡可以提高生产效率，还能规范检测生产，同时也是组织生产的依据。

检测工艺卡是生产现场不可或缺的组成部分，用来对现场的作业人员进行指导。生产现场如果出现对作业流程了解程度不高的新人，作业过程极容易出现失误，工艺卡就可以起到提醒的作用，减少甚至避免错误的发生。管理人员检查的过程中也可以用工艺卡进行对比，检查作业人员的操作是不是正确的，发现异常可以及时指正，起到指导改善的作用。

工艺卡应包括以下内容：

① 工件情况：以焊接件为例，应包括产品名称、图号、材质、透照厚度、焊接种类、坡口形式、检测比例、检测标准、技术方法等级、验收标准及质量合格等级等。

② 透照条件参数：包括设备种类型号、焦点尺寸、透照方式、焦距、一次透照长度、管电压、管电流、曝光时间；胶片种类、规格；增感屏种类、厚度；像质计型号、应显示的最小丝径、像质计位置、黑度范围等。

③ 绘出透照布置、透照方向示意图。

④ 签字的人员要求，包括工艺卡的编制人员及资格、审核人员及资格、日期，等。

4.2.2 工艺卡示例

某动车组构架横侧梁接口处如图4-2所示，其中标注1~4的4条焊缝需要射线探伤，焊缝长度为180mm，焊接方式为熔化极非惰性气体保护焊。

轨道交通装备中焊缝X射线检测标准多采用ISO 17636-1：2013的B级。表4-1就是依据此标准编制的横侧梁接口处焊缝射线检测的工艺卡。

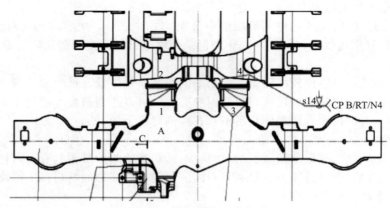

图 4-2　横侧梁接口处焊缝

表 4-1　焊缝射线检测工艺卡

项目	TSD046	工件名称	构架	工件编号	T001
图号	CCD2007-03	材质	S355	检测范围	焊缝及热影响区
表面状态	铲磨	坡口形式	V 形	焊接方式	135
热处理状态	热处理前	检测时机	焊后 24h	检测比例	100%
仪器型号	YSMART200	仪器编号	0338	极限能量 EG	240kV
焦距	$f=550\text{mm}$ $f_{min}=270\text{mm}$	胶片系统等级/ 胶片型号	Agfa D4	增感屏类型	Pb 前 0.03mm/ 后 0.03mm
一次可评定长度	180mm	洗片方式	自动洗片	像质计型号	10FE EN
像质计位置	射线源侧	像质指数	W13(Fe)	应拍片	4 张
曝光条件	170kV/4mA/4.5min	标称厚度	14mm	黑度	≥2.3
透照方式	单壁透照	胶片尺寸	300mm×80mm	焦点尺寸	3mm
检测技术要求					
检验标准及级别	ISO 17636-B 级		评定标准及级别		ISO 10675-1 级

透照布置示意图：

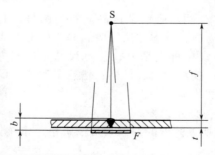

备注	编号规则:有标记"A"的焊缝为"1",顺时针旋转,侧梁端为单号		
编制	×××（RT2）	审核	×××（RT3）
编制日期		审核日期	

工艺卡填写说明如下。

(1) 内容要求

"项目""工件名称""工件编号""图号""材质""坡口形式"和"焊接方式"图纸中均应给出;"检测范围""检测比例"和"检测时机"在检测计划或检测工艺规程中应提出具体要求;"表面状态""热处理状态""仪器型号"和"仪器编号"根据实际情况进行填写,射线检测区域的表面应无影响射线底片评定的焊瘤、飞溅等;"焦点尺寸"为射线机固有参数,此设备焦点尺寸为 3mm。

(2) 极限能量的确定

ISO 17636-1:2013 中条款 7.2.1 的图(同本书图 4-3)依据透照厚度查出:横坐标为透照厚度。标准的 3.3 将透照厚度规定为射线束方向上的材料厚度,以所有透壁的标称厚度为基础计算所得。此处图纸上规定了"标称厚度"为 14mm。标准的 7.7 还做了如下规定:均匀厚度被检测区域外部边缘处的透照厚度与中心射线束处的透照厚度比率在等级 B 技术中应小于 1.1。取中心射线束的透照厚度为标称厚度,即为 14mm,则边缘处透照厚度最大为 14mm×1.1=15.4mm。取 15.4mm 处平行于纵坐标做垂线如图 4-3 所示,与曲线 2(2 号曲线代表钢)交点处的纵坐标约为"240",即极限能量为 240kV。

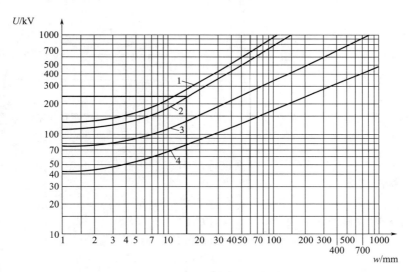

图 4-3 极限能量的确定
1—铜/镍及其合金;2—钢;3—钛及其合金;4—铝及其合金

(3) 焦距的确定

焦距中的"f_{min}"可从图 4-4 所示的诺模图中查得,方法如下:连接诺模图左侧的 d(射线源尺寸即为焦点尺寸)=3mm 与最右边的线 b(标准规定,当工件与胶片的距离 $b<1.2t$ 时,其中 t 为标称厚度,则 $b=t$,即工件与胶片的距离即为标称厚度)=14mm 连线,与中间线的 a 侧(a 侧代表等级 B)交于 270mm 位置,所以 f_{min} 为 270mm。射线源与工件的距离应大于 $f_{min}+b=284$mm,本工艺卡选取焦距 f 为 550mm。

(4) 一次透照最大长度的计算

一次透照最大长度为焊缝射线照相一次透照的最大有效检验长度。单壁透照时的示意图如图 4-5 所示。

射线源至工件表面的距离一般记为 f,有效透照区一般记为 L,$Leff$ 为有效评定长度。射线源至胶片侧的距离称为焦距 F(SFD)。中心射线束与透照区边缘射线束的夹角一般记为 θ,称为照射角。T 是工件厚度,T' 是边缘射线束的穿透厚度,标准上一般对 T'/T 的值进行严格限定。

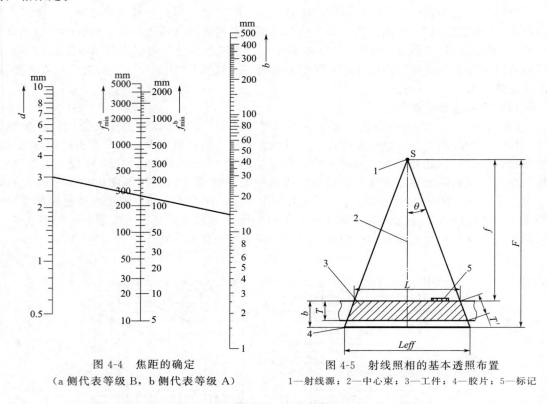

图 4-4 焦距的确定
（a 侧代表等级 B，b 侧代表等级 A）

图 4-5 射线照相的基本透照布置
1—射线源；2—中心束；3—工件；4—胶片；5—标记

以 ISO 17636-1 标准进行分析，根据该标准 B 级要求 T'/T 不能超过 1.1 为例，计算一次透照区和搭接距离 ΔL：

$$\theta \leqslant \arccos 1/1.1 \approx 24.6°$$

由于定向 X 射线机的辐射角 $\theta \leqslant 20°$，所以取 $\theta = 20°$，即

$$L = 2f\tan\theta = 2f\tan 20° = 0.72f$$
$$\Delta L = 2b\tan\theta = 2b\tan 20° = 0.72b$$
$$Leff = L + \Delta L$$

$f = 550\text{mm}$，$b = 15\text{mm}$ 时，有效评定长度为

$$Leff = 0.72 \times 550\text{mm} + 0.72 \times 15\text{mm} = 406.8\text{mm} > 180\text{mm}$$

由于焊缝总长度为 180mm，则取"一次可评定长度"为焊缝长度，即为 180mm。胶片长度应大于焊缝长度，留有一定的余量，考虑到检测区域为焊缝及焊缝两边的热影响区，胶片的尺寸应为焊缝+热影响区+标记区，所以工艺卡规定胶片尺寸为 300mm×80mm。图 4-2 所示的工件共 4 条焊缝，所以共拍 4 张片。

当透照焊缝为管对接焊缝时，透照次数应根据已知条件通过查询标准相应的附表而得到。

（5）胶片及增感屏的选择

胶片系统是指把胶片、铅增感屏、暗室处理的药品配方和程序（方法）结合在一起作为一个整体，并按表现出的感光特性和影像性能进行分类，ISO 11699：2008 标准中把胶片系统的类别分为 6 个等级，见表 4-2。有的标准中胶片的分类如表 4-3 所示。表 4-2 与表 4-3 的对应关系如表 4-4 所示。

查标准 ISO 17636-1 表 3 可知，当透照厚度 $w \leqslant 50\text{mm}$ 时，采用检测等级 B，选用的胶

片应为C4，通过表4-4查出，可选用Agfa D4、D5，则根据公司产品和供货规格，选用了Agfa D4。同样标准ISO 17636-1中表3推荐采用增感屏为"前后屏为0.02~0.2mm的铅屏"，此工艺卡规定选择前后均为0.03mm的铅屏，符合标准要求。

表4-2 梯度、梯度-噪声比和颗粒度的限值

胶片系统类别	最小梯度 G_{min}		最小梯度-噪声比 $(G/\sigma_D)_{min}$	最大颗粒度 σ_{Dmax}
	$D=2(D_0以上)$	$D=4(D_0以上)$	$D=2(D_0以上)$	$D=2(D_0以上)$
C1	4.5	7.5	300	0.018
C2	4.3	7.4	230	0.020
C3	4.1	6.8	180	0.023
C4	4.1	6.8	150	0.028
C5	3.8	6.4	120	0.032
C6	3.5	5.0	100	0.039

表4-3 胶片的分类

胶片系统类别	梯度最小值 G_{min}		颗粒度最大值 σ_{Dmax}	梯度噪声比最小值 $(G/\sigma_D)_{min}$
	$D=2.0$	$D=4.0$	$D=2$	$D=2(D_0以上)$
T1	4.3	7.4	0.018	270
T2	4.1	6.8	0.028	150
T3	3.8	6.4	0.032	120
T4	3.5	5.0	0.039	100

表4-4 射线胶片的性能和分类

胶片系统类别		颗粒度	感光度	对比度（反差）	胶片分类
T1	C1	很细	很慢	很高	Kodak R、SR；Agfa D2、D3；Fuji IX-25
	C2				
T2	C3	细	慢	高	Kodak M、T；Agfa D4、D5；Fuji 50、80；天津V型
	C4				
T3	C5	中	中	中	Kodak AA、B；Agfa D7、D8；Fuji 100；天津Ⅲ-N、Ⅳ-C型
T4	C6	粗	快	低	Kodak CX；Agfa D10；Fuji 400；天津Ⅱ型

（6）像质计位置、型号及像质指数的确定

ISO 17636-1：2013标准6.7规定，所用像质计（IQI）最好放置在检测工件的射线源侧，置于焊缝旁母材被测区域的中心位置，且与工件紧密接触。由于此工件为单壁透照，有足够的空间，所以IQI的放置符合标准要求。

由于S355为钢材，所以像质计采用最常用的Fe丝型像质计。查ISO 17636-1附录B中的表B.3可知，当单壁透照且标称厚度为14mm时，像质指数应为W13，10号像质计对应的丝号为W10~W16号，W13号位于其中，所以选用10号欧标像质计，即10 FE EN。

（7）曝光条件的确定

上面已经提到，标准中规定的极限能量为240kV，实际选用的电压应小于它。工艺卡规定极限能量为170kV，管电流取射线机的最大管电流4.5mA，曝光时间则是通过查曝光

曲线求得。

(8) 底片黑度的确定

由于已经规定检验标准及等级为 ISO 17636-1 的 B 级,根据该标准中条款 7.8 的表 5 的规定,黑度应≥2.3。

4.2.3　X射线机的种类和特点

(1) 常见分类方式

X射线机按结构及便携性分为便携式、移动式和固定式,这是目前应用工程最常见的分类方式。

① 便携式X射线机　是一种体积小、重量轻、便于携带、适用于高空作业的X射线机(见图 4-6),由机头[图 4-6(b)]和操纵箱[图 4-6(a)]两部分组成。机头内集合了X射线管、高压发生器、冷却系统三部分装置,充满了绝缘介质。操纵箱内有电压、电流、时间的控制器及控制软件。低压电缆将机头和控制箱连接。便携式X射线机的电压一般不大于320kV。

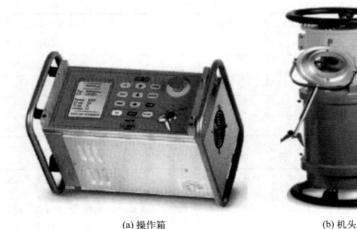

(a) 操作箱　　　　　　　　　　(b) 机头

图 4-6　便携式X射线机

② 移动式X射线机　体积较大,通常由四部分组成,每部分都装有滑轮(如图 4-7),可以在固定或半固定状态下工作,适合在实验室或车间内工作。其主要部件有:

a. 机头:内装X射线管,固定在可以升降、左右移动或旋转的活动支架或小车上。

b. 高压箱:内置高压变压器,变压产生适用的管电压。

图 4-7　移动式X射线机

c. 冷却系统：由于 X 射线能量转换率很低，电子的能量约有 99% 转换为热能，使机头温度急剧升高，因此，机头内的 X 射线管必须用优良的冷却系统降温。冷却系统通常有水冷、油冷或水油冷却等多种方式。

d. 操作台：内置基本电子元器件，控制高压发生器、管电流及曝光时间。

③ 固定式 X 射线机　体积大，重量也大，一般不便移动，固定在 X 射线曝光室内。其电压一般较大，有 150kV、250kV、300kV、450kV 等系列，管电流一般也较高，是检测时最优先选用的射线机。它采用 X 射线管和高压发生器分离的结构，相互之间采用高压电缆连接。

(2) X 射线机其他的分类方式(见表 4-5)。

表 4-5　X 射线机的分类

分类方式	射线机类型
工作电压	恒压 X 射线机、脉冲 X 射线机
电压脉冲频率	恒频 X 射线机、变频 X 射线机、工频 X 射线机
X 射线管的类型	玻璃管 X 射线机、陶瓷管 X 射线机
焦点尺寸	常规焦点 X 射线机、小焦点 X 射线机、微焦点 X 射线机
使用性能	定向 X 射线机、周向 X 射线机、管道爬行器
绝缘介质	油(变压器油)绝缘 X 射线机、气(SF_6)绝缘 X 射线机

① 定向 X 射线机：使用最多的 X 射线机，机头产生的 X 射线辐射方向为 40°左右的圆锥角，一般用于单张拍摄。

② 周向 X 射线机：产生的 X 射线束向 360°方向辐射，主要用于大口径管道和容器的环焊缝拍摄。

③ 管道爬行器：为了解决很长的管道环焊缝拍片而设计。

4.2.4　射线检测辅助设备、器材

(1) 观片灯

观片灯是获取 X 射线胶片上诊断信息的必需设备，其质量的优劣直接影响着识读的效果。观片灯由观察屏和内光源组成。它的原理是将含有影像信息的胶片固定在观察屏上，由内光源发出光线经观察屏散射透过胶片。图 4-8 所示为某种型号观片灯的形貌。按照 EN 25580（ISO 5580）的要求，当黑度 $D \leqslant 2.5$ 时，光通量要大于 $30cd/m^2$；当黑度 $D > 2.5$ 时，光通量要大于 $10cd/m^2$；当要观察的底片黑度达到 4.0 时，观片灯的发光强度要达到 100000cd。

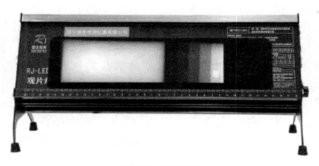

图 4-8　观片灯

目前观片灯的种类按光源的性质可分为热光源和冷光源两种。热光源是白炽灯，冷光源是相对热光源而言的，其实没有不会发热的光源，即使是冷光源在点亮的过程中也会产生不同程度的热量。

（2）黑度计

底片的黑度采用黑度计来测量。黑度计又名光学密度计，或简称密度计。目前广泛使用的是数字显示黑度计，该类仪器将接收到的模拟信号转换成数字信号，进行数据处理后直接在数码显示器上显示出底片黑度数值。图4-9所示为某种黑度计的外形，该仪器有一个发光孔，当底片透过发光孔时光强度减弱，从而可以测量底片的黑度。

图4-9 黑度计

黑度计使用时需要先进行"校零"，即先不放底片，按下测量臂，入射光直接照到光传感器上，按校零按钮，显示"0.00"即完成校零。完成校零后方可进行测量。

（3）标准密度片

标准密度片是感光计量标准器具之一，用以校准黑度计的黑度显示值。密度片使用时，应该注意避免摩擦，手指不能触及光楔的测量面，不用时应该保存在相对湿度为20%~80%且不受阳光直射的环境中。标准密度片应进行检定，合格后才能使用，检定周期一般为一年。标准密度片是在一定条件下获得的具备一定黑度的一系列真实底片的组合，如图4-10所示。

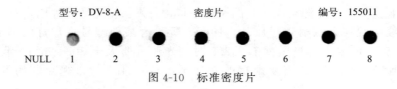

图4-10 标准密度片

（4）预先曝光胶片测试片（PMC片）

胶片处理系统应按ISO 11699-2的规定进行定期检查，以避免胶片处理或其他过程中的过失，从而进一步避免由于胶片处理的问题而对缺陷评判造成的影响。预先曝光胶片测试片是定期检查中必须用到的，被选择用来制作胶片测试片的胶片类型对暗室处理所显示的特性，应代表标准要求分类的某类胶片。

预先曝光胶片测试片的取得有两种途径，一种是按标准规定的参数对一定规格的阶梯试块进行透照曝光所得；另外一种是采购现成PMC样条，即由样条供应商提前根据标准规定对试块曝光所得。每一盒PMC样条都附有详细的使用说明，另外还有一个PMC图表记录结果和标准的对比。

下边就以购买的现成的 PMC 样条为例，介绍检查过程：

① 首先，操作者取一张经曝光后的 PMC 样条（供应商证书中给出的 $S_r=2.00$，$C_r=1.41$）在现场进行暗室处理（如采用自动洗片，配套使用 G135、G335 专用机洗套药），则得到如图 4-11 所示的底片。

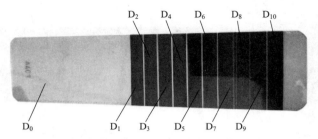

图 4-11　暗室处理后的 PMC 样条

② 用量程为 4.5 的黑度计分别测出上图几个区域的黑度，得出表 4-6。

表 4-6　暗室处理后样条的黑度值

区域	D0	D1	D2	D3	D4	D5	D6	D7	D8
黑度值	0.19	1.41	1.87	2.32	2.70	3.10	3.44	3.87	4.15

③ 计算速度系数 S_x、对比度系数 C_x。D0 区为片基光学密度加上灰雾度与长期储存时间测试的空白区域，可以看出，D3 区净密度（测试黑度值 D_0）最接近 2，则 $x=3$，根据标准中给出的公式：

速度系数：
$$S_x = D_x - D_0$$
$$S_3 = D_3 - D_0 = 2.32 - 0.19 = 2.13$$

对比度系数 C_x 公式为

$$C_x = (D_{x+4} - D_x) \cdot \frac{S_r}{S_x}$$

则　$C_3 = (D_{3+4} - D_3) \times S_r / S_3 = (3.87 - 2.32) \times 2 / 2.32 = 1.37$

④ 判断处理系统是否满足标准规定，D_0 小于 0.3；S_x 与规定的参考速度系数 S_r 相比，偏差范围在 ±10% 以内；对比度系数 C_x 与规定的参考对比度系数 C_r 相比偏差范围在 −10%～+15% 以内。通过表 4-6，0.19 小于 0.3，D_0 符合要求；通过计算，S_x 应在 1.8～2.2 之间，C_x 应在 1.27～1.62 之间，可见处理系统是满足要求的。

⑤ 硫化测试。硫化测试可通过测量乳胶层剩余的硫代硫酸盐，来判断处理后胶片的可保存性。硫化测试的全套工具能够按照 ISO 11699-2 所描述的标准对定影和洗涤工序的效果进行检测。硫化测试的工具包（图 4-12）包括把胶片的可记录性与年份相联系的测试彩色梯度卡 [图 4-12(b)]，以及一瓶可以进行 1500 次硫含量检测的试剂 [图 4-12(a)]。

彩色梯度卡使用方法如下。

最亮区（梯度卡最右边）：S_2O_3 最大含量为 $0.04 g/m^2$，胶片最长可保存 500 年。

亮区：S_2O_3 最大含量为 $0.10 g/m^2$，胶片最长可保存 100 年。

黑区：S_2O_3 最大含量为 $0.20 g/m^2$，胶片最长可保存 10 年。

最黑区：S_2O_3 最大含量为 $0.35 g/m^2$，不能保存。

测试方法：PMC 胶片的 D0 区域为硫化测试区，即在 D0 区滴少量测试液（图 4-13），液滴直径大约 2cm，保持时间 2min，用吸水纸吸走液体，放置 1min 后将测试区颜色与彩色

(a) 硫化测试试剂　　　　　　　(b) 测试彩色梯度卡

图 4-12　硫化测试工具包

图 4-13　硫化测试

梯度卡进行对比。颜色越深，说明硫含量越大。达到亮区的颜色为合格，若达到黑区的颜色，则显影液不能使用。

⑥ 像质计。像质计是用来测定射线底片照相灵敏度的器材，用与被检验工件相同或对射线吸收性能相似的材料制作，根据在底片上所显示的像质计影像，可对射线底片影像质量进行判断，从而确认底片成像是否满足检测技术条件，又称为影像质量指示器，简称为 IQI，也称为透度计。

像质计主要分三种：丝型像质计、阶梯孔型像质计、平板孔型像质计。此外还有槽型像质计和双丝像质计等。

a. 丝型像质计（线型像质计）。丝型像质计是国内外使用最多的像质计。它结构简单、易于制作，已被世界各国广泛采用，国际标准化组织也将丝型像质计纳入其制订的射线照相标准中。丝型像质计的样式、规格已基本统一。

丝型像质计的基本样式如图 4-14 所示，以 7 根编号相连的金属线为一组，其长度 l 有三种规格，分别为 10mm、25mm、50mm。它采用与被透照工件材料相同或相近的材料制作的金属丝，按照直径大小的顺序，以规定的间距平行排列并封装在对射线吸收系数很低的透明材料中，且配备一定的标志说明字母和数字。一般在排列的金属丝的两端还放置金属丝对应的号数，以识别该丝型像质计。不同国家的标准对丝的直径与允许的偏差、长度、间距、一个像质计中丝的根数及标志说明等都作出了各自的规定，对丝的材料有的标准作出了比较具体的规定。丝型像质计主要应用于金属材料的射线检测。

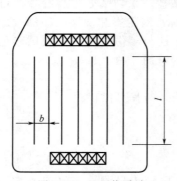

图 4-14　丝型像质计样式（其中一组）

丝型像质计由 19 种直径不等的金属丝组成，其直径采用公比为 $\sqrt[10]{10}$（近似 1.25）的等比数列决定的一个优选数列。

19种丝分成五组：1~7号、6~12号、10~16号、12~18号、13~19号。在射线检测中究竟选用哪一组的像质计，应按照透照厚度和技术要求决定，所应识别的丝不应处于所在组的边缘。例如，要求识别第7号丝，则应选用6~12号这组，而不应选取1~7号这组。

像质计按材料不同可分为：钢质像质计、铝质像质计、钛质像质计、铜质像质计等，分别用代号FE、AL、TI、CU代表。检测时，像质计材质应与被检测工件相同，当缺少同材质像质计时，也可采用原子序数低的材料制作的像质计代替。几种常见的像质计的适用材料范围见表4-7。

表4-7 不同丝材像质计适用的材料范围

像质计丝材代号/丝材	FE/碳素钢	CU/铜	AL/铝	TI/钛
适用材料范围	铁、镍	铜、锌、锡及锡合金	铝及铝合金	钛及钛合金

b. 阶梯孔型像质计。阶梯孔型像质计的基本结构是在阶梯块上钻上直径等于阶梯厚度的通孔，孔应垂直于阶梯表面，不做倒角。常用的阶梯形状是矩形和正六边形，典型的设计如图4-15所示。为了克服小孔识别的不确定性，常在薄的阶梯上钻两个孔。

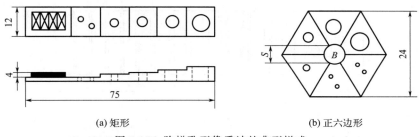

(a) 矩形　　　　　　　　　　(b) 正六边形

图4-15 阶梯孔型像质计的典型样式

与丝型像质计一样，阶梯块的材料应与被检工件的材料相同或相近，阶梯块的厚度尺寸与丝型像质计的金属丝直径尺寸相同。

c. 平板孔型像质计。平板孔型像质计是在均匀厚度的平板上钻一定尺寸的小孔制成。该像质计厚度 T 的选择有三种，分别为透照厚度的1%、2%、4%，所钻孔的直径分别为 $1T$、$2T$、$4T$。此类像质计有矩形和圆形两种，后者适用于大厚度工件。

其典型样式如图4-16所示。

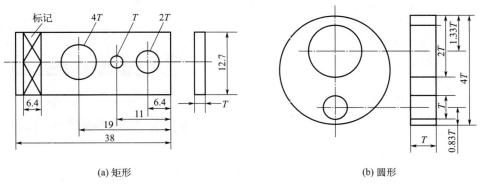

(a) 矩形　　　　　　　　　　(b) 圆形

图4-16 平板孔型像质计典型样式

平板孔型像质计的灵敏度级别用"厚度-孔径"表示。例如，2-1T 表示厚度为2%透照厚度的像质计上直径 $1T$ 的孔能够识别；1-2T 表示厚度为1%透照厚度的像质计上直径 $2T$

的孔能够识别。按照此种表示方法，每种厚度的平板孔型像质计可以显示 3 个灵敏度级别，三种厚度的平板孔型像质计可以表示 9 个灵敏度级别，即 1-1T、1-2T、1-4T、2-1T、2-2T、2-4T、4-1T、4-2T、4-4T。

d. 槽式像质计。槽式像质计的基本结构是在矩形块上制作出深度不等、宽度相等或不等的矩形槽（缝）（图 4-17）。这些槽可作为细节，利用它们在底片上显示的影像，可判断底片的射线照相灵敏度和缺陷的情况。

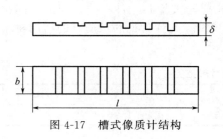

图 4-17 槽式像质计结构

e. 双丝型像质计。双丝型像质计是采用一系列的丝对（分为圆形截面和矩形截面两种），图 4-18 所示是圆形截面的双丝像质计的样式，矩形截面的双丝像质计仅是截面不同。像质计中的丝对由直径相等、丝的间距等于丝的直径的两根丝组成，丝的材质一般为高吸收特性的物质，如铂、钨等金属。

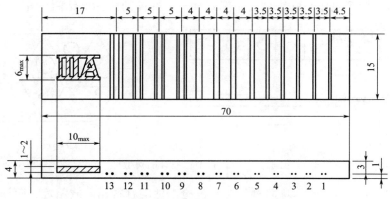

图 4-18 双丝型像质计样式（圆形截面）

⑦ 增感屏。由于射线胶片吸收入射线的能量很少，为了更多地吸收射线的能量，缩短曝光时间，常使用增感屏与胶片一起进行射线照相，利用增感屏吸收一部分射线能量，增加胶片的感光量，达到缩短曝光时间的目的。增感屏主要有三种类型：金属增感屏、荧光增感屏、复合增感屏（金属荧光增感屏）。其中使用金属增感屏能得到最佳的底片像质，所以工业上仅采用金属增感屏。金属增感屏一般是将薄薄的金属箔粘合在纸基或片基上（图 4-19），金属箔材质有铅（Pb）、钨（W）、钽（Ta）、钼（Mo）、铜（Cu）和铁（Fe）等，应用最普遍的是铅箔增感屏。

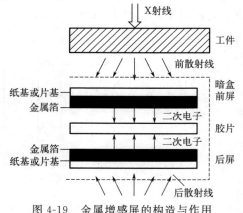

图 4-19 金属增感屏的构造与作用

在射线照相中，与胶片直接接触的金属增感屏有两个基本效应：

增感效应：金属屏受投射射线激发产生二次电子和二次射线，二次电子和二次射线能量很低，极容易被胶片吸收，从而能增加胶片的感光作用；

吸收效应：对波长较长的散射线有吸收作用，从而减少散射线引起的灰雾度，提高影像对比度。

增感屏使用时应注意：其表面应保持光滑、清洁、无污秽、损伤、变形；装片后要求增感屏和胶片紧密贴合，胶片与增感屏之间不能夹杂异物，增感物质表面应朝向胶片；在装入胶片时，应尽量避免摩擦，以免因摩擦产生荧光或静电，使胶片感光。

增感屏若有油污，则会吸收电子，形成减感使底片产生白影；若有划伤或开裂，因发射二次电子的面积增大，则会使底片出现细黑线；若卷曲、受折后引起与胶片接触不良，则会使影像模糊。对于铅箔表面附着的污物，可用干净纱布蘸乙醚、四氯化碳擦除。对于比较轻微的折痕、划痕和粘合不良引起的鼓泡，可将增感屏放在光滑的桌面上，用纱布将其抹平。受到显影液和定影液的腐蚀且产生腐蚀斑痕的增感屏只能废弃不用。

铅箔增感屏保管时应注意防潮，防止有害气体的侵蚀。保存时间过长会出现铅箔和基材之间脱胶和合金成分如锡、锑在表面呈线状析出现象，此时，在增感屏表面出现黑条，在底片上则产生白条。

⑧ 暗袋。装胶片的暗袋采用对射线吸收少而遮光性好的黑色塑料薄膜或合成革制作，要求材料薄、软、滑。用黑色塑料薄膜制作的暗袋容易老化，温度低时硬，暗袋热压合处容易开裂，用黑色合成革缝制的暗袋（如图 4-20）则可以避免这些缺点。

图 4-20　暗袋

暗袋的宽度要与增感屏及胶片的尺寸相匹配，既能方便出片、装片，又能使胶片及增感屏与暗袋很好地贴合。暗袋的外面可以画上中心标记线，这样在贴片时方便对准透照中心。暗袋背面还可以贴上"B"标记，作为监测背散射线的附件。由于暗袋经常接触工件，极易弄脏，所以要经常清理暗袋表面，如有破损应及时更换。

⑨ 屏蔽铅板。为屏蔽后方的散射线，应制作一些与胶片暗袋尺寸相仿的屏蔽板。屏蔽板由 1mm 厚度的铅板制成。贴片时，将屏蔽板紧贴暗袋，用以屏蔽后方的散射线。

⑩ 其他。为方便射线检测工作，除了上述的辅助器材外，还应具备裁片刀、卷尺、手电筒、贴片磁钢、透明胶带、各式铅字、铅字盒、记号笔等。

4.3　暗室处理技术

4.3.1　射线胶片

(1) 胶片的结构

射线胶片不同于普通的感光胶片，除了感光乳剂成分有所不同外，其他的不同主要是射线胶片一般是双面涂布感光乳剂层，目的是增加卤化银含量以吸收较多的穿透能力很强的 X 射线或 γ 射线，从而提高胶片的感光速度，普通胶片是单面涂布感光乳剂层；射线胶片的感光乳剂层厚度远大于普通胶片的感光乳剂层厚度，这主要是为了能更多地吸收射线的能量。但感光最慢、颗粒最细的射线胶片也是单面涂布乳剂层。

X 射线胶片的结构如图 4-21 所示，在 0.25～0.30mm 的厚度中含有 7 层材料。

① 保护层。保护层主要是一层极薄的透明胶质，厚度约为 1～2μm。它涂在感光乳剂层上，避免感光乳剂层直接与外界接触而受到污损和摩擦，主要成分为明胶、坚膜剂、防腐剂

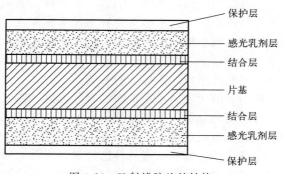

图 4-21　X射线胶片的结构

和防静电剂。

② 感光乳剂层。感光乳剂层的主要成分是卤化银感光物质（极细颗粒）和明胶，此外还有其他一些成分，如增感剂等。感光乳剂层的厚度约为 $10\sim20\mu m$。卤化银主要采用的是溴化银，其颗粒尺寸一般不超过 $1\mu m$。明胶可以使卤化银颗粒均匀地悬浮在感光乳剂层中，它具有多孔性，对水有极大的亲和力，使暗室处理药液能均匀地渗透到感光乳剂层中，完成处理。

在胶片生产过程中，感光乳剂经化学熟化后还要经过物理熟化（即二次成熟），以改变卤化银颗粒团的表面状况，并增加接收光子的能力。感光乳剂中卤化银的含量，卤化银颗粒团的大小、形状，决定了胶片的感光速度。射线胶片中银的含量大致为 $10\sim20g/m^2$。

③ 结合层。结合层是一层胶质膜，它将感光乳剂层牢固地粘结在片基上，防止感光乳剂层在冲洗时从片基上脱落。结合层由明胶、水、润湿剂、防静电剂组成。

④ 片基。片基为透明塑料，它是感光乳剂层的支持体，在胶片中起骨架作用，厚度约为 $0.175\sim0.30mm$，大多采用醋酸纤维或聚酯材料制作。聚酯片基较薄，韧性好，强度高，更适用于自动冲洗。为改善照明下的观察效果，通常射线胶片片基采用淡蓝色。

胶片核心部分是感光乳剂层，它决定了胶片的感光性能。

（2）胶片的主要感光特性与感光特性曲线

① 胶片的感光特性。胶片的感光特性是指胶片曝光后（经暗室处理）得到的底片黑度（光学密度）与曝光量的关系。其主要的感光特性包括感光度（S）、梯度（G）、灰雾度（D_0）及宽容度（L）等，感光特性曲线则集中反映了这些感光特性。

a. 感光度（S）。感光度也称为感光速度，它表示胶片感光的快慢。通常定义使底片产生一定黑度所需的曝光量的倒数为感光度，即

$$S=1/H_S$$

其中，H_S 为产生一定黑度所需要的曝光量。

不同胶片得到同样的黑度所需的曝光量不同，所需曝光量少的感光度高，或者说感光速度快。

射线胶片的感光度与感光乳剂层中的银含量、明胶成分、增感剂含量，以及银盐颗粒的大小、形状有关，感光度的测定结果还受射线能量、显影配方、温度、时间以及增感方式的影响。对于同一类型的胶片，银盐颗粒越粗，其感光度越高。

b. 梯度（G）。梯度是指胶片对不同曝光量在底片上显示不同黑度差的固有能力。胶片特性曲线上任一点的切线的斜率称为梯度，以前常称为反差系数。特性曲线上不同点的梯度是不同的，即使在正常曝光部分，由于曲线只是近似直线，因此各点的梯度也存在一些小的差别。对非增感型射线胶片，在一定黑度范围内（至少到黑度为 $12\sim16$），梯度随着黑度的

增加连续增大，为了简单化，常也近似地认为梯度是常数。由于特性曲线上各点的梯度不同，所以常用特性曲线上两点连线的斜率来表示胶片的平均梯度。

图 4-22 中特性曲线上 D_2 和 D_1 相对应的 A、B 两点间的平均梯度

$$\overline{G}=\tan\alpha=(D_2-D_1)/(\lg E_2-\lg E_1)$$

ISO 7004 规定，以特性曲线上底片净黑度 $1.5(D_1=1.5+D_0)$ 和底片净黑度 $3.5(D_2=3.5+D_0)$ 两点间连线的斜率作为胶片的平均梯度，即

$$\overline{G}=(D_2-D_1)/(\lg E_2-\lg E_1)=2.0/(\lg E_2-\lg E_1)$$

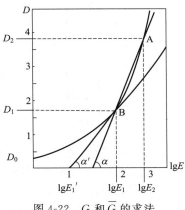

图 4-22　G 和 $\overline{G}$ 的求法

式中　D_1——比灰雾度大 1.5 的一点的光学密度；
　　　D_2——比灰雾度大 3.5 的一点的光学密度；
　　　E_1——产生 D_1 所需曝光量；
　　　E_2——产生 D_2 所需曝光量。

梯度与胶片的类型、增感方式、显影过程等相关。

c. 灰雾度（D_0）。灰雾度表示胶片即使不经曝光在显影和定影后也能得到的黑度，也称本底灰雾度，在胶片感光特性曲线上是曲线起点对应的黑度。灰雾度小于 0.3 时，对射线底片的影像影响不大；灰雾度过大会损害影像对比度和清晰度，降低灵敏度。

灰雾度由两部分组成，即片基光学密度和胶片感光乳剂经化学处理后的固有光学密度。通常感光度高的胶片比感光度低的胶片灰雾度大。保存条件不当和保存时间太长也会增大胶片的灰雾度。底片显示的灰雾不仅与胶片灰雾特性有关，而且与显影配方、显影温度、时间等因素有关。

胶片的感光度、梯度（平均梯度）、灰雾度与存放时间和显影条件都相关，随着时间的延长，胶片的感光性能会衰退，这称为感光材料的"老化"。

d. 宽容度（L）。宽容度指胶片有效黑度范围相对应的曝光量范围，也可理解为特性曲线上直线部分对应的曝光量对数之差，即

$$L=\lg H_D-\lg H_C$$

在这个范围内，由于黑度与曝光量对数近似成正比关系，因此在射线照相检验中不同厚度或厚度差将以相应的不同黑度记录在射线照片上。

影响胶片感光特性的一个重要方面是卤化银颗粒的粒度，即感光乳剂中卤化银颗粒的平均尺寸。卤化银颗粒，尺寸一般不超过 $1\mu m$，但不同的卤化银颗粒，尺寸不同，因此，不同的卤化银颗粒其尺寸总存在与平均尺寸的偏差。此外，在感光乳剂中，卤化银颗粒的随机分布将使得在不同区域卤化银颗粒的密度也会不同。这些情况使得均匀的曝光过程也会产生感光的不均匀性。胶片的感光特性还将受到暗室处理的影响。

一般说来，随着粒度增大，胶片的感光度增高，梯度降低，灰雾度也会增大。

② 胶片的感光特性曲线。研究指出，感光材料对不同波长（不同能量）的光或射线的敏感性不同，也就是感光度不同，因而要达到同一黑度，采用不同波长（能量）的光或射线曝光将需要不同的曝光量。由于这样一个特性，所制作的胶片感光特性曲线，都是在规定的能量下的结果，在讨论一些具体问题时，应注意这个前提条件。

胶片的感光特性曲线，给出的是胶片曝光后（经暗室处理）得到的底片黑度（光学密度）与（相对）曝光量对数的关系。

a. 底片黑度（光学密度）。胶片经过曝光和暗室处理后称为底片。底片上各处的金属银密度不同，所以各处透光的程度也不同。底片的光学密度就是底片的不透明程度，它表示了

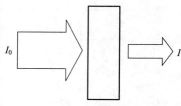

图 4-23　光学密度定义

金属银使底片变黑的程度，所以光学密度通常简称为黑度，通常用 D 表示。

黑度 D 定义为入射光强度与穿过底片的透射光强度之比的常用对数值，如图 4-23 所示，假设入射到底片的光强度为 I_0，透过底片的光强度为 I，则 D 表示为：

$$D = \lg(I_0/I)$$

b. 曝光量。曝光量是在曝光期间胶片所接收的光能量，可定义为射线源发出的射线强度与照射时间的乘积。对于 X 射线，曝光量是指管电流 i 与照射时间 t 的乘积（即 $E=it$）；对于 γ 射线，曝光量是指射线源活度 A 与照射时间 t 的乘积（$E=At$）。

c. 胶片的感光特性曲线。图 4-24 是增感型胶片的感光特性曲线的典型样式。纵坐标表示底片的黑度，横坐标表示曝光量的常用对数。

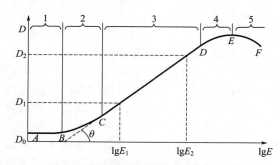

图 4-24　增感型胶片的感光特性曲线

由图 4-24 中可以看出，增感型胶片的感光特性曲线一般可分为下面几个部分：

• 曝光迟钝区（AB）：又称不感光区，该部分曝光量增加，底片黑度不变，超过 B 点，才使胶片感光，B 点叫曝光量的阈值；

• 曝光不足区（BC）：在这部分，对应于曝光量的增加，黑度的增加很慢，不能正确表现透照工件的厚度差与底片密度差的关系。

• 正常曝光区（CD）：这部分曲线近似为直线，在这一部分，黑度与曝光量的对数近似成正比，工业射线照相检验中规定的射线照片黑度都在这个范围之内。

• 曝光过渡区（DE）：在这部分当曝光量增加时，黑度的增加很缓慢。

• 反转区（曲线中 E 以后的部分）：以前这部分常称为负感区，在这部分黑度随曝光量的增加不仅不增加反而减少。

对特性曲线的正常曝光部分，黑度与曝光量对数之间近似满足下面的关系：

$$D = G\lg E + k$$

式中　D——底片黑度；

　　　G——特性曲线的斜率，也即梯度；

　　　E——曝光量；

　　　k——常数。

这个关系式在讨论射线照相检验技术的理论时，经常加以引用。

图 4-25 是非增感型胶片的感光特性曲线，可以看出，它也有曝光迟钝区、曝光不足区和曝光正常区。不同的是，其曝光过渡区在黑度非常高的区段，大大超过观片灯的观察范围，通常不描绘在特性曲线上。非增感型胶片没有明显的反转区。

综合两种曲线，可以得到图 4-26 所示的综合特性曲线。从这个图中可以明显看出，增感型和非增感型胶片特性曲线的不同之处。

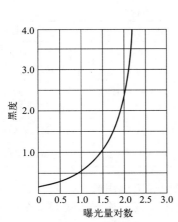

图 4-25 非增感型胶片的特性曲线

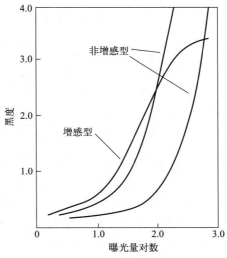

图 4-26 综合特性曲线

(3) 胶片的分类

在工业射线照相中使用的胶片，从大的方面分为两种类型：增感型胶片、非增感型胶片（直接型胶片）。增感型胶片是指适宜与荧光增感屏配合使用的胶片，非增感型胶片适合与金属增感屏一起使用或不用增感屏直接使用。

增感型胶片不与荧光增感屏配合使用时，其感光度将比使用荧光增感屏时低很多。增感型胶片也可与金属增感屏一起使用，这时与感光度近似的非增感型胶片相比，它所得到的影像的对比度要低一些。非增感型胶片不适宜与荧光增感屏配合。按照近年来射线照相技术发展的情况，在射线照相中一般不使用增感型胶片。

图 4-27 所示是不同类型胶片的梯度与黑度之间的关系。图中曲线 A 为细颗粒非增感型胶片的结果，曲线 B 为中等感光度的非增感型胶片的结果，曲线 C 为增感型胶片与荧光增感屏一起使用的结果。从图中可见，对于增感型胶片，在黑度为 1.5 左右可以得到最大的梯度值，所以增感型胶片在使用时才规定黑度应为 1.5 左右。非增感型胶片的梯度随黑度的增加持续增加，可以延续到黑度为 12~16，特别是对细颗粒的胶片。正是因为这样，近年来对射线照片的黑度都倾向于提高，如欧洲标准中多采用黑度 $D \geqslant 2.0$（A 级，宽松等级）或 $D \geqslant 2.3$（B 级，严格等级）的模式，而不限定黑度的上限。

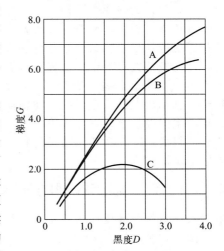

图 4-27 胶片的梯度与黑度关系

胶片系统的分类在前边 4.2.2 节中已经讲述，这里不再赘述，但需要明确两个概念。

颗粒度 σ_D：颗粒度是胶片的又一质量参数，在胶片分级中所测的颗粒度，并不是指感光乳胶层中颗粒的大小，而是指密度波动，它是由经曝光和显影的颗粒所引起的。因此，不同的曝光和显影可以改变颗粒原始的形状和尺寸，同时也影响底片的分辨能力。

梯度-噪声比 G/σ_D：在规定黑度下的梯度与颗粒度的比值。颗粒度越小，梯度-噪声比越大，图像的分辨率越高。

（4）胶片的选用

表 4-8 给出了不同的胶片系统的性能和适用性。

表 4-8 各类胶片系统的性能和适用性

类型	胶片特性	适用能量	一般检测对象
T1	超细颗粒度，超高对比度（梯度），低感光速度（ISO 速度）	X、γ 射线或其他高能辐射	电子零件、轻金属焊接件、铸件或高要求焊接件
T2	细颗粒度，高对比度（梯度），中感光速度（ISO 速度）	X、γ 射线或高能 X 射线	厚轻金属、薄钢焊接件、铸件或高要求焊接件
T3	细颗粒度，高对比度（梯度），高感光速度（ISO 速度）	X 和 γ 射线	钢焊接件或铸件
T4	中颗粒度，高对比度（梯度），高感光速度（ISO 速度）	X 和 γ 射线	厚钢件或钢筋混凝土

在射线照相检测工作中，应按照射线照相检测标准的规定选用胶片。胶片选用时，还应考虑检测部件结构、尺寸、形状、材质、射线种类、射线强度、检测方案等多个因素，一般来说：

① 按像质要求高低选用，如需较高的射线照相质量，则选用梯度-噪声比较大的胶片；

② 在能满足像质要求的前提下，如需缩短曝光时间，可使用梯度-噪声比较小的胶片；

③ 工件厚度小、材质等效系数较低或射线源线质较硬时，可选用梯度-噪声比较大的胶片；

④ 在工作环境温度较高、湿度较大时，应选用抗潮性较好的胶片，在工作环境较干燥时，应选用抗静电性较好的胶片。

（5）胶片的使用和保存

胶片在存放中，应避免接触氨、硫化氢、乙炔等有害气体，否则会产生灰雾；应远离热源和辐射源；尽量存放在温度低和湿度低的环境中，存放中应使胶片避免受到较大的压力。这样可使胶片在存放中尽量减少灰雾的产生，减少可能产生的其他问题。胶片的最佳贮存温度为 10～15℃，最佳贮存相对湿度为 30%～60%。温度和湿度过高会导致胶片灰雾度增加，且感光乳剂层发黏，造成胶片间粘连，甚至发霉。但温度和湿度过低会造成胶片变脆，易断裂和产生摩擦静电。

开封后的胶片和装入暗袋的胶片应尽快使用，如工作量较小，短时间内不能用完，则要采取干燥措施。

4.3.2 胶片暗室处理的基本程序

胶片暗室处理包括切装胶片、胶片处理等。

（1）切装胶片

切装胶片是射线检测前的准备工作，必须在暗室内完成。现成的工业胶片一般比常用的胶片尺寸大，所以检测前必须切开，切片的大小，根据透照部位和透照方式决定。

（2）胶片处理

胶片经曝光后，在显影之前，感光乳剂层中含有已曝光和未曝光的卤化银晶体，前者称为潜影。具有潜影的胶片必须经过一系列的加工处理才能变为可见影像的底片并可将其长期保存，这种底片反映了试件内部的质量。一般情况下，这一系列的加工处理是在暗室内进行的，所以称为暗室处理。已曝光的晶体通过还原作用变成可见的黑色（注意，不是银色）金属银，而未曝光的晶体将被清理掉。

胶片处理分手工处理和自动洗片，处理过程一般包括：显影→停显→定影→水洗→干燥。

① 手工处理。手工处理有盘式处理和槽式处理。盘式处理适用于胶片规格不统一且变化较大的暗室处理；槽式处理适用于规格较一致的胶片的暗室处理。

a. 显影：通过显影剂的作用将已曝光的 AgBr 颗粒还原成金属银。

曝光后的胶片固定在专用片夹中并放入显影槽，放入后应多次上下及左右摆动，使胶片与显影剂充分接触。显影剂温度为 18～21℃，显影时间为 4～6min。

b. 停显：终止显影过程（没有此过程胶片上会产生不均匀的条纹和两色性雾翳）并避免残存的显影液滴到定影槽中。

将胶片先放入停显液中，并不停搅动，时间一般为 0.5min。停显液通常为 2%～3% 的乙酸溶液，其他停显液有酒石酸、柠檬酸、亚硫酸氢钠等或者直接用水。停显液温度较高时，药膜极易损伤，可在停显液中加入坚膜剂（无水硫酸钠）。

c. 定影：将未被曝光的 AgBr 从感光乳剂中除掉，从而使显影形成的影像固定下来。

胶片浸入定影液，在 1min 内上下移动，规定整个定影时间为通透时间（通透时间：定影过程中，胶片感光乳剂层的乳黄色消失，变为透明的现象称为通透，从胶片放入定影液直至通透的这段时间称为通透时间）的 2 倍，通常为 15min。

d. 水洗：将胶片表面和感光乳剂层中吸附的硫代硫酸钠及银盐络合物清洗掉。

胶片在定影后，应在流动的清水中冲洗 20～30min。推荐使用的条件是采用 16～24℃ 的流动清水冲洗底片。

e. 干燥：去除膨胀的感光乳剂层的水分。

有自然干燥和烘箱干燥两种方法，烘箱温度不应超过 40℃。

② 自动洗片。自动洗片一般采用自动洗片机（图 4-28）进行。

自动洗片适用于种类单一、数量庞大、厚度变化相对较小的情形。自动洗片是采用连续冲洗方式，能自动完成显影、定影、水洗、烘干的整个暗室处理过程，有速度快、效率高、劳动强度低等优点。

自动洗片机由下列五大机构组成。

a. 送片机构。送片机构是由 100 多个滚筒及其传动部件组成，它能使胶片从输入口进入，按一定速率移动，完成显影、定影、水洗、干燥等各项胶片处理工作，最后将底片送入受片箱。送片滚筒分为几组，可以方便地从洗片机中取出，进行清洗、维修工作。

图 4-28　自动洗片机

b. 温度控制机构。自动洗片机内显影、定影、水洗、干燥的温度要求是严格的，温度的自动控制通过自动加热器及热交换器来完成，使各项温度达到恒定。

c. 干燥机构。其采用电热器和鼓风机，或采用红外干燥装置，使水洗后的底片迅速干燥。

d. 补充机构。显影液、定影液在与胶片多次作用后药力会下降，然而自动洗片机显影、定影的时间和温度是一定的，所以要求药液的浓度不能变化。为了解决这一矛盾，自动洗片机配置了胶片面积扫描装置和显影液、定影液补充装置。每次进片，自动洗片机都能给出一个进片信号，使溶液泵自动按输入胶片的面积向机内补充一定数量的显影液、定影液，与此同时机内排出相应数量的溶液。每处理 $1m^2$ 的胶片约需补充 1000mL 显影液和 1000mL 定影液。

e. 搅拌装置。为了使机内药液温度、浓度均匀，并使胶片表面不断与溶液充分接触，自动洗片机设有搅拌机构。

4.3.3 胶片暗室处理的注意事项

暗室的空间不宜过小、过窄，干、湿分开。各种设备器材摆放适当，同时还应注意室内干燥、清洁。

暗室操作的基本要求是：清洁、有序、细心、熟练。

暗室操作人员，在进行暗室操作之前应洗手，去除手上的汗液和污物，以保证不因手接触胶片而对胶片产生污染，必要时应戴乳胶手套。

在切装胶片之前，应清洁工作台面、切刀、有关用具，整理并布置工作台面，使胶片、暗袋、增感屏等按序排放，必要时应戴细纱手套进行切装胶片的操作。切装后剩余的非整张胶片，应加上必要的包装纸，按管理规定放置，以备以后使用。操作人员应安排好正确的工作流程，养成良好的习惯，避免错装、漏装。切装胶片和胶片冲洗的主要处理过程（显影、停显或中间水洗、定影的初期阶段）必须在安全红灯照明下进行。

冲洗胶片之前，应按序布置好处理溶液，完成必要的温度控制检验，调整好计时设备。对于手工处理，需要时应进行溶液有效性试验。对于自动洗片机，在预热后必要时应进行系统稳定性试验。

暗室处理的各个操作环节，必须遵守有关的规定，必须按有关的操作要求进行。粗心地操作常导致胶片损伤，并将严重损害射线照片的质量，甚至造成返工。

(1) 切装胶片应注意的问题

① 切前洗手，避免污染胶片。

② 切片可使用裁片刀（图 4-29），一刀不要切太多，一般一次一张。如果切割好的胶片，不能一次用完可包装好放回原胶片袋，或者放置到较大的底片袋中。

③ 手持胶片时，应尽量接触侧边和边角部位。

④ 操作时避免胶片之间、胶片与工作台面、胶片与暗袋之间的严重摩擦，避免胶片发生弯折或受到严重挤压。

⑤ 必须在安全红灯照明下进行。

图 4-29 裁片刀

(2) 自动洗片应注意的问题

① 自动洗片机正式投入使用前，除对主机做大量的调整试验外，由于自动洗片机显影的温度和时间是固定的，故对曝光参数要求较为苛刻，必须对所有射线探伤机重新制作曝光曲线，以适应自动洗片机的特点，否则底片的黑度不能达到预期效果。在透照时应严格按照采用自动洗片条件制作的新曝光曲线控制摄片条件，才能得到满意的底片。

② 每次使用前要开机预热一段时间，使各项温度均满足自动处理条件。起始时，先输入一张 35cm×43cm 的清洗片，等它输出后检查无异常时，才能连续输入需冲洗的胶片。清洗片的作用是清除掉暴露在空气中的滚筒上沾染的被空气氧化的显影液和定影液。最好的清洗办法是在自动洗片机工作结束或开始工作前，将送片滚筒取出用清水冲洗。

③ 清洗片和胶片输入时必须注意与导向边一端成直角送入，并注意不要让暗盒等物的

油污、灰尘污染胶片,尤其要防止异物进入洗片机,防止划伤滚筒。

④ 普通手工冲洗显影液、定影液不能用于自动洗片机,自动洗片机必须使用专门的配方配制的药液(图 4-30)。

图 4-30　自动洗片机专用药液

4.3.4　显影和定影的影响因素

(1) 影响显影的因素

影响显影的因素很多,显影液的配置、显影液的放置、显影时间、温度、搅动情况和显影液活性对显影都有明显影响。

① 显影液的配置。配置显影液使用的水温以 50℃ 为宜,按显影液配置要求的顺序和数量逐一加入其他药品,待前一种药品完全溶解后,再加入下一种药品,最后加入清水至全量。新配显影液应经过滤并停放 24h 后再使用。配制显影液的器皿应使用玻璃、搪瓷、塑料或不锈钢器皿,不可用黑色金属以及含锌或铜的器皿。

② 显影液的放置。显影液应密封保存、避免高温,槽中显影应加盖,盘中显影时用完应及时倒入瓶中密封保存,减少与空气接触的时间,延长其使用寿命。

③ 时间对显影的影响。在其他条件固定的前提下,正确的显影时间能使底片获得黑度和对比度适中的影像,对于手工处理,大多以 4~6min 为宜。过分延长显影时间,胶片上被还原的金属银过多,影像黑度偏高,同时也使未曝光的溴化银粒子起作用,使底片灰雾度增大,并使银粒变粗,底片清晰度下降。显影时间过短,底片黑度下降,同样影响底片灵敏度。使用过分延长显影时间补救曝光不足或衰退的显影液使底片达到一定黑度的办法,或使用过分缩短显影时间补救曝光过度的胶片,都将影响底片灵敏度。当然,适当延长和缩短显影时间,补救透照的曝光误差是允许的,但是这是有限度的,只有曝光正确和显影正确才能得到优质底片,如图 4-31 所示。

④ 温度对显影的影响。温度高时显影速度快,温度低时显影速度慢。但是温度过高或过低,将造成显影过度或显影不足。显影温度过高,会使影像过黑、反差增大、灰雾度增高(图 4-32)、银粒变粗,且易使感光乳剂层过度膨胀,容易擦伤。显影温度过低,会造成影像淡薄、反差不足等问题,显影剂的显影能力减弱。一般手工处理多在 18~20℃。

⑤ 搅动对显影的影响。搅动是指显影时胶片在显影液中搅动或胶片的抖动(盘中显影为翻动)。搅动会增加显影和还原速度,还保证了显影均匀,同时还可防止刚放入时空气气泡附着乳剂表面使底片产生白色斑痕或由于胶片表面存在显影生成的沉积物造成条纹状影像。一般以每分钟搅动 3 次为宜。

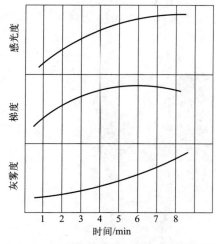

图 4-31　显影时间对射线底片质量的影响

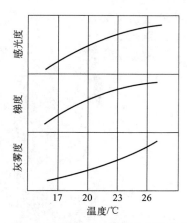

图 4-32　显影温度对射线底片质量的影响

⑥ 显影液活性对显影的影响。显影液的活性取决于显影剂的种类和浓度以及显影液的 pH 值。显影液除不断与胶片乳剂中的溴化银反应而消耗外，同时与空气接触氧化使浓度也在下降，pH 值逐渐降低。溶液中卤化物离子逐渐增加，将导致显影作用减弱，活性降低，这种现象称为显影液老化。使用老化的显影液，显影速度变慢，反差减小，灰雾度增大。

一般情况下，每 $1m^2$ 胶片约消耗 300～400mL 显影液。为了维持显影稳定性，可适当延长显影时间，弥补由于显影液老化引起的影像黑度差。但延长显影时间是有限度的，当显影液活性显著下降时，必须更换，否则将严重影响底片灵敏度。最好的办法，是不断加入显影补充液，补充液应具有比显影液更高的 pH 值。每次添加的补充液最好不要超过槽中显影液总体积的 2‰ 或 3‰，当加入的补充液达到原显影液体积的 2 倍时，药液必须废弃。

(2) 影响定影的因素

影响定影的因素有定影液的配置、定影时间、定影温度、搅动情况和定影液老化程度。

① 定影液配置。配制定影液应注意：配方中药品称重后应按顺序逐一加入，等前一种药品完全溶解后，再加入下一种；由于硫代硫酸钠溶解时是吸热反应，因此在配制时水温可提高到 60～70℃，否则溶解速度过慢；醋酸加入时，原液温度应不高于 25℃，要慢慢加入，边加边搅拌，有析出胶体硫的可能；硼酸较难溶于凉水，可用热水溶解，再倒入定影液中。

② 定影时间。定影过程中，胶片感光乳剂层的乳黄色消失，变为透明的现象称为通透，从胶片放入定影液直至通透的这段时间称为通透时间。通透现象意味着显影的卤化银已被定影剂溶解，但要使被溶解的银盐从乳剂中渗出进入定影液，还需要附加时间。因此，定影时间明显多于通透时间。为保险起见，规定整个定影时间为通透时间的 2 倍。

工业胶片的通透时间有严格要求，尤其是自动洗片时，通常胶片在 20℃ 的定影液中的通透时间为 20～60s，这与胶片的牌号和类别有关。

定影速度因定影配方不同而异。射线照相底片在标准条件下，采用硫代硫酸钠配方的定影液，所需的定影时间一般不超过 15min，若采用硫代硫酸铵作为定影剂，定影时间将大大缩短。

③ 定影温度。温度影响到定影速度，随着温度的升高，定影速度将加快。但如果温度过高，胶片感光乳剂层过度膨胀，容易造成划伤或药膜脱落。定影温度通常规定为 16～24℃。

④ 定影液的老化程度。定影液在使用过程中定影剂不断消耗，浓度变小，而银的络合

物和卤化物不断积累，浓度增大，使得定影速度越来越慢，所需时间越来越长，此现象称为定影液的老化。

使用老化的定影液，经过若干时间后，会分解出硫化银，使底片变黄。所以对于使用的定影液，当其需要的定影时间已长到新液所需时间的 2 倍时，即认为已经失效，需要换新液。

⑤ 定影时的搅动。搅动可以提高定影速度，并使定影均匀。在胶片刚放入定影液中时，应做多次抖动。在定影过程中，应适当搅动，一般每 2 分钟搅动一次。

4.3.5 胶片干燥的方法

干燥的目的是去除膨胀的感光乳剂层中的水分。为防止干燥后的底片产生水迹，可在水洗后、干燥前进行润湿处理，即把水洗后的湿胶片放入润湿液（浓度为 0.3% 的洗涤剂水溶液）中浸润约 1min，然后取出使水从胶片表面流光，再进行干燥。

干燥的方法有自然干燥和烘箱干燥两种。自然干燥是将胶片悬挂起来，在清洁、通风的空间晾干。悬挂胶片可以使用胶片夹，但是注意夹持位置要避开底片评定部位，以免因夹持影像而影响底片的评定。

烘箱干燥是把胶片悬挂在烘箱内，用热风烘干，热风温度一般不应超过 40℃。

4.4 射线机结构及透照操作

4.4.1 X 射线机的基本结构

X 射线机的基本结构有高压部分、冷却部分、控制部分、保护部分和连接电缆等（图 4-33）。

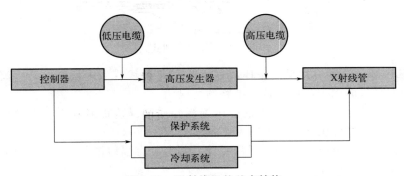

图 4-33 X 射线机的基本结构

(1) 高压部分

高压部分包括 X 射线管、高压发生器（高压变压器、灯丝加热变压器、高压整流管和高压电容）等。便携式 X 射线机没有高压整流管和高压电容，所有高压部件均在机头内；移动式 X 射线机有单独的高压发生器，内有高压变压器、灯丝加热变压器、高压整流管和高压电容等。X 射线管作为核心部分，在下节详细介绍，下面介绍其他元件。

① 高压变压器。高压变压器用来产生射线管内的阴极和阳极间的加速电压。它的结构和一般变压器结构相同，但它的特点是功率不大，但输出电压很高。因此，高压变压器二次线圈匝数多，线径细。这就要求它的绝缘性能要好，即使温升较高也不会损坏。

为保证高压变压器具有足够的绝缘强度，在制造过程中应进行严格绝缘处理，绕制过程中不得混入灰尘和污物，绕制好的变压器需经真空干燥处理后再使用，以防止以后发生击穿。

② 灯丝加热变压器。灯丝加热变压器是一个降压变压器，作用是把工频 220V 电压降到 X 射线管灯丝所需要的十几伏电压，并提供较大的加热电流（十几安培）。灯丝加热变压器的二次绕组在高压回路里，和 X 射线管的阴极连在一起，所以要采取可靠措施，确保二次绕组和一次绕组的绝缘。

③ 高压整流管。常用的高压整流管有玻璃外壳二级整流管和高压硅堆两种，其中使用高压硅堆可节省灯丝加热变压器，使高压发生器的质量和尺寸减小。

④ 高压电容。它是一种具有金属外壳、耐高压、容量较大的纸质电容。

（2）冷却部分

一般常用的低能 X 射线机仅能把 1% 左右的能量转化成 X 射线，而 99% 的能量都转化成热量，所以冷却系统是非常重要的。冷却不好，会造成 X 射线管阳极过热而损坏，还会导致变压器过热，绝缘性能变坏，变压器强度降低而被击穿。冷却不好还会影响 X 射线管的寿命，所以 X 射线机在设计时采取各种措施保证冷却效果。

常见的冷却系统可以分成以下五种。

① 油循环冷却：冷却油从油箱进入 X 射线管的阳极端，从阴极端离开带走热量，然后返回油箱。为了增强冷却效果，可采用流动的水来冷却循环油。此种冷却方式多用于移动式 X 射线机。

阳极体做成空腔式（图 4-34），可用外循环油通过阳极体的空腔直接带走热量，冷却效率高。

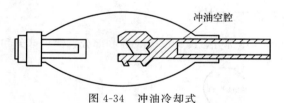

图 4-34　冲油冷却式

② 水循环冷却：这种方式采用循环水直接进入 X 射线管的阳极空腔，水流出时带走热量。这种冷却方式只能用于阳极有接地电路的情况。

③ 辐射散热冷却：依靠在管头中的高压绝缘介质的温差辐射和阳极端散热器的辐射散热冷却。这种方式主要应用在便携式 X 射线机。

阳极体是实心的，阳极体尾部伸到管壳外，其上装有辐射散热片（图 4-35），作用是增加散热面积，加快冷却速度。

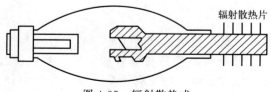

图 4-35　辐射散热式

④ 气体冷却：采用六氟化硫（SF_6）气体作为绝缘介质，由于采用了阳极接地电路，X 射线管阳极尾部可伸到机壳外，其上装散热片，并用风扇进行强制风冷。其构造如图 4-36 所示。

⑤ 旋转阳极自然冷却：阳极端玻璃壳外有线圈作为定子，阳极根部作为转子，阳极制成圆盘形（图 4-37），边上有斜角，X 射线的阳极靶是整个圆盘的圆周，当阳极高速旋转时，

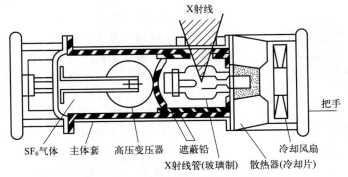

图 4-36　阳极接地气体冷却 X 射线机

可以很快地散去被电子撞击产生的热量。

(3) 控制部分

射线机的控制部分主要包括基本电路、电压和电流调整电路等。

① X 射线管电压的调整。管电压的调整一般通过调整高压变压器的初级侧并联的自耦变压器的电压实现，如图 4-38 所示。

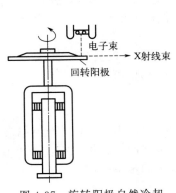

图 4-37　旋转阳极自然冷却

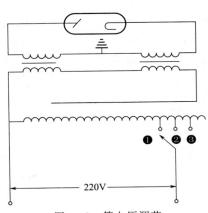

图 4-38　管电压调节

自耦变压器一次侧抽 3 个端子（图中 ❶、❷、❸）和电源电压（220V）相连，这 3 个端子可适应电源电压在 10% 范围内变动，当高于 220V 时，用端子 ❸；当低于 220V 时用端子 ❶；当在 220V 作用时用端子 ❷。自耦变压器的二次侧是和高压变压器的初级侧并联的，滑动触点通过一个电刷紧压在圆形绕组上，可连续调节电刷位置从零电压到规定值。

② X 射线管电流的调整。灯丝加热调整电路主要是在灯丝加热变压器的一次绕组上串联一个可变电阻器 R_1（图 4-39），通过改变电阻器的阻值改变灯丝加热变压器的二次电压和

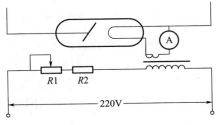

图 4-39　管电流调节

图 4-40 操作指示部分

灯丝加热电流，实现对 X 射线管电流的控制。图中 R_2 的作用是限制 X 射线管的起始电流。

③ 基本电路。基本电路除了控制曝光时间的电动时间控制器，还包括 X 射线机的操作指示部分（图 4-40）：控制箱上的电源开关，高压通断开关，电压、电流调节旋钮，电压、电流指示表头，各种指示灯，等。

（4）保护部分

为了保证 X 射线机安全工作，在 X 射线机的电路中还设置了一系列的保护电路和装置。其中最主要有：

a. 过流保护：采用过流继电器实现保护，即当 X 射线管的管电流超过规定的限值后，过流继电器将切断它的常闭触点，从而切断保护电路，切断高压。

b. 过压保护：采用过压继电器实现保护，即当高压变压器一次电压超过规定的限值后，过压继电器将切断它的常闭触点，从而切断保护电路，切断高压。

c. 油温保护：一般油温继电器置于射线发生器中，即当油温超过规定的限值（通常是 60℃±5℃），油温继电器将切断保护电路，切断高压。

d. 独立电路的短路保护：熔丝是最常用的短路过流保护元件，一般串联在电路末端，当流过熔丝的电流超过其额定值时，熔丝由于过热而熔化断开，使该电路断电，起到保护作用。目前常用的气体绝缘便携式 X 射线机一般在主电路接一个 15~20A 的熔丝，在低压电路接一个 2~3A 的熔丝。

此外还有零位接触器、水压开关、气压开关、油压开关、时钟零位开关等，一旦 X 射线机中出现异常情况或出现工作条件不符合要求，这些保护装置也将动作，这时 X 射线机将不能加上高压或高压将被切断。

（5）连接电缆

移动式和固定式 X 射线机的高压发生器与射线发生器之间，应采用高压电缆连接。高压电缆的结构大体包括同轴芯线、绝缘层、半导体层、金属网、保护层等，高压电缆在使用中最常见的故障是电缆端头处发生击穿，高压电缆及接头的基本结构如图 4-41 所示。

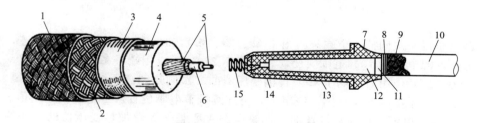

图 4-41 高压电缆及接头结构示意图

1,10—保护层；2,9—金属网；3—半导体层；4,6—绝缘层；5—同轴芯线；7—接地金属罩；8—细铜裸线；11—电缆半导体层；12—电缆主绝缘锥体；13—插头套筒；14—填充料；15—连接触头

① 保护层：电缆的最外层，用软黑色塑料或黑色棉纱织物制成。

② 金属网：用铜、钢、锡丝多根编织，使用时接地，以保护人身安全。

③ 半导体层：绝缘层外面紧贴的一层，外观类似橡胶层，较黑、较软，有一定的导电功能，可为感应电荷提供通道，消除绝缘层外表面和金属网之间的电场，避免它们之间因存在空气而发生放电造成绝缘层老化。

④ 主绝缘层（图中4）：此绝缘层较厚，用来隔离芯线和金属接地网之间的高压。

⑤ 同轴芯线：一般有两根同心芯线，用来传送阳极电流或灯丝加热电流，由于芯线间电压很低，故同心芯线之间的绝缘层（图中6）很薄。

4.4.2 X射线管的相关知识

X射线管是射线机的核心器件，早期的X射线管，管内充满气体，是借助于阳离子轰击冷阴极而释放电子的。现在使用的X射线管一般是一个高真空管，管内的真空度达到 $1.33 \times 10^{-4} \sim 1.33 \times 10^{-5}$ Pa（$10^{-6} \sim 10^{-7}$ mmHg）。

(1) X射线管结构

X射线管主要由阴极、阳极和高真空的玻璃或陶瓷外壳等组成，如图4-42所示。

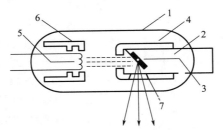

图4-42 X射线管基本结构示意图
1—壳体；2—阳极；3—阳极靶；4—阳极罩；5—阴极灯丝；6—阴极罩；7—窗口

① 阴极。阴极是聚集电子和发射电子的部件，它由发射电子的灯丝（一般用钨制成）和聚集电子的阴极头（一般用铜）组成。常规下，灯丝电流的范围往往为1～10A。注意，灯丝电流不是管电流。管电流是指高速电子在阴极至阳极间的流动，管电流的范围可从微焦点装置使用的几百微安至普通工业射线照相装置使用的20mA。

阴极形状可分为圆焦点和线焦点（图4-43）。灯丝绕成平面螺旋形，装在井式凹槽阴极头内为圆焦点；灯丝绕成螺旋管形，装在阴极头的条形槽内为线焦点。有的X射线管阴极头有两组灯丝，可产生两个大小不同的焦点，通过电流也不一样，可适应不同的用途。

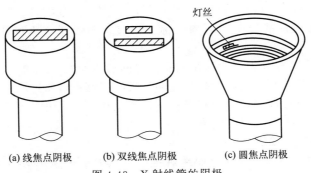

(a) 线焦点阴极　　(b) 双线焦点阴极　　(c) 圆焦点阴极
图4-43 X射线管的阴极

阴极的工作过程：当阴极通电后，灯丝被加热，发射电子，阴极头上的电场将电子聚集成一束。在X射线管两端高压所建立的强电场作用下，电子飞向阳极，轰击靶面，产生X射线。

对X射线做光谱测定，可以发现其由两部分组成：一部分是连续变化的连续谱（经典动力学指出，带电粒子加速或减速时必然伴随电磁辐射。大量电子与靶相撞，相撞前电子初速度各不相同，相撞时减速过程也各不相同，少量电子经一次撞击就失去全部动能，而大部分电子经过多次撞击逐步丧失动能，这就使得能量转换过程中所发出电磁辐射可以具有各种波长，因此，X射线的波谱呈连续分布），它的最短波长只与外加电压有关；另一部分是具有分立波长的谱线，这部分要么没有，一旦出现，它的谱峰所对应的波长位置完全取决于靶材本身，这部分为标识谱，又称特征谱。当X射线管两端的电压超过某个临界值V_K时，波谱曲线上才会出现标识谱，V_K则被称为激发电压。不同的靶材的激发电压各不相同，当管电压为35kV时，低于钨的激发电压（钨的激发电压$V_K=69.51$kV），而高于钼的激发电压（钼的激发电压$V_K=20.0$kV），所以钼靶的波谱上有标识谱（图4-44），而钨靶的波谱上没有标识谱。前面提到过，连续谱多用于探伤，标识谱多用于元素分析。

② 阳极。阳极是产生X射线的部分，它由阳极靶、阳极体和阳极罩三部分构成。

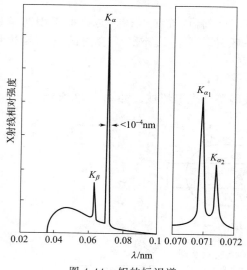

图4-44　钼的标识谱

由于高速运动的电子撞击阳极靶时只有1%的动能转化为X射线，绝大部分均转化为热量，使靶面温度升高，同时X射线的强度与阳极靶材的原子序数有关（原子序数越高，射线强度也会越高），因此一般工业用X射线管的阳极靶常选用原子序数大、耐高温的钨来制造，软X射线管则选用钼靶。

阳极体的作用是支撑靶面，传送靶上的热量，避免靶被烧坏，因此，阳极体采用热导率大的无氧铜制成。同时，阳极的冷却也十分重要。如果冷却不及时，阳极过热会排出气体，降低管内的真空度，严重时可使靶面熔化以至龟裂脱落，使整个X射线管不能工作。

阴极飞出的电子在撞击阳极靶时，会产生大量的二次电子，如果落到X射线管的内壁上使外壳带电，将对飞向阳极的电子束产生不良影响，用铜制的阳极罩可以吸收这些二次电子，从而防止这种影响。阳极罩的另一个作用是吸收部分散乱射线。阳极罩的侧面也有一个小孔，常用原子序数很低的薄铍板覆盖，称为窗口，阳极靶产生的X射线从此窗口辐射出来。

③ 外壳。以前使用的X射线管多是用耐高温的玻璃制成，其缺点是对过热和机械冲击很敏感。而金属陶瓷管是用不锈钢管代替玻璃管壳，用陶瓷材料绝缘。金属陶瓷管与玻璃管相比有很多优点，如抗振性强，不易破碎；管内真空度高，各项电性能好；寿命长；等等。所以现在工业应用中多采用金属陶瓷管。

(2) X射线管的技术性能

① 阴极特性。在一定管电压下，如果射线管发出的电子全部射到阳极上，则饱和电流密度与温度的关系称为X射线管的阴极特性，如图4-45所示。可以看出，在阴极的工作温度范围内，较小的温度变化会引起较大的电流变化。

② 阳极特性。X射线管的阳极特性是指在一定的阴极灯丝电流下，管电流与管电压的关系。图4-46所示是X射线管的阳极特性曲线。从图中可以看到，管电流在最初随着管电压升高而增大，但当管电压达到一定值以后，管电流趋于饱和。产生这种饱和特点的原因是，灯丝发射的电子已接近全部到达阳极靶。当X射线管施加的管电压较低时，为了得到较大的管电流，只能采用更大的灯丝电流，但实际上灯丝电流也只能在一定范围内调整，这

也就限定了低管电压下可使用的最大管电流。

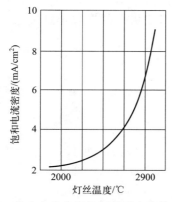

图 4-45　饱和电流密度与灯丝温度的关系曲线

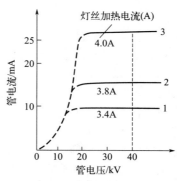

图 4-46　X 射线管电流与管电压的关系曲线

③ 管电压。管电压是指 X 射线管承载的最大峰值电压，以符号 V_p 表示。管电压是 X 射线管的重要技术指标，管电压升高，虽然电子数目未变，但每个电子获得的能量增大，发射的 X 射线的短波成分射线增加，且碰撞发生的能量转换过程增加，射线强度增加，穿透能力就增强，在一定范围内，管电压和穿透能力有近似直线的关系，如图 4-47 所示。

④ 焦点。X 射线管的焦点也就是 X 射线机的焦点，焦点是阳极靶上产生 X 射线的区域。由于焦点的形状、尺寸直接关系到射线照相所得到的影像的质量，所以它也是 X 射线机的一个重要技术指标。

图 4-48 所示为 X 射线机的焦点。X 射线机的实际焦点是指电子束所撞击的阳极靶的面积，如果从不同方向观察 X 射线机的实际焦点，则可以看到不同的形状和大小。

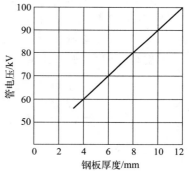

图 4-47　射线穿透能力示意图

在射线照相中通常所说的焦点并不是实际焦点，而是所谓的"有效焦点"。有效焦点是指 X 射线机的实际焦点在辐射的射线束的中心方向观察到的焦点形状和尺寸，也就是实际焦点在垂直于管轴方向的投影。显然，有效焦点的形状和大小取决于实际焦点的形状和大小。在射线照相检验中，通常简称有效焦点为焦点。

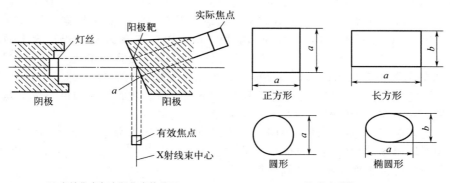

图 4-48　X 射线机的焦点

焦点的形状取决于灯丝绕制的形状，如果灯丝为圆形，则焦点也为圆形，如果灯丝为长条螺旋管形，则焦点将为长方形。国际标准化组织把常用的 X 射线机的焦点形状归纳为四种基本形状，即正方形、长方形、圆形、椭圆形，各种形状焦点的有效焦点尺寸 d 的计算式如下：

正方形：$d=a$（边长）；

长方形：$d=(a+b)/2$（两边长的平均值）；

圆　形：$d=a$（直径）；

椭圆形：$d=(a+b)/2$（长短轴的平均值）。

测定焦点的尺寸有两种方法：针孔法和几何不清晰度法。

焦点大，有利于散热，可承受较大的管电流；焦点小，照相清晰度好，底片灵敏度高。

⑤ 辐射强度。实验研究指出，X 射线管辐射的 X 射线强度近似与管电压的平方成正比、与管电流成正比、与靶物质的原子序数成正比，这个关系可以表示成下式

$$I=\alpha i Z V_p^2$$

式中　I——X 射线强度；

i——管电流，mA；

Z——靶物质的原子序数；

V_p——管电压，kV；

α——比例系数，$(1.1\sim1.4)\times10^6$。

X 射线管辐射的 X 射线强度，在空间内不同方向上是不同的，X 射线管轴线上相对强度的分布如图 4-49 所示，这常被称为"侧倾效应"。

定向 X 射线管的阳极靶和管轴线夹角呈 20°，因此，发射的 X 射线束有 40°左右的立体锥形辐射角，随着角度不同 X 射线强度有一定差异。

从图 4-49 中可以看出，阴极侧比阳极侧射线强度要高，在大约 30°辐射角处射线强度最大。但实际上，由于阴极侧射线中包含较多的软射线成分，所以对具有一定厚度的试件照相，阴极侧部位的底片并不比阳极侧更黑，利用阴极侧射线照相也并不能缩短多少时间。

⑥ 辐射角。辐射角直接决定了 X 射线机可使用的辐照场，它由阳极靶的形状和阳极的设计决定。现在使用的 X 射线机中，定向辐射 X 射线机的辐射角一般为 40°锥形辐射角，周向辐射 X 射线机一般为 24°×360°或 25°×360°的扇形周向辐射角，或者是 12°×360°的半扇形周向辐射角。定向辐射 X 射线机阳极靶为平面靶，靶面角（即靶面与 X 射线管轴垂线的夹角）为 20°，周向辐

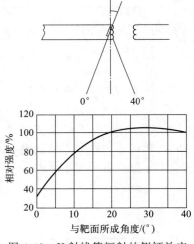

图 4-49　X 射线管辐射的侧倾效应

射 X 射线机的阳极靶常采用锥形靶或平面靶，采用平面靶时靶面角为 0°。

简单地测定辐射角时，可把胶片垂直于窗口平面放置，用很短的时间曝光，从得到的底片影像测量。一般应在十字交叉的两个方位完成上面的测量。

为了测定辐照场，可在预计的辐照区的不同位置放置适当大小的胶片，曝光后从底片的黑度情况判断辐照场的均匀性和具体情况；或者也可将胶片直接贴放在 X 射线机的窗口上，曝光后从得到的底片影像粗略估计辐照场情况。

⑦ 寿命。X 射线管的寿命是指灯丝发射能力逐渐减弱，射线管的辐射剂量降低为初始值的 80% 时的累积工作时限。玻璃 X 射线管寿命一般不少于 400h，金属陶瓷 X 射线管寿命

不少于 500h。如果使用不当,将使 X 射线管的寿命大大降低。保证 X 射线管的使用寿命的措施主要有以下几条:

  a. 在送高压前,灯丝必须提前预热、活化;
  b. 使用负荷应控制在最高管电压的 90% 以内;
  c. 使用过程中一定要保证阳极的冷却,例如,将工作时间和间歇时间设置为 1:1;
  d. 严格按照说明书进行训机。

4.4.3 X 射线机操作流程及注意事项

(1) 操作流程

X 射线机的操作流程大致可以分为下述步骤。

① 接通外电源,调压器带电,冷却系统同时启动,设备开始工作。

② 接通灯丝加热开关,灯丝加热变压器开始工作。灯丝的二次电压(一般 5~20V)加到 X 射线管的灯丝两端,灯丝被加热发出电子,X 射线机处于预热状态。必要时,需要根据工作情况来进行训机,以保证设备的安全运行。

③ 设定管电压、管电流和工作时间到需要的数值,然后加载高压;或者加载高压后,再进行这些参数的调节。这和具体的射线机有关。

④ 接通高压变压器开关,经过预警时间后,高压变压器开始工作,二次高压加载到 X 射线管的阳极和阴极之间,灯丝发射的电子在这个高压的作用下加速飞向阳极并与阳极靶发生撞击,X 射线管开始发出 X 射线。

⑤ 一次透照完成后,射线高压切断,射线机进入中间卸载阶段。不同的射线机对此的规定不尽相同。中间卸载可以冷却设备,确保设备的正常运行。

⑥ 检测完毕后,经过一段时间的冷却,可以断开设备的灯丝加压开关,然后断开电源开关。

(2) 注意事项

① 使用前注意:

  a. 检查电源线、电缆线与控制箱、机头、高压发生器以及冷却系统等是否可靠连接,插头是否接触良好;
  b. 检查使用电源电压是否为 220V;
  c. 检查控制箱是否可靠接地。

② 日常使用中应注意以下几点。

  a. 应严格遵守 X 射线机的使用说明,认真进行各项维护工作。
  b. 不能超负荷使用 X 射线机。

X 射线机都规定了额定电压、额定电流(管电流)、工作方式。工作方式指的是加载与冷却交替循环时间的规定,在正常开机工作时必须遵守这些规定。

  c. 注意认真训机。

训机的原理:X 射线管必须在高真空度下($10^{-6} \sim 10^{-7}$ mmHg)才能正常工作,故在使用时要特别注意不能使阳极过热。阳极金属过热时会释放气体,使 X 射线管的真空度降低,发生气体放电现象。气体放电会影响电子发射,从而使管电流减少,严重放电现象也可能造成管电流突增,这两种情况都可以从毫安表上看出。最坏的后果是导致 X 射线管被击穿。高温下工作的 X 射线管还存在另外一种情况,就是高温金属离子也能吸收气体:当管内某些部分受电子轰击时,放出的气体立即被电离,其正离子飞向阴极,撞击灯丝所溅散的金属会吸收一部分气体。这两个过程在 X 射线管工作中是同时存在的,达到平衡时就决定了此时 X 射线管的真空度。

X 射线管在制造过程中，管壳、电极都经过严格的排气处理，但 X 射线管内的材料析出气体和 X 射线管本身的泄漏等，都会导致真空度降低。为了保证 X 射线管的真空度，新安装的 X 射线管，或关机一段时间再启用的 X 射线机，在开机后都应进行 X 射线管的训机，吸收 X 射线管内的气体，提高 X 射线管的真空度。训机就是按照一定的程序，从低电压逐步升压，直到达到 X 射线机工作所需的最高管电压或额定工作电压。不同的 X 射线机均有自己的具体规定。在训机时应注意观察管电流，如果在某一管电压下管电流不稳定，则应降低管电压，重新训练，若反复数次仍然不行，则说明该 X 射线管真空度不良，已不能使用。

训机的方法原则应按说明书要求进行，一般玻璃管 X 射线机，训机可以从额定管电压的 1/3 开始，电流从 2~3mA 开始，逐步将电压升高到额定值。

管电压的升压速度与停用时间的关系见表 4-9。

表 4-9 玻璃管 X 射线机的训机升压速度规定

停用时间	3~16h	2~3 天	3~21 天	21 天以上
升压速度	20kV/min	10kV/min	4kV/min	2kV/min

金属陶瓷管 X 射线机对训机的要求更加严格，其训机规定见表 4-10。

表 4-10 金属陶瓷管 X 射线机的训机规定

停用时间	训机方法
1 天	只需自动训机到使用电压值，若使用电压较前一天高，可自动训机至前一天值后手动按 10kV/min 升至使用值
2~7 天	手动训机，从最低值开始，按 10kV/min 升至最高值(到 210kV 时，需休息 5min 后继续训机)，训机完毕，放置在使用值上
7~30 天	手动训机，从最低值开始，每 5min 按预先设定步长增加一次电压，至最高值，每训机 10min，休息 5min
30~60 天	手动训机，从最低值开始，每 5min 按预先设定步长增加一次电压，至最高值，每按预先设定步长增加一次电压，休息 5min
60 天以上	按停用时间为 30~60 天的方法，但需增加休息时间和训机次数

现代的 X 射线机内常安装保护装置，其保证在未完成必要训机之前，无法向 X 射线管送上高压。有的 X 射线机装备了自动训机程序，只要停用时间在规定的时间内，可以采用自动程序完成训机。

d. 充分预热与冷却。X 射线管的灯丝和阳极靶工作在高温高电压下，灯丝金属会蒸发。由于在 X 射线管中电子动能的绝大部分转换为热，阳极急剧升温，如果不注意充分冷却，将导致阳极过热，阳极靶面蒸发或熔化，并会加大气体的释放，最终使 X 射线管损坏，因此，在使用 X 射线机时，除了限定在额定工作电压和工作电流外，还必须注意预热和冷却。

在开机后，应使灯丝经历一定的加热时间后，再将高电压送到 X 射线管。关机前，应使 X 射线管的灯丝在无高电压下保持加热一段时间。这将减小 X 射线管灯丝不发射电子状态与强烈发射电子状态之间的突然变化，这种突然变化会加速灯丝的老化，减少 X 射线管的寿命。

为了达到充分冷却，除了保证冷却系统正常工作外，还必须遵守 X 射线机的工作方式规定，在高电压加载一定时间后必须按照规定间歇一定的时间，防止 X 射线机因冷却不足造成事实上的工作，形成超负载的过度使用，这将很快损坏 X 射线管或严重损伤 X 射线管。

不同 X 射线机对工作方式都有明确的规定，一般都规定了允许的最长连续工作时间，同时规定了相等的高电压加载时间和间歇冷却时间。便携式 X 射线机经常采用高电压加载 5min、间歇冷却 5min 的工作方式；移动式和固定式 X 射线机，由于冷却系统较好，最长连续工作时间可达 30min 或更长，工作方式一般也是采用相等的高电压加载时间和间歇冷却时间。

③ 日常定期维护。做好日常定期维护工作，对于保证 X 射线机长期处于正常工作状态和延长使用寿命都具有重要意义。主要的日常维护工作是定期校验指示仪表和清洁控制系统的元器件；定期检验绝缘油、冷却油的耐压强度和充气绝缘 X 射线机的气压；定期检验连接部分和紧固部分的状况，特别是高压电缆连接处的密封和紧固螺栓，保证它们都处于良好、有效的状态，防止泄漏、渗入。

现在许多 X 射线机已改为高电压，管电流可以预置，接通高压开关后，X 射线机的控制部分自动调节，逐步达到所需要的高电压和管电流，不需要再进行人工调节。多数控制箱已改为数字显示和数字式调节方式，这从设备本身避免了一些不正确的操作。

由于制造质量不良、操作不当、维护不佳等，X 射线机可能发生各种故障。在日常使用中常出现的故障主要发生在 X 射线管、高压发生器和高压电缆等部分，在低压电路中，由于元器件的损坏或老化，也会出现故障。

X 射线管的主要故障是真空度降低、X 射线管漏气，由此造成 X 射线管击穿，或者 X 射线管灯丝烧断，从而造成 X 射线管损坏。高压发生器部分的故障主要是高压电路中局部绝缘降低、高压变压器对地击穿、高压变压器层间击穿、灯丝加热变压器对地击穿等。高压电缆的故障主要是击穿，击穿经常出现的位置是插头部位，主要原因是这个部位经常活动，易造成裂纹，进入气体或水分，或者此部位原已存在气孔或裂纹。低压电路部分的故障主要是电路元器件失效、电接触不良、存在短路或击穿等。

发生故障时应立即停止 X 射线机的工作，查明原因，排除故障。

4.4.4 X 射线透照参数的确定

透照参数主要包括能量、曝光量和焦距，这些参数确定的目的是使底片图像质量达到要求。总的来说，采用较低能量的射线（低管电压）、较大的焦距、较大的曝光量可以得到更好质量的射线照片。

(1) 能量的确定

射线能量，对于 X 射线是以 X 射线管所施加的高电压，即管电压表示，一般称它为透照电压。

确定 X 射线的能量的首要条件是具有足够的穿透力。如果能量过低，穿透力不够，则到达胶片的射线强度过小，从而造成底片黑度不足，灰雾度增大，曝光时间过分延长。但选择较低的能量可以获得较高的对比度，但较高的对比度却意味着较小的透照厚度宽容度；很小的透照厚度差将产生很大的底片黑度差，使得底片黑度超出允许范围；或是厚度大的部位底片黑度太小，厚度小的部位底片黑度太大。

随着管电压的提高，X 射线的平均波长变短，有效能量增大，线质变硬，在物质中的衰减系数变小，穿透能力增强。但是能量太高对射线灵敏度也有不利影响，随着射线能量的提高，射线衰减系数将减小，对比度降低，胶片固有不清晰度（胶片固有不清晰度是由入射到胶片的射线在感光乳剂层中激发出的二次电子的散射产生的。当光子穿过感光乳剂层时，会在乳剂中激发电子。射线光量子能量越高，激发的电子动能就越大，在感光乳剂层中的射程也越长。这些电子向各个方向散射，作用于邻近的卤化银颗粒，动能较大的电子甚至可以穿过多个卤化银颗粒。由于电子的作用，这些卤化银颗粒会产生潜影，因此一个射线光量子不只影响一个卤化银颗粒，而可能在乳剂中产生一小块潜影团，这就造成了影像边界的扩散和轮廓的模糊。固有不清晰度主要取决于射线的能量，但在使用增感屏时，如果增感屏与胶片贴合不紧，留有间隙，也将使固有不清晰度明显增大）将增大，底片颗粒度增大，射线灵敏度下降，同时还将影响散射比。底片黑度不变的前提下，提高管电压可以缩短曝光时间，从而提高效率。在实际的射线照相检验工作中，为保证透照质量，确定射线能量时，对于低能 X 射线必须遵守的一项具体规定是，透照电压不能高于标准中允许的最高透照电压（如前面提到的 ISO 17636-1：2013 中条款 7.2.1 的图 20）。

推荐的确定射线能量的原则：在保证射线具有一定穿透能力条件下选用较低的能量。

被检测区域厚度变化较大时，可适当提高管电压：对钢材不大于 50kV，对铝材不大于 30kV。

(2) 焦距的确定

焦距是射线源与胶片之间的距离，通常以 F 表示。焦距是射线照相的另一个基本透照参数，它对照相灵敏度的影响主要表现在几何不清晰度上。几何不清晰度的定义：由于 X 射线管焦点有一定的尺寸，所以在透照工件时，工件表面的轮廓或工件中的缺陷在底片上的影像边缘会产生一定宽度的半影，此半影宽度就是几何不清晰度，如图 4-50 所示的 U_g，

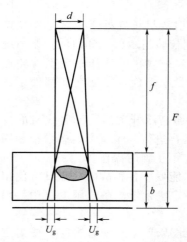

图 4-50　几何不清晰度形成示意图

可以得出：

$$U_g = db/(F-b)$$

式中　d——焦点尺寸；
　　　F——焦点至胶片的距离；
　　　b——缺陷至胶片的距离。

则最大的几何不清晰度为工件上表面（即射线源侧工件表面）缺陷所产生的几何不清晰度（工件下表面与胶片距离忽略不计）：

$$U_{g\max} = dT/(F-T) = dT/f$$

式中　T——工件标称厚度；
　　　f——射线源至工件的距离。

当 T、d 为固定值时，则射线源至工件最小距离为

$$f_{\min} = T(1 + d/U_g)$$

可见，焦距越大，几何不清晰度越小，底片上的影像越清晰。从式中可以看到，在确定焦距时应同时考虑物体的透照厚度、射线源的焦点尺寸、限定的几何不清晰度。

GB 3323.1—2019 标准规定：

等级 A：$f/d \geqslant 7.5T^{2/3}$

等级 B：$f/d \geqslant 15T^{2/3}$

在实际的射线照相检验工作中，确定焦距最小值常采用诺模图（见 4.2.2 节工艺卡识读部分）。用诺模图可以直接查出给定条件下的焦距最小值，具体方法如下：

① 在 d 和 T 线上分别找到所使用射线源的焦点尺寸和透照厚度对应的点；

② 用直线（直尺）连接这两个点；

③ 直线与中间线相交的点对应的值，就是应选用的射线源与透照物体的射线源侧表面的最小距离值。

例题：焦点尺寸为 2mm，单壁透照 20mm 对接试板，B 级检验时 $f_{\min}$ 如何确定？

第一步：在诺模图左侧 d 值刻度线上选择 2mm 的点；

第二步：由于是单壁透照，胶片一般是紧贴试件背部，在诺模图右侧的 b 值刻度线上取工件厚度 20mm；

第三步：连接两点；

第四步：在中间的刻度线上取左侧 B 级检验对应的 $f_{\min}$ 值，即 220mm。

上面仅是从射线照相灵敏度要求的几何不清晰度确定的焦距最小值，在实际射线照相时还必须考虑有效透照区的大小，即选用的焦距必须给出射线强度均匀的适当大小的透照区。因此，实际选用的焦距总是要大于上面确定的焦距最小值。选用的焦距值也不能过大，否则将会大大增加曝光量。

(3) 曝光量的确定

曝光量是透照时曝光时间（透照时间）与射线强度的乘积，对 X 射线来说，曝光量为管电流与曝光时间的乘积（$E=it$）。

曝光量是射线照相检测的又一个重要参数，它直接影响底片的黑度和影像的颗粒度、对比度以及信噪比，从而影响射线照片影像可记录的细节最小尺寸。

① 互易律。互易律是光化学反应的一个基本定律。它指出，光的化学作用取决于吸收的光能，而不依赖于吸收光能的速率。这个定律应用于射线照相则是指，在胶片感光乳剂中产生的光解银量只与总的曝光量相关，即与射线强度和曝光时间的乘积相关，而与射线强度和曝光时间的单独大小无关，即只要保持射线强度和曝光时间的乘积不变则得到的底片黑度将相同。由于它指出了射线强度和曝光时间这两个因素具有同等的作用，一个变小可由另一个的相应增大来替代，所以被称为互易律。

互易律在使用铅箔增感屏或不使用增感条件时成立，即射线强度或曝光时间两者的乘积不变。底片黑度不变。采用荧光增感屏时不遵守互易律，尽管乘积不变，但黑度会改变。

② 平方反比定律。从 X 射线源辐射的射线是发散的，随着与射线源之间距离的增加，射线覆盖的面积逐渐增大（图 4-51），射线强度不断减小，它们之间存在平方反比的关系，即空间某一点的射线强度和这点与射线源的距离的平方成反比关系，这个关系即是平方反比定律。这个定律的一般表示式为

$$\frac{I_1}{I_2}=\frac{F_2^2}{F_1^2}$$

式中　I——射线强度；
　　　F——焦距。

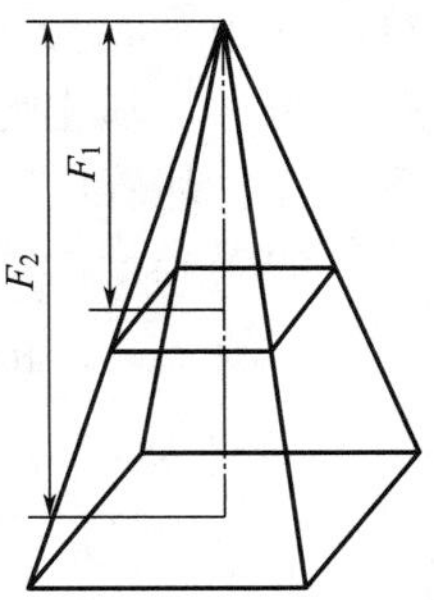

③ 曝光因数。互易律给出了在底片黑度不变的前提下，射线强度与曝光时间在感光作用中的相互关系。平方反比定律给出了射线强度随距离变化的规律。将平方反比定律和互易律结合在一起，即可得到射线照相中的曝光因数概念，记为：

图 4-51　平方反比定律示意图

$$M=\frac{it}{F^2}=\frac{i_1 t_1}{F_1^2}=\frac{i_2 t_2}{F_2^2}$$

式中　i——管电流，A；
　　　t——曝光时间，s；
　　　F——焦距。

M 称为曝光因数，可以方便地确定焦距、曝光时间、管电流中任意一个量发生改变时，如何修正其他的量来保证曝光量不发生改变。应注意的是，这个关系式是在一定的条件下才可以应用的，是对于给定的 X 射线机，在给定的胶片、透照电压下得到的关系，如果应用到不同的胶片，必须结合胶片的感光特性曲线，进一步考虑。

一些标准中对 X 射线照相推荐了下面的最小曝光量值：
对于一般灵敏度技术曝光量应不小于 15mA·min；
对于较高灵敏度技术曝光量应不小于 20mA·min；
对于高灵敏度技术曝光量应不小于 30mA·min。

应注意的是，这些值对应的焦距约为 700mm，如果焦距改变，应按平方反比定律对上述曝光量进行修正。

例题： 用 X 射线机透照一试件，管电压为 150kV，管电流为 5mA，曝光时间为 4min，焦距为 700mm，若管电压不变，在黑度保持不变的情况下焦距变为 900mm，求管电流和曝光时间。

解： 已知 $i_1=5mA$，$t_1=4min$，$F_1=700mm$，$F_2=900mm$，求 i_2 和 t_2 的值。

由
$$\frac{i_1 t_1}{F_1^2} = \frac{i_2 t_2}{F_2^2}$$

得
$$i_2 t_2 = (i_1 t_1 \cdot F_2^2)/F_1^2 = 33.1 mA \cdot min$$

曝光量的值为 33.1mA·min，如果管电流为 5mA，则曝光时间约为 6.6min。

在实际工作中，通常应根据工件的材质和厚度来选取射线能量、曝光量及焦距等工艺参数，而这些参数一般通过曝光曲线来确定。该曲线是探伤机、胶片型号、暗室处理方式、增感条件、焦距和基准黑度一定时制作的，常用横坐标代表穿透厚度 T，纵坐标代表曝光量 E，管电压为变量的 E-T 曲线。根据试件穿透厚度向上做横坐标轴的垂线，与代表管电压的斜线相交于一点，然后做通过该点的水平线与纵坐标轴相交的点即为选定的曝光量值。

例题： 某 X 射线机单壁透照 8mm 钢对接试板，根据给定的曝光曲线（图 4-52）确定透照参数。

第一步：根据标准管电压限值查 8mm 钢试板焊缝允许的最高管电压，查得为 160kV，所以只能选用 160kV 以下的电压，而不能选取 200kV；

第二步：从横坐标选取 8mm 位置作垂线相交于低于 160kV 以下的曲线；

第三步：从管电压曲线上的点（第二步交点）作水平线交于纵轴，与纵轴的交点所示值即为选取的曝光量的值，选择 120kV 时 28mA·min，选择 140kV 时为 9.4mA·min。

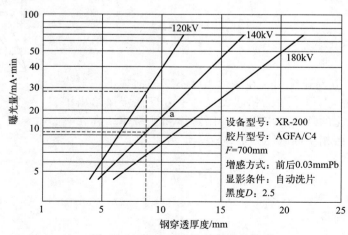

图 4-52　某 X 射线机的曝光曲线

曝光曲线通过试验制作，应用起来比较方便，但应注意该曲线是在其他参数不变的情况下应用的，只能适用于制作曝光曲线的探伤机。每台 X 射线机的曝光曲线各不相同，不能通用，即使同一台 X 射线机，随着时间的增加，射线管的灯丝和靶也可能老化，从而引起射线照射率的变化,在实际使用中应该根据具体情况做适当的修正。

4.4.5 标记带的组成及制作要求

(1) 标记带的组成

在射线照相检验中,为了建立档案和识别及定位缺陷,需要采用标记。

标记主要由识别标记和定位标记组成。标记一般由适当尺寸的铅(或其他适宜的重金属)制数字、拼音字母和符号等构成。

识别标记一般包括产品编号、部位编号、透照日期,可能还会包括透照单位、透照人员的代号等。此外还会有返修标记等其他必要的标记。

定位标记主要是搭接标记,需要时还可能有中心标记。搭接标记是连续检验时的透照分段标记,它可采用适当的能显示搭接情况的方法或符号表示。中心标记指示透照部位区段的中心位置和分段编号的方向,一般用十字箭头"＋"表示。对于余高磨平的焊缝的透照,还应加指示焊缝位置的圆点或箭头标记。

所有的标记都可用透明胶带粘在中间挖空(长宽约等于工件被检部分的长宽)的长条形透明片基或透明塑料上,组成标记带(图4-53)。

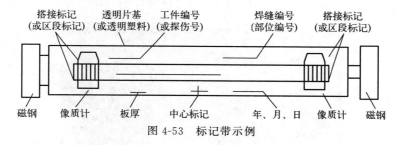

图 4-53 标记带示例

(2) 标记带制作要求

标记带两端可以像示例那样粘上两块磁钢,也可以如图4-54所示,带着几块磁铁,目的是方便将标记带贴在磁性工件上。当射线检测工件为非磁性材料时,可以用透明胶带将标记带粘贴上。对于一些经常更换的标记(如片号、日期)的部位,标记带上应制作一些塑料插口,使用起来方便。

图 4-54 标记带

所有标记应摆放整齐,放置在工件适当的部位,与工件同时透照。所有标记的影像不应重叠,且不应干扰有效评定范围内的影像。

4.4.6 贴片的要求和方法

(1) 透照方式

ISO 17636-1 标准中"7.1"描述了常见的焊缝透照方式,主要有:

单壁透照法:射线源位于工件前方,胶片位于另一侧;

单臂外透照法:射线源位于工件外部,胶片位于内侧;

中心透照法：射线源位于工件内部中心，胶片位于外侧；
偏心透照法：射线源位于工件内部偏离中心处，胶片位于外侧；
双壁双影椭圆透照法：射线源和胶片位于被检工件外侧，焊缝投影呈椭圆显示；
双壁双影垂直透照法：射线源和胶片位于被检工件外侧，射线垂直入射；
双壁单影透照法：射线源位于工件外部，胶片位于另一侧；
不等厚工件透照法：被检工件材料厚度差异较大，采用多胶片技术。

对于厚度差异较大的工件，可以采用在一只暗袋里放两张胶片同时透照的双胶片技术。暗袋里放置的两张胶片一般应选用感光度不同的两种胶片，其中感光度较大的胶片适用于透照厚度较大部位的观察评定，感光度较小的胶片适用于透照厚度较小的部位的观察评定。也可在暗袋中放置感光度相同的两张胶片，观片方法是对黑度较小的部位，将双片重叠观察评定，对黑度较大的部位，用单片观察评定。

（2）贴片

贴片是射线照相中比较重要的一环，是采用可靠的方法将装有增感屏和胶片的暗袋固定在被检工件上，暗袋应该与工件紧密贴合，尽量不留缝隙。

针对带磁性的钢制工件，可以用磁铁将暗袋固定，如图 4-55 所示。但固定时应注意，暗袋固定装置在底片上形成的影像不应影响检测区域底片的评定。

图 4-55 暗袋的固定

针对不具备磁性的检测工件，可以用胶带等物品粘住暗袋，以达到贴片的要求。

4.4.7 像质计（IQI）的摆放要求

图 4-56 像质计

所用像质计最好放置在试验工件的射线源侧，置于焊缝旁边母材被测区域的中心位置。

像质计应与工件表面紧密接触。针对具有磁性的检测工件，可以使用如图 4-56 所示带有磁铁的像质计。

射线检测时原则上每张底片上都应有像质计的影像，且应位于透照区中灵敏度差且厚度均匀的部位，能够在胶片上呈现均匀的光学密度。

根据所用的像质计类型，应考虑以下两种情况。

① 使用丝型像质计（IQI）时，细线应垂直于焊缝，并且其位置应确保至少 10mm 长的细线会显示在均匀光学密度的区域，该区域通常位于母材上邻近焊缝的位置。根据双壁双影椭圆透照法和双壁双影垂直透照法的布置进行照射时，以细线穿过管轴的方式放置像质计，但细线不得映射在焊缝图像内。

② 使用阶梯/孔型像质计（IQI）时，放置时的所需孔号应置于焊缝附近。根据双壁双影椭圆透照法和双壁双影垂直透照法的布置进行照射时，所用像质计可放置在射线源侧或胶片侧。

如果不能按照上述条件放置像质计，可将其置于胶片侧，同时通过比较相同条件下像质计放置在射线源侧和胶片侧的照射情况确定图像质量，至少需进行一次比较。

对于双壁透照，当像质计位于胶片侧时，无需进行上述试验。

像质计置于胶片侧时，字母 F 应放置在像质计附近并应在试验报告中予以说明。

如果已采取措施来保证类似试验工件和区域的射线照片是通过相同的照射和处理技术制成，并且像质值未出现差异，则无需验证每张射线照片的像质。图像质量验证范围应符合合同各方的协议要求。

对直径 200mm 及以上的管进行照射且射线源置于中心位置时，应至少将三个 IQI 以相等的间距放置在圆周上。然后，此类胶片显示的像质计图像可视为代表整个圆周。

4.5 钢板、钢管对接焊接接头的射线检测

4.5.1 散射线的来源与分类

（1）射线与物质的相互作用

射线通过物质时，会与物质发生相互作用而使强度减弱。导致射线强度减弱的原因有两种：吸收和散射。吸收是一种能量转换，光子的能量被物质吸收后变为其他形式的能量；散射会使光子的运动方向改变，其效果等于在束流中移去入射光子。

在 X 射线与 γ 射线能量范围内，光子与物质作用的主要形式有：光电效应、康普顿效应、电子对效应。当能量较低时，还有瑞利散射。

① 光电效应。入射到物体内的光子与原子中的轨道电子发生碰撞，光子的全部能量传递给轨道电子使电子脱离轨道成为光电子，这一现象称为光电效应，如图 4-57 所示。

光电效应的特征如下。

a. 光子的全部能量被原子吸收。光子的能量一部分用以克服电子的结合能，一部分作为电子的动能，使光子能量全部被消耗，光子本身不复存在。被撞击出的电子的动能是光子的能量与特定电子在原子中的结合能的差值。

入射光子能量＝电子动能＋电子结合能

产生光电效应的条件是光子能量必须大于电子的逸出能，即入射光子能量大于电子结合能。

b. 光子不能与自由电子相互作用。光子打在自由电子上不能产生光电效应，这是因为不能

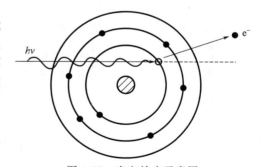

图 4-57 光电效应示意图

满足动量守恒。在光电效应中，除了入射光子以外，还需要发射电子后剩余的整个原子参加，它后跳带走一些反冲能量，这些能量非常小，但由于它的参加，动量和能量才能守恒。

c. 光电效应伴随二次标识 X 射线的发生。当发生光电效应时，在电子层中将产生空位，这将使原子处于不稳定的状态，外层电子将向存在空位的电子层跃迁，使原子回到稳定的状态，在跃迁过程中，将产生跃迁辐射，发射特征 X 射线。这种辐射通常称为荧光辐射。伴随发射特征 X 射线（荧光辐射）是光电效应的重要特征。在较高能级的轨道电子填充空位时，可能发生的另一过程是俄歇效应，即较高能级的轨道电子填充空位时所释放的能量，可

以激发外层轨道电子，使其成为自由电子，一般称之为俄歇电子（内转换电子）。光子与原子序数较低原子的束缚电子作用时更容易发生俄歇效应。

d. 光电效应容易发生在低能电子和高原子序数物质相互作用时。

e. 光电效应可以在原子的任何一个壳层发生。

对于光电效应，随着光子能量从零开始增加，光子被原子中较深层次的电子吸收。当光子能量达到特定电子层的结合能时，吸收急剧增加。这种尖锐变化极限发生在 K 电子层，所对应的能量称为 K 吸收限，表征着被击出的 K 电子动能为零。当能量大于 K 吸收限时，其吸收能将可能使得光电效应转为康普顿效应。

② 康普顿效应。光子通过物质时的散射通常可分为相干散射和不相干散射，或称为瑞利散射和康普顿散射。对于波长较短的入射光子和原子序数较大的散射体来说，相干散射的影响一般是无足轻重的。但是对于波长较长的入射光子和原子序数较小的散射体来说，相干散射作用是非常显著而不容忽略的。

入射光子与轨道电子碰撞，轨道电子脱离轨道成为反冲电子，入射光子能量降低（波长变长）并改变运动方向成为散射线，这一现象称为康普顿效应（也称康普顿散射），如图 4-58 所示。

康普顿效应的特征如下。

a. 产生康普顿效应的入射光子能量一部分克服轨道电子的结合能，另一部分作为反冲电子的动能，剩下的是散射光子的能量。

b. 原子序数低的发生可能性高。

c. 对中等能量光子，对所有元素都是主要作用。

③ 电子对效应。当入射光子的能量较高时，在原子核附近由于核库仑场的作用将产生一对正、负电子，这种现象称为电子对效应，如图 4-59 所示。在电子对效应中，入射光子消失，产生的正、负电子对向不同方向飞出，其方向与入射光子的能量有关。

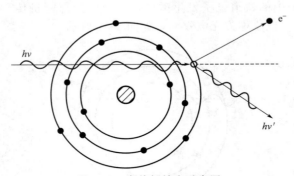
图 4-58　康普顿效应示意图
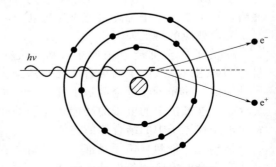
图 4-59　电子对效应示意图

电子对效应只能发生在入射光子的能量不小于 1.02MeV 时，这是因为电子的静止质量相当于 0.51MeV 能量，一对电子的静止质量相当于 1.02MeV 的能量。从能量守恒定律来看，显然，只有入射光子的能量不小于 1.02MeV 时才可能转化为一对正、负电子，多余的能量将转换为电子的动能。

电子对效应特征如下。

a. 电子对的寿命很短，它们很快湮灭生成两个能量分别为 0.51MeV 的新的光子；

b. 原子序数越大，电子能量越大，产生电子对的可能性越大。

④ 瑞利散射。如果光子被原子散射而没有经历其能量改变，称为相干散射，这种现象通常归结为瑞利散射过程。

瑞利散射指光子与内层电子作用时，电子吸收光子能量从低能级跃迁到高能级，同时释放出一个散射光子，其能量与入射光子的能量近似相同，光子能量的损失可以忽略不计。所以也可以认为这是光子与原子发生的弹性碰撞过程。

瑞利散射发生的可能性与物质的原子序数和入射光子的能量相关，与原子序数的平方近似成正比，并随入射光子能量的增大而急剧减小。入射光子能量较低（例如0.5～200keV）时，须注意瑞利散射。

以上四种效应可以总结成表4-11。

表 4-11　光子与物质的相互作用的比较

效应	光子的能量	作用对象	作用产物
光电效应	较低	原子内层轨道电子	光电子
康普顿效应	中等	原子外层轨道电子，自由电子	散射光子、反冲电子
电子对效应	≥1.02MeV	原子核、原子电子	正、负电子对
瑞利散射	低	轨道电子	光子

⑤ 三种主要效应间的关系。三种主要效应是指光电效应、康普顿效应及电子对效应，它们发生的概率与入射光子的能量和原子序数 Z 有关。Z 较小时，康普顿效应（散射）是主要的；而 Z 较大时，还与光子能量有关，低能时光电效应占主要地位，中能时康普顿效应占主要地位，而高能时电子对效应占主要地位，如图4-60所示。

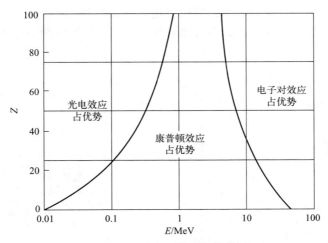

图 4-60　三种主要效应间的关系

各种效应对射线照相的图像质量产生不同的影响，例如，光电效应和电子对效应引起的吸收有利于提高图像对比度，而康普顿效应产生的散射线则会降低图像对比度。轻金属试件图像质量往往不如重金属试件图像质量好；使用1MeV左右的能量射线照相，其图像对比度不如较低能量射线或更高能量射线，这些都是康普顿效应造成的。

(2) 散射线的来源与分类

经过前面的讲解可以得出，中等能量的射线穿透物质过程中与物质相互作用时，散射主要是由康普顿效应造成的。与一次射线相比，散射线的能量减小，波长变长，运动方向改变。

散射线的来源很多，在射线透照时，凡是被射线照射到的物体，如工件、暗袋、桌面、墙壁、地面，甚至是空气都可以产生散射线，如图4-61所示。其中被透照的工件产生的散射线最多，为最大的散射源，可见，散射线是无法消除的。

散射线按方向可以分成三类：一类来自暗袋的正面，为"前散射"；一类来自暗袋的背面，称为"背散射"；还有一类是"边蚀散射"，是指工件周围的射线向工件背后的胶片散射，或工件中较薄的部位的射线向较厚的部位散射，这种散射会导致影像的边界模糊，低黑度区域的周边被侵蚀、面积缩小而产生所谓的"边蚀"。

4.5.2 散射线的影响因素

散射线的影响因素主要体现在对散射比的影响上。所谓散射比，是散射线强度 I_s 与一次射线强度 I_p 之比，即 $n = I_s/I_p$。由定义可知，散射比越大，散射现象越严重。影响散射比的主要因素有以下几点。

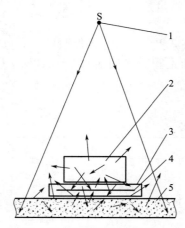

图 4-61 散射线产生示意图
1—射线源；2—工件；3—暗袋；
4—胶片；5—地面

（1）射线能量和工件厚度对散射比的影响

图 4-62 所示是平板工件透照散射比与射线能量和工件厚度的关系。从图中可以看出，在工业射线照相应用范围内散射比随着能量增大而减小，而在相同射线能量下，散射比随钢材厚度增大而增大。

（2）照射场的影响

图 4-63 所示是板厚 20mm 试验时照射场大小对散射比的影响。由图可知，当照射场较小时，散射比随照射场的增大而增加，当照射场直径超过约 50mm 后，即使照射场再增大，散射比基本也保持不变，除非是用极小的照射场透照，否则照射场的大小对散射比几乎没有影响。

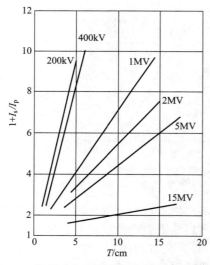

图 4-62 散射比与射线能量和钢材厚度的关系

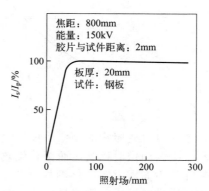

图 4-63 照射场大小与散射比的关系

（3）焦距的影响

图 4-64 所示是在固定条件下，焦距对散射比的影响。图中可以看出，在实际使用焦距的范围内，焦距变化对散射比几乎没有影响。

（4）焊缝余高的影响

在轨道交通行业，构架、车体由钢板或铝板（铝型材）焊接而成，为两大焊接件。为了美观，车体焊缝大都被磨平，不存在余高，但多数构架的焊缝是有余高的。图4-65所示为余高和有效能量与散射比的关系。

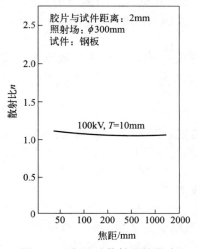

图 4-64 焦距对散射比的影响

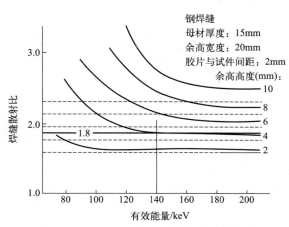

图 4-65 余高和有效能量与散射比的关系

对有余高的焊缝工件进行透照时，焊缝中心部位的散射比与平板部位的散射比不同，焊缝中心散射比高于同厚度平板中的散射比。从图4-65可以看出，随着余高的增大，散射比增大；同样的余高，随着有效能量的增加，散射比减小，有效能量再增加时，散射比则趋于平缓。

4.5.3 散射线的控制措施

由散射线的来源和影响因素可知，散射线是不可避免的，但散射线的存在会影响射线照相质量，如使射线底片的灰雾度提高、影像对比度降低等。所以在进行射线检测时要尽量控制散射线，以降低对底片质量的影响，对钢板对接接头及钢管对接接头进行射线检测时，散射线的控制方式主要有以下几种。

(1) 减小散射比

从散射比的影响因素"射线能量增大时散射比减小"可知，增大透照射线能量可以控制散射线，但是过度地提高射线能量，会对主因对比度和固有不清晰度造成不利的影响，所以应综合考虑，合理地选择射线能量。余高越高，散射比越大，所以在合理的情况下，应尽量选择较小的余高来减小散射比。

(2) 使用增感屏

前面提到过，增感屏除了有增感作用外，还对散射线有吸收的作用，使用增感屏是减少散射线最方便、最经济也是最常用的方法。较厚的增感屏减少散射线的效果好，但是会降低增感的效果，所以，增感屏不宜太厚。标准中对增感屏的选用也有相应的规定。

(3) 铅屏蔽

在实际射线照相检测中，采用铅屏蔽防护散射线是经常使用的措施。其主要的防护方法是用适当厚度的铅屏蔽板遮盖工件非透照区，用适当厚度的铅屏蔽板遮盖工件以外的胶片，采用适当的金属增感屏吸收来自工件的散射线，或者在工件与胶片之间放置适当厚度的铅屏蔽板，吸收被透照工件产生的散射线。当同时透照多个工件时，用适当厚度的铅屏蔽板隔离各个工件，以减少产生的散射线的相互影响等。

特别应注意的是，被透照的工件小于所使用的胶片、射线的能量又比较低、被透照工件材料的原子序数也比较低时，更应注意对直接处于射线束照射下的那部分胶片的遮蔽。

（4）光阑与准直器

减少散射线的另一个主要方法是尽量减少物体被检验区以外受到射线照射的范围大小，除了采用铅屏蔽板遮盖外，常用的方法是用光阑或准直器限制射线束的大小，限制透照的区域。

光阑采用对射线具有强烈吸收性能的材料制作，例如铅板，其厚度应能有效地吸收入射的射线。光阑的孔径和孔的形状可按照透照区的大小和形状设计，光阑通常放在靠近射线源的位置。

（5）滤波片

在 X 射线照相中使用的连续谱 X 射线，其长波（低能量）部分的 X 射线对射线照相检验不起主要作用，但当它们直接照射胶片或穿过薄的物体到达射线胶片时，可以被强烈吸收并产生散射线。为了减少射线中的这部分成分，常采用滤波的方法，即在 X 射线管窗口附近放置滤波片（见图 4-66），射线从窗口射出后首先要穿过滤波片，使长波部分的 X 射线被大量吸收。

滤波片就是适当厚度的某种金属材料平板，它的厚度应按射线能量选取。例如，透照钢件时，采用铜滤波板其厚度应不超过透照厚度的 20%，若采用铅滤波板则其厚度应不超过透照厚度的 3%；透照铝件时，采用的铜滤波板的厚度应不超过透照厚度的 4%；等等。

当然，滤波片处也会产生散射线，但由于该部分散射线的方向多偏离一次射线方向，且滤波片与胶片之间具有较大的距离，因此，除了有部分散射线偏离有效透照区外，按照平方反比定律，到达胶片的散射线强度也将大大降低。

（6）后屏蔽铅板

在射线照相检验中，当胶片后方较近的地方存在物体时，必须注意采用铅板对背散射线进行防护，即在暗袋后面加一块铅板以屏蔽背散射线。后屏蔽铅板的厚度一般应为 1mm 左右。使用后屏蔽铅板的同时仍需使用铅箔增感屏，否则后屏蔽铅板被射线照射时激发的二次射线有可能到达胶片，对照相质量产生不利影响。

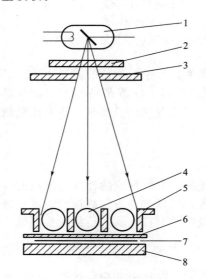

图 4-66　散射线防护方法

1—X 射线管；2—滤波片；3—光阑与准直器；
4—工件；5—屏蔽铅板；6—前吸收铅板（箔）；
7—胶片；8—后屏蔽铅板

后屏蔽铅板的厚度是否满足防护背散射线的要求，可以采用下述的方法检验。在胶片暗袋背面贴附一个厚度为 1.6mm、高度为 13mm 左右的铅字，一般是铅字"B"。透照后观察底片，如果底片上未出现这个铅字"B"的影像或出现黑度高于背景黑度的铅字"B"的影像，则说明防护铅板的厚度符合要求；如果出现黑度低于背景黑度的铅字"B"的影像，则说明防护不足，应加大后屏蔽铅板的厚度。后者显然说明，有来自周围背景的散射线对胶片产生了一定程度的曝光，由于铅字吸收了一些这部分散射线，所以它才呈现为低于周围背景黑度的影像。

当透照厚度较大的非金属材料工件时，特别是原子序数小的材料，可能必须采用特殊的散射线防护方法，如防散射栅格。

(7) 厚度补偿块

对厚度差较大的工件或焊缝进行透照时,可采用厚度补偿措施减少散射线。厚度补偿块不仅能减少散射线,还能减少底片的黑度差。

另外,如果在允许的情况下,还可以通过对较厚部位进行打磨的方式来减少厚度差,可以达到用厚度补偿块的效果。

4.5.4 射线透照技术等级的确定

(1) 检测等级的确定

焊缝射线检测在 ISO 17636-1:2013 中第 5 部分规定:射线照相技术可分为两个等级,其中 A 等级为普通级技术,B 等级为较高级技术。轨道交通行业射线透照技术一般选用 B 等级,即较高级技术。而此技术等级的确定是通过一系列标准确定的。

EN 15085 是一套针对轨道车辆和车辆部件的焊接认证体系,在轨道交通行业广泛流行。标准名称为《轨道应用—轨道车辆和车辆部件的焊接认证体系》。其中的 EN 15085-3 中规定了焊缝应力等级(应力状态)、安全等级(安全需求)、焊接性能等级(焊缝质量等级)、缺陷的质量等级(缺陷评价等级)、焊缝检查等级(检验等级)和试验(检测)之间的关系,见表 4-12。

表 4-12 焊缝应力等级、安全等级、焊接性能等级、缺陷的质量等级、焊缝检查等级和检测之间的关系

应力等级	安全等级	焊接性能等级	缺陷质量等级 EN ISO 5817 EN ISO 10042	检查等级	内部检测 RT 或 UT	表面检测 PT 或 MT	目视检测 VT
高	高	CPA	见 EN 15085-3 表 5 或表 6	CT1	100%	100%	100%
高	中	CPB	B	CT2	10%	10%	100%
高	低	CPC2	C	CT3	不需要	不需要	100%
中	高	CPB	B	CT2	10%	10%	100%
中	中	CPC2	C	CT3	不需要	不需要	100%
中	低	CPC3	C	CT4	不需要	不需要	100%
低	高	CPC1	C	CT2	10%	10%	100%
低	中	CPC3	C	CT4	不需要	不需要	100%
低	低	CPD	D	CT4	不需要	不需要	100%

表中的应力等级和安全等级是在工件的设计阶段给出的,应力等级根据相应的计算所得。安全等级的分类如下:

低:焊缝的缺陷不会直接影响整个功能,由此焊缝所产生的事件不可能对人造成伤害;

中:焊缝的缺陷可能会影响整个功能或者可能会导致对人造成伤害的事件;

高:焊缝的缺陷会导致对人造成伤害的事件,并且会导致整个功能发生故障。

从表 4-12 可以看出,焊缝质量等级 CPA 级最高,CPB 及 CPC1 等级可认为相同,CPC2、CPC3 和 CPD 等级越来越低。表中的 ISO 5817 标准为钢、镍、钛及其合金熔化焊接头缺陷的质量等级;ISO 10042 标准为铝及其合金弧焊接头缺欠质量等级。

焊缝检测标准及等级是根据事先规定的每条焊缝的缺陷质量等级得出的。ISO 17635:2016 附录 A 表 5 如表 4-13。

表 4-13 焊缝缺陷质量等级和射线检测及验收等级之间的关系

按 ISO 5817 或 ISO 10042 的质量等级	按 ISO 17636-1 的检测技术和等级	按 ISO 10675-1 或 ISO 10675-2 的验收等级
B	B	1
C	B[①]	2
D	至少 A	3

① 不论何时，环焊缝检测的最少曝光次数宜按 ISO 17636-1：2013 的 A 级要求执行

从表 4-13 可以看出，当焊缝缺陷的质量等级为 ISO 5817 的 B、C 级时，执行的检测标准为 ISO 17636-1，检测等级为 B 级，验收标准为 ISO 10675-1 的 1 级或 2 级。轨道交通装备的部件需内部检测的钢板、钢管对接焊缝多数为 CPB 级或 CPC1 级，因此检测标准为 ISO 17636-1，检测等级为 B 级。

(2) 钢板、钢管对接焊缝的透照布置

① 钢板对接焊缝透照布置。对接焊缝两边为钢板在轨道交通装备部件中是最常见也是最简单的一种焊接接头，此时射线检测的透照布置如图 4-67 所示。射线源位于焊缝上方，胶片位于另一侧。

② 钢管对接焊缝的透照布置。

a. 钢管直径较大。当钢管直径较大时，可以采用射线源在钢管内的方法，此时的透照布置有以下两种：第一种为射线源位于管的内部中心，胶片位于外侧，为周向曝光（见图 4-68），此种布置针对大管焊缝射线检测提高了检测效率；另一种为射线源位于管内部偏离中心处（见图 4-69），胶片位于外侧，此种布置在轨道交通装备行业不常见。

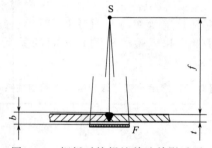

图 4-67 钢板对接焊缝单壁单影透照

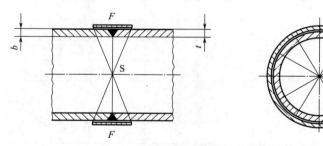

图 4-68 钢管对接环焊缝射线源在内部中心周向透照

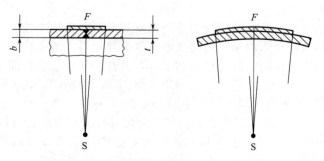

图 4-69 钢管对接环焊缝射线源在内部偏离中心透照

b. 钢管直径较小。当管径较小时，采用射线源在管外的方式，此时的透照布置也有以下几种（图 4-70）：一种是双壁双影椭圆透照［图 4-70(a)］；一种是双壁双影垂直透照［见图 4-70(b)］；第三种方式是双壁单影透照［见图 4-70(c)］。椭圆透照（双壁和双影）不应用在外径 $D_e>100\mathrm{mm}$、壁厚 $t>8\mathrm{mm}$ 或焊缝宽度 $>D_e/4$ 的管对接焊缝。如果 $t/D_e \leqslant 0.12$，则整周采用角度为 90°的两次透照；如果不够，则整周需要三次透照。双壁双影透照要求两个焊缝图像之间的距离应约为一个焊缝宽度。

在 $D_e<100\mathrm{mm}$ 条件下难以进行椭圆透照时，可使用垂直透照。这种情况下，要分三次透照，每次间隔为 120°或 60°。

采用图 4-70(a)、(c) 所示两种透照方式时，射线束的倾斜度应尽可能小，以防止两个图像重叠。

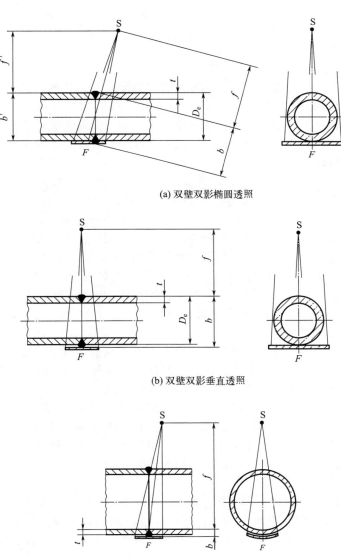

(a) 双壁双影椭圆透照

(b) 双壁双影垂直透照

(c) 双壁单影透照

图 4-70　小径管透照布置

4.5.5 底片黑度及测量

(1) 黑度及对比度

前边已经讲到过，黑度定义为入射光强 I_0 与透射光强 I 之比的常用对数值。在射线照相中影像的对比度定义为射线照片上两个区域的黑度差，又叫底片反差，常记为 ΔD。如果两个区域的黑度分别为 D'、D，则它们的对比度为

$$\Delta D = D' - D$$

射线照相对比度公式为

$$\Delta D = -\frac{0.434\mu G \Delta T}{1+n}$$

式中　G——梯度；

　　　ΔT——厚度差；

　　　μ——试件材料线衰减系数；

　　　n——散射比。

射线照片上影像的对比度常指影像黑度与背景黑度之差。显然，底片对比度越大，影像就越容易被观察和识别。

黑度是影响对比度的因素之一。胶片梯度随黑度的增大而增大，为保证对比度，常对底片的最小黑度提出限制；为增大对比度，射线照相底片往往取较大的黑度值。

(2) 黑度与灵敏度

① 最小可见对比度。最小可见对比度 ΔD_{min} 又称识别界限对比度，其定义为底片上能够辨认的某一尺寸影像的最小黑度差。它与 ΔD 不同，ΔD 是底片上客观存在的量值，而 ΔD_{min} 反映的是在一定条件下，人眼对底片影像黑度差的辨别能力，即识别灵敏度。ΔD_{min} 的数值越小，意味着人眼对底片影像的辨别能力越强，对缺陷影像的识别灵敏度越高。ΔD 与 ΔD_{min} 的关系为：当 $\Delta D \geqslant \Delta D_{min}$ 时，影像能够识别；反之，则不能识别。

② 底片黑度与灵敏度。由前面可知，非增感胶片的梯度值随黑度的增大而增大，又由射线照相对比度公式得知，梯度增大时，ΔD 也会增大，因此黑度增大会使 ΔD 增大。另一方面，黑度与 ΔD_{min} 的关系为：在低黑度范围，ΔD_{min} 大致是一定的，但在高黑度范围，ΔD_{min} 随黑度的增大而增大。

通过对平板对接焊缝试件透照系列实验得出，可识别最小线径 d 的黑度值在 2.5 左右，此黑度称为平板试件透照的最佳黑度。多数透照试件是不等厚的，对于不等厚试件，不同厚度部位底片黑度不同，可识别的线径 d 也不同。以焊缝试件为例，一般情况下焊缝余高是不磨平的，如果选中焊缝中心的黑度为 2.5，则该部位可识别线径最小，但此时母材部位的黑度比焊缝中心大，所以母材部位可识别的线径将大于焊缝部位可识别线径，即两个部位的射线照相灵敏度不等，这显然不能满足缺陷检测的要求。为使焊缝部位和母材部位灵敏度相等，就需要以最佳黑度为基准调节母材黑度和焊缝黑度。

(3) 黑度的测量

评定区域底片的黑度均须满足标准的要求，标准 ISO 17636-1：2013 的第 7.8 条做了如下规定：采用 A 级检测时，黑度 ≥2.0，采用 B 级检测时，黑度 ≥2.3，测量误差允许为 ±0.1，经合同双方规定，A 级可降为 1.5，B 级可降为 2.0。最大可读胶片黑度取决于所用观片灯和其最大亮度。进行双胶片透照时，单张胶片的黑度不得低于 1.3。

为验证底片的黑度是否满足标准的要求，应进行底片黑度的测量，底片的黑度采用黑度计来测量。该仪器有一个发光孔，当底片透过发光孔时光强度减弱，从而可以测量底片的黑度。

底片黑度测量比较简单，下面以型号为 TD-210 的黑白密度计为例说明测量底片黑度的具体步骤。

① 开机预热。插上电源，不要按下测量臂，打开仪器背后下方的电源开关，显示屏将显示"---"标记，仪器应预热 3min。

② 设置仪器的零点。按下测量臂不动，同时按下仪器右上方自动调零按钮（即"ZERO"按钮），显示屏上显示"0.00"（见图 4-71）。

③ 用密度片校验密度计对黑度测量的准确性。当显示屏出现"0.00"后松开调零按钮，放开测量臂，仪器即进入密度测量阶段。选择密度片中 1~8 任一测试点对准密度计的光孔，按下测量臂，显示屏将显示被测点的黑度值。如图 4-72(a) 所示，测量的是第 5 点的黑度值。对比显示值与密度片的校准证书 [图 4-72(b)] 相应位置的黑度值是否一致。

图 4-71　设置零点

(a) 密度片的测量

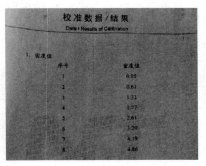

(b) 密度片的校准证书

图 4-72　密度计的校验

④ 底片黑度的测量。确认密度计的显示准确后，取下密度片，放上检测底片，将相应的测试点对准光孔，按下测试臂，显示屏即显示底片该部位的黑度。如图 4-73 所示，此底片测试点的黑度为 3.33。

对于焊缝来说，最大黑度一般在底片中部焊接接头热影响区位置，最小黑度一般在底片两端焊缝余高中心位置。由于标准只规定了最小黑度，而未规定黑度的上限值，所以应测量评定部位最小黑度的位置是否满足标准要求。

4.5.6　底片的质量要求

为得到准确的评定结果，所评定的底片必须是合格的底片，只有符合质量要求的底片才能作为评定工件质量的依据。对底片质量的主要要求可分为以下六个方面。

(1) 底片黑度

黑度是底片质量的一个重要指标，它直接关系到底片的射线照相灵敏度和底片记录细小缺陷的能力。一般底片上由于射线穿透厚度变化所引

图 4-73　底片黑度的测量

起的黑度值变化的范围，其下限不应低于规定的数值，上限不得高于观片灯可以观察的最高值。

（2）射线照相灵敏度

底片的射线照相灵敏度采用底片上像质计影像的可识别性来确定，它是底片影像质量的一个综合评定。

对于钢制焊缝，目前广泛使用丝型像质计测定射线照相灵敏度。通过观察底片上的像质计影像，确定可识别的最细丝径编号。若在黑度均匀区域内有至少10mm丝长连续清晰可见，则该丝径视为可识别。

对于底片应达到的射线照相灵敏度，一般是按照射线照相技术级别来规定。国际上普遍把射线照相技术分为A级和B级。

对底片的灵敏度检查内容包括：底片上是否有像质计影像，像质计型号、规格、摆放位置是否正确，能够观察到的金属丝像质计丝号是多少，是否达到了标准规定的要求等。

（3）标记

底片上应有完整的识别标记（如被检工件的编号、部位编号、透照单位、透照日期、被检工件厚度等）和定位标记（如中心标记、搭接标记等）的影像，这对于识别底片、缺陷定位、建立档案资料是必不可少的。标记的影像应完整显示，并应位于底片的非评定区，以免干扰对缺陷的识别。

（4）表观质量

对底片表观质量的主要要求是：不应存在明显的机械损伤、污染和伪缺陷。如果底片表观质量不合格有可能会导致质量评定出现错误或无法长期完好保存底片。

伪缺陷容易和真缺陷影像混淆，影响评片的正确性，造成漏检和误判，所以底片上有效评定区内不允许有伪缺陷影像。

（5）背散射检查

背散射检查即"B"标记检查，照相时，在暗袋背面贴附一个"B"铅字标记，观片时若发现在较黑背景上出现"B"字较淡影像，说明背散射严重，应采取防护措施后重新拍照；若不出现"B"字或在较淡背景上出现较黑"B"字，则说明底片未受背散射影响，符合要求。较黑"B"字是由于铅字标记本身引起散射产生了附加增感，不能作为底片质量判废的依据。

（6）搭接标记

除双壁单影透照纵缝应有附加长度以外，其他透照方式得到的底片，如果搭接标记按规定摆放，则底片上只要有搭接标记影像即可保证没有漏检区域，但如果搭接标记未按规定摆放，则底片上搭接标记以外也必须有附加长度，才能保证完全搭接。

4.5.7 评片基本知识

（1）影响底片评定的因素

根据所获得底片中存在的缺陷数据，依照相关的质量评定标准和技术要求，对被检测产品的质量作出结论性评定。

影响底片评定的因素有以下几种。

① 成像质量：如果成像质量不理想，就会使缺陷漏检。

② 照相方法：了解所要检测的对象采用了何种焊接工艺，可能会产生什么类型的缺陷，应用的何种检验技术，以保证缺陷被发现。

③ 不清晰的缺陷显像：底片上的缺陷原则上总是不清晰的（由于固有的不清晰度和颗粒度），即使缺陷轮廓区域黑度上升，也始终可见到一种"不清晰度"，有时以至于无法来评

定。缺陷在底片上发生偏移所造成的不清晰是由于几何不清晰度的影响。应用放大技术时，不清晰度也以相同的比例被放大。

④ 玛莎效应：在观察阶梯状或有较大壁厚差的焊缝时，会感到较暗的一阶黑度突然上升。将较亮的一阶盖上后，这种效应就会消失，这种情况有时让人误以为有缺口或裂纹。

⑤ 组织显示：这种显示可以在较大晶粒组织的铸件中或焊缝（铝、奥氏体）中出现，它们呈平行趋势运行的黑线，但其实它们不是缺陷，可以不去管它们。

⑥ 散射线：邻近部分的散射线在底片上会引起局部的黑度增高，有时会让人误认为是局部壁厚较低，这里也可以用相应的遮住底片的办法和降低散射线来避免。

⑦ 底片处理缺陷：底片压痕、开裂和划痕，增感屏老化也可能让人误认为有缺陷，因此需要验证。另一方面，这些缺陷经常是与暗室处理以及干燥风吹有关。这就要求评片者眼力要好，注意力要相当集中。众所周知，人的眼睛经过几个小时的评片会相当疲乏，此时缺陷评定会出现误差。

（2）底片评定步骤

一般射线底片评定步骤如下：

① 首先通览底片，目的是获得焊接接头质量的总体印象，找出需要分析研究的可疑影像。通览底片时应注意，评定区域为焊缝及热影响区的母材，对这两部分都应仔细观察。

② 对影像细节仔细观察。为了尽可能看清细节，可采用以下方法：

a. 调节观片灯亮度，寻找适合观察的光强，例如存在余高的焊接接头，其焊缝和热影响区的黑度差别会较大，应在不同的光强下分别观察；

b. 用金属框或纸框遮挡细节部位邻近区域的透过光线，提高表现对比度；

c. 使用放大镜进行观察；

d. 移动底片，不断改变观察距离和角度。

③ 对于确认的缺陷影像，应首先考虑缺陷类型，判断是否为不允许存在的缺陷，以便直接确定质量级别；对允许存在的缺陷，首先确定是否存在尺寸超过质量级别规定的情况。

（3）焊接接头的组成及其组织

为了能够正确评定焊接接头的质量，应对其有大概的了解。

焊接接头由焊缝和热影响区组成。靠近焊缝的母材区域，在焊接过程中受到不同程度加热，在不同温度下停留一段时间后又以不同速度冷却下来，最终获得各不相同的组织和力学性能，称为热影响区。根据组织特性从焊缝向母材可将热影响区划分为熔合区、过热区、相变重结晶区和不完全重结晶区4个区。

低碳钢焊缝及热影响区的组织见表4-14。

表4-14 低碳钢焊缝及热影响区的组织特性及性能

序号	部位	组织特征及性能
1	焊缝	铸造组织柱状树枝晶
2	熔合区	晶粒粗大,可能出现魏氏组织,硬化之后,易产生裂纹,塑性不好
3	过热区	粗晶和细晶交替混合
4	相变重结晶区	又称正火区或细晶粒区,晶粒细化,力学性能良好
5	不完全重结晶区	粗大铁素体和细小的珠光体、铁素体,力学性能不均匀,在急冷的条件下可能出现高碳马氏体

（4）常见焊接缺陷

焊接过程中产生的缺陷主要有以下几类。

① 裂纹。焊接裂纹是指金属在焊接应力及其他致脆因素共同作用下，焊接接头中局部区域金属原子结合力遭到破坏而形成新界面所产生的缝隙，具有尖锐的缺口和长宽比大的特征，是焊接结构中最危险的缺陷。它的出现将显著减少承载截面积，更严重的是裂纹端部形成尖锐缺口，应力高度集中，很容易扩展导致破坏。焊接裂纹有多种分类方法：按延伸方向可分为纵向裂纹、横向裂纹、辐射状裂纹等（见图4-74）；按发生部位可分为焊缝裂纹、热影响区裂纹、熔合区裂纹、焊趾裂纹、焊道下裂纹、弧坑裂纹等。

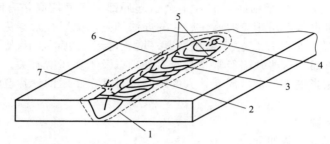

图 4-74 各种裂纹的外观形貌
1—热影响区；2,3—纵向裂纹；4—弧坑裂纹；5—横向裂纹；6,7—辐射状裂纹

裂纹是一种面积型缺陷［具有三维尺寸的缺陷称为体积型缺陷，具有二维尺寸（第三维尺寸极小）的缺陷称为面积型缺陷］，它的出现将显著减少承载截面积。

② 未熔合。未熔合是指焊缝金属与母材金属或焊缝金属之间未熔化结合在一起的缺陷。按其所在部位，未熔合可分为坡口未熔合、根部未熔合、层间未熔合三种，坡口形式的不同会使根部未熔合出现的部位也不同，见图4-75。

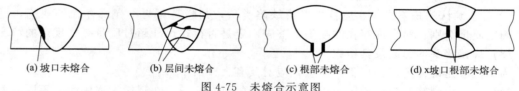

(a) 坡口未熔合　(b) 层间未熔合　(c) 根部未熔合　(d) x坡口根部未熔合

图 4-75 未熔合示意图

未熔合也是一种面积型缺陷，坡口未熔合和根部未熔合对承载截面积的减小都非常明显，应力集中也比较严重，其危害性仅次于裂纹。

③ 未焊透。未焊透是指母材金属之间没有熔化，焊缝金属没有进入接头的根部造成的缺陷。未焊透可分为双面焊未焊透和单面焊未焊透，见图4-76。

未焊透也是一种比较危险的缺陷，其危害性取决于缺陷的形状、深度和长度。

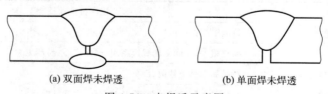

(a) 双面焊未焊透　(b) 单面焊未焊透

图 4-76 未焊透示意图

④ 夹渣。夹渣是指焊缝金属中残留有外来固体物质所形成的缺陷，见图4-77。按形态，夹渣可分为点状夹渣、块状夹渣、条状夹渣；按残留固体物质种类，夹渣可分为非金属夹渣和金属夹渣。非金属夹渣的主要成分是硅酸盐，也有一些是氧化物和硫化物，它们主要来自焊条药皮和焊剂熔渣。金属夹渣最常见的是钨夹渣，它是由钨极氩弧焊中的钨极烧损，熔融

填入焊缝中形成的。

夹渣是一种体积型缺陷,会减少焊缝受力截面,其棱角容易引起应力集中,成为交变载荷下的疲劳源。

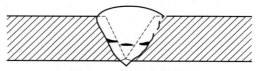

图 4-77　夹渣示意图

⑤ 气孔。气孔是指进入焊缝金属的气体引起的孔洞。按形状,气孔可分为球形气孔、条形气孔、针形气孔;按分布状态,气孔可分为单个气孔、密集气孔、链状气孔、虫状气孔等,见图 4-78。

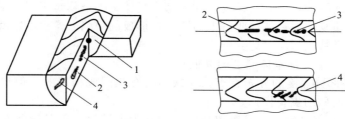

图 4-78　气孔示意图
1—单个气孔;2—条形气孔;3—链状气孔;4—虫状气孔

熔化了的金属在高温下可以吸收大量气体,冷却时,气体在金属中的溶解度下降,气体便析出并聚集生成气泡上浮,如果气泡受到焊缝金属结晶的阻碍无法逸出,就会留在金属内生成气孔。生成气孔的气体主要是 H_2 和 CO,来自电弧区周围的空气、母材和焊材表面杂质(如油污、锈、水分以及焊条药皮和焊剂)的分解燃烧等。

⑥ 形状缺陷。形状缺陷是指焊缝金属表面成形不良或其他原因造成的缺陷,主要有咬边、未焊满、弧坑、焊瘤、烧穿、根部内凹等。

4.5.8　焊接缺陷的影像分析

(1) 对人员的要求

要正确地识别射线照片上的影像,判断影像所代表的缺陷性质,对评片人员有以下要求。

① 具有一定的材料和工艺方面的知识,掌握缺陷的可能形式和发生规律。

② 具有识别影像和判断缺陷性质的丰富经验。

③ 必须了解射线照相过程,特别是透照的具体布置,以分析影像的形成和变化特点。

总之,对工件的材料、工艺知识掌握得越多,对工件射线照相过程了解得越清楚,具有的经验越丰富,就越容易正确地识别射线照片上的缺陷影像。

(2) 如何正确对影像进行分析和判断

在上述基础上,可根据影像的几何形状、黑度分布及位置,对射线照片上的影像进行分析和判断。

① 从影像的几何形状进行分析。不同性质的缺陷具有不同的几何形状和空间分布特点,例如,气孔一般呈球形,裂纹多为宽度很小且有变化的缝隙等。由于射线照片上缺陷的影像是缺陷的几何形状按照一定规律在平面上投影形成的图形,因此,射线照片上缺陷影像的形

状与缺陷的几何形状及射线的照射方向密切相关。影像的几何形状常常是判断缺陷性质的最重要依据。判断一个影像是否有缺陷，缺陷的性质是什么，一般首先从影像的形状作出初步判断，然后，再从其他方面进行进一步分析和论证。

影像的几何形状应当从三方面进行分析：

a. 单个或局部影像的基本形状；

b. 多个或整体影像的分布情况；

c. 影像轮廓线的特点。

不同性质的缺陷，其影像的几何形状在上述三方面可能产生差异。应注意的是，对于不同的透照布置（特别是不同的照射方向），同一缺陷在射线照片上形成的影像的几何形状将发生变化。例如，球形可能变成椭圆形；裂纹可能呈现为鲜明的细线，也可能呈现为模糊的片状影像；等等。

② 从影像的黑度进行分析。影像的黑度分布是判断影像性质的另一个重要依据。不同性质的缺陷内在性质不同：气孔可认为工件内部含气体，夹杂物是不同于工件本体材料的物质等。这种不同性质缺陷对射线的吸收能力不同，形成的缺陷影像黑度也就不同。

在分析影像黑度特点时应考虑：

a. 影像黑度相对于工件本体黑度的高低；

b. 影像自身各部分黑度的分布特点。在缺陷具有相同或相近的几何形状时，黑度分布的特点是判断影像性质的重要依据。

③ 从影像位置进行分析。缺陷影像在射线照片上的位置，就是缺陷在工件中位置的反映，这是判断影像缺陷性质的另一个依据。缺陷在工件中出现的位置通常具有一定的规律，因此影像所在位置也与缺陷性质相关。某些性质的缺陷只能出现在工件的特定位置，对这类性质的缺陷，影像的位置就是识别缺陷的重要依据。例如，焊缝中的根部未焊透一般只能出现在焊缝的中心线上，因透照偏、焊偏等原因也可能偏向一侧；气孔可以发生在焊缝的任何部位，如手工单面焊根部线状气孔、双面焊根部链状气孔、焊缝中心线两侧出现的虫状气孔；根部未熔合在底片上的位置应是在焊缝根部的投影位置，一般在焊缝中间，因坡口形状或投影角度等原因也可能偏一边；裂纹和夹渣则可能出现在焊缝的任何位置；等等。

实际分析过程中，识别射线照片上影像的缺陷性质，要从上述三方面进行综合考虑，作出判断。

（3）辨别伪缺陷

评片时还应注意辨别伪缺陷。伪缺陷是指由于照相材料、工艺或操作不当在底片上留下的影像，常见的有以下几种。

① 划痕：胶片被尖锐物体（指甲、器具尖角、胶片尖角、砂粒等）划过，划痕细而光滑，十分清晰（见图 4-79）。其识别方法是借助反射光观察，可以看到底片上药膜有划伤痕迹。

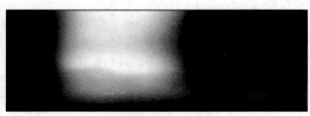

图 4-79　划痕

② 压痕：胶片局部受压引起局部感光，从而在底片上留下压痕。压痕是黑度很大的黑点，其大小与受压面积有关。借助反射光观察，可以看到底片上药膜有压伤痕迹。

③ 折痕：胶片受弯折，会发生减感或增感效应。曝光前受折，折痕为白色影像，曝光后受折，折痕为黑色影像（见图4-80），最常见的折痕形状呈月牙形。借助反射光观察，可以看到底片有折伤痕迹。

图4-80　折痕

④ 水迹：由于水质不好或底片干燥处理不当，底片上会出现水迹。水滴流过的痕迹是一条黑线或黑带，水滴最终停留的痕迹是黑色的点或弧线。

水迹可以发生在底片的任何部位，黑度一般不大。水流痕迹直而光滑，可以找到起点、终点；水珠痕迹形状与水滴一致（见图4-81）。借助反射光观察，有时可以看到底片上水迹处药膜有污物痕迹。

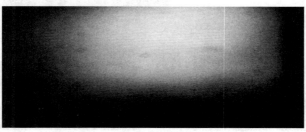

图4-81　水迹

⑤ 静电感光：切装胶片时，因摩擦产生的静电发生放电现象使胶片感光，在底片上留下黑色影像。静电感光影像以树枝状斑纹为最常见（见图4-82），也有点状或冠状斑纹影像。静电感光影像比较特殊，易于识别。

图4-82　静电树枝状斑纹

⑥ 显影斑纹：曝光过度，显影液温度过高、浓度过大导致快速显影，或显影时搅动不及时，均会造成显影不均匀，从而产生显影斑纹。显影斑纹呈黑色条状或宽带状，可在整张底片范围内出现，影像对比度不大，轮廓模糊，一般不会与缺陷影像混淆。

⑦ 显影液沾染：显影操作开始前，胶片上沾染了显影液，沾上显影液的部位提前显影，黑度比其他部位大，影像可能是点、条或成片区域的黑影。

⑧ 定影液沾染：定影操作开始前，胶片沾染了定影液，沾上定影液的部位发生定影作

用，使得该部位黑度小于其他部位，影像可能是点、条或成片区域的白影。

⑨ 增感屏伪缺陷：由于增感屏的损坏或污染使局部增感性能改变而在底片上留下的影像，如增感屏的裂纹或划伤会在底片上造成黑色伪缺陷影像，而增感屏上的污物在底片上造成白色伪缺陷影像。

增感屏引起的伪缺陷，在底片上的形状和部位与增感屏上完全一致，当增感屏重复使用时，伪缺陷会重复出现。避免此类伪缺陷的方法是经常检查增感屏，及时淘汰损坏了的增感屏。

（4）焊缝缺陷影像的特点

前面已经讲到焊缝中的缺陷分类，在评片时首先应对缺陷进行定性，然后进行定量。主要缺陷图像特点如下。

① 气孔。气孔分为单个气孔、均布气孔、密集气孔、链状气孔、虫状气孔（见图4-83）。其成像多数是圆形，黑度一般是中心较大，边缘较小，虫状气孔有小尾巴。

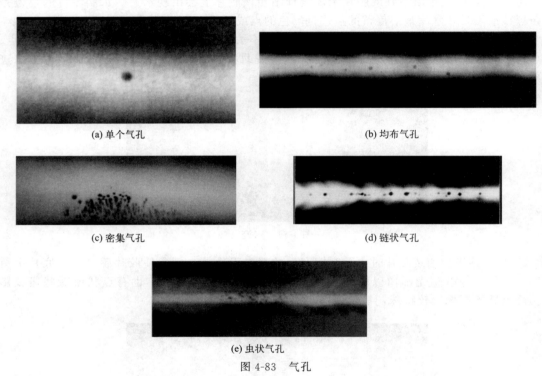

图 4-83 气孔

"夹珠"是另一类特殊的气孔。它是前一道焊接工序生成的气孔，被后一道焊接工序熔穿，铁水流进气孔的空间而形成的，在底片上的影像为黑色气孔中间包含着一个白色圆珠，见图4-84。

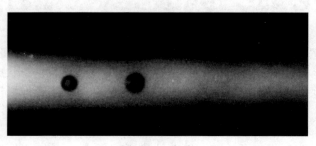

图 4-84 夹珠

② 夹渣。一般夹渣形状不规则，影像是黑点、黑条或黑块，宽度不一，黑度不均匀，轮廓不圆滑，有的带棱角，见图 4-85(a)。其主要在手工无保护气体焊接中较容易出现。当采用钨极惰性气体保护焊时，容易出现夹钨，由于钨的密度高于焊缝金属，所以其在底片上的影像是一个白点。夹钨尺寸一般不大，形状不规则，多数情况以单个形式出现，少数情况以弥散状态出现，见图 4-85(b)。

(a) 一般夹渣　　　　　　　　　　　(b) 夹钨

图 4-85　夹渣

③ 未熔合。未熔合包括坡口未熔合、层间未熔合和根部未熔合，见图 4-86。坡口未熔合多发生在焊缝中心距边缘 1/2 处左右，典型影像是连续或断续的黑线，宽度不一，有时一侧较笔直。层间未熔合呈薄片状存在于焊缝层间，黑度较均匀，线条较宽，端头不规则，有时由于所占透照厚度比例较小而难以检出。根部未熔合一般在背部焊缝金属和母材之间呈一条细线。

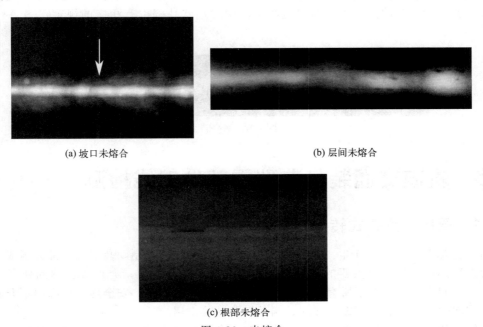

(a) 坡口未熔合　　　　　　　　　　(b) 层间未熔合

(c) 根部未熔合

图 4-86　未熔合

④ 未焊透。未焊透一般位于焊缝宽度中间，钝边会显示成笔直的黑线，两侧轮廓都很整齐，为坡口钝边痕迹，宽度正好为钝边间隙宽度，多伴有气孔，见图 4-87。

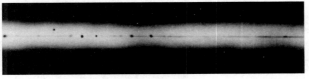

图 4-87　未焊透

有时坡口钝边有部分熔化，影像轮廓就变得不整齐，线宽度和黑度局部发生变化，但只要能判断是处于焊缝根部的线性缺陷，就仍判定为未焊透。

未焊透在底片上处于焊缝根部的投影位置，一般在焊缝中部，因透照偏、焊偏等原因也可能偏向一侧。未焊透呈断续或连续分布，有时可能贯穿整张底片。

⑤ 裂纹。裂纹呈黑细线条，略带曲齿及有波状细纹，两端尖细，端头前方有时有丝状阴影延伸，见图 4-88。有的裂纹呈一条细线，直纹中间稍宽，不大，含有分支，粗细和黑度有时有变化。有的裂纹影像呈较粗的黑线与较细的黑线相互缠绕状。

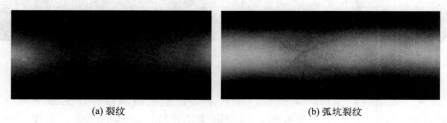

图 4-88 裂纹

⑥ 其他缺陷。外观可以检测的形状缺陷，射线检测前应先对其外观检测，合格后方能进行射线检测。但是由于结构（如带垫板）限制，形状缺陷无法进行外观检测的，射线检测也应包括此类的形状缺陷。因此射线检测标准中对形状缺陷也有相应的规定，图 4-89 就是焊瘤的影像。

图 4-89 焊瘤

4.6 轨道交通装备典型零部件射线检测

4.6.1 摇枕、侧架式转向架概述

列车主要由车体、走行部、车内设备、车钩及缓冲装置、制动装置五个部分组成。转向架作为走行部，是列车最重要的部分。转向架的结构是否合理，会直接影响到列车的平稳性、稳定性和安全性，对于所有的高速列车而言，高速、稳定、安全地运行都离不开转向架技术。转向架具有承载、减振、转向、制动、驱动等作用。

最简单的三大件式转向架是由两个侧架和一个摇枕组成，下装两个轮对，然后添加各种用于减振和缓冲的弹簧，这种结构多用于货车（见图 4-90），有时为了提高速度也加上一些辅助装置来提高车辆的抗蛇形能力。客车转向架多使用构架设计，即转向架是个整体，为了增加速度和舒适性也添加弹簧等辅助设施。

转 8A、转 K2、转 8G、转 8AG、转 K6、转 K4、转 K5、转 K3、转 K7、DZ1、DZ2、DZ3、DZ4、DZ5 等是我国现在还在运用的比较常见的铁路货车车厢转向架。

转 K5 型转向架即为 2E 轴摆动式转向架（见图 4-91），广泛应用于 C70H、C70EH、C76H、C80H、C80AH、C80BH、P70H（未量产）、GN70H、X2H 等 70 吨级铁路货车上，具体结构见图 4-92。

图 4-90 货车

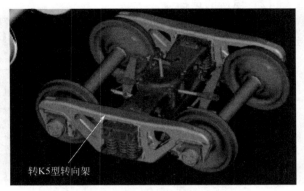

图 4-91 转 K5 型转向架

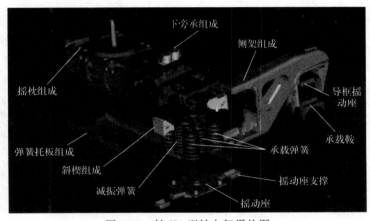

图 4-92 转 K5 型转向架爆炸图

4.6.2 摇枕、侧架的射线检测

(1) 像质计的选择

摇枕、侧架射线检测采用丝型像质计来评定射线底片的透照灵敏度。像质计的型号和规格应符合 GB/T 23901.1 的规定。射线检测时根据透照厚度应达到的像质指数见表 4-15。

表 4-15 应达到的像质指数

要求达到的像质指数	线直径/mm	透照厚度 t/mm
		A 级
W12	0.250	$8 < t \leqslant 10$
W11	0.320	$10 < t \leqslant 16$
W10	0.400	$16 < t \leqslant 25$
W9	0.500	$25 < t \leqslant 32$
W8	0.630	$32 < t \leqslant 40$
W7	0.800	$40 < t \leqslant 60$
W6	1.000	$60 < t \leqslant 80$

注:像质计的代号为 FE (碳素钢)。

(2) 电压的选择

和焊缝检测一样，对摇枕、侧架进行 X 射线照相也应在保证穿透力的情况下，尽可能选择较低的电压。不同部位透照厚度允许采用的最高管电压见图 4-93。

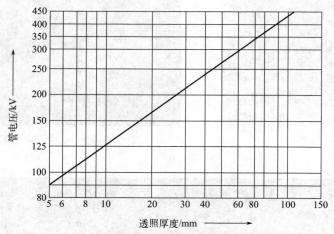

图 4-93　管电压和透照厚度的关系

除了应遵循图 4-93 的规定，不同的检测设备还应该制作相应的曝光曲线，透照电压根据相应的 X 射线探伤设备曝光曲线选择。曝光曲线有它使用的特定条件，若在实际使用中，某些条件发生了变化，如机型、胶片型号或暗室处理条件变化，就应对曝光曲线进行修正；若经验证发现结果相差悬殊，就应按照新条件重新制作曝光曲线。

实际探伤中，一般为达到合适的影像质量，在射线穿透能力足够和各方面条件许可的前提下，应选择尽量低的管电压和尽量长的透照时间进行透照。

(3) 胶片和增感屏

胶片应根据摇枕、侧架的 A 部位、B 部位的影像质量要求选择，应选用符合 GB/T 19348.1 的 C5 及以上等级胶片。

射线检验一般使用金属增感屏，增感屏的选用应符合表 4-16 的规定。

表 4-16　增感屏的材料和厚度

射线源	前屏		后屏	
	材料	厚度/mm	材料	厚度/mm
X 射线 (电压：$U \leqslant 100kV$)	铅	不用或≤0.03	铅	不用或≤0.03
X 射线 ($100kV \leqslant U \leqslant 150kV$)	铅	≤0.10	铅	≤0.15
X 射线 ($150kV \leqslant U \leqslant 250kV$)	铅	0.02～0.15	铅	0.02～0.15
X 射线 ($250kV \leqslant U \leqslant 500kV$)	铅	0.02～0.2	铅	0.02～0.2

增感屏、胶片、暗袋应与被照相部位的尺寸相适应，在射线检测过程中始终保持紧贴。以转 K6 型转向架为例，摇枕、侧架的 A 部位、B 部位推荐选用的增感屏、胶片尺寸见表 4-17。其他型号的摇枕、侧架应按其 A 部位、B 部位配置相应尺寸的增感屏、胶片、暗袋。

表 4-17　推荐转 K6 型转向架摇枕、侧架的 A 部位及 B 部位增感屏、胶片尺寸

名称	部位	片号	尺寸(mm×mm)
摇枕	A	AL1\AL3\AR1\AR3	60×200
		AL2\AR2	150×360
		AM	80×360
	B	BL3\BR3	80×200
		BL1\BL2\BL4\BL5	80×360
		BR1\BR2\BR4\BR5	80×360
侧架	A	CAL1\CAL3\CAR1\CAR3	80×150
		CAL2\CAR2	120×150
	B	B1\B3\B10\B12	60×200
		B2\B11	130×200
		B4\B6\B7\B9	80×360
		B8\B5	130×300

(4) 射线源至铸件表面最小距离的确定

射线源至铸件表面最小距离（f）加上铸件透照厚度（t），为所需的焦距（F），有以下两种方法确定。

第一种是直接查图法：

根据铸钢件被透照厚度从图 4-94 中查出 f/d 值，再按下式求出 f 值。

$$f = (f/d)d$$

式中　f——射线源到铸钢件表面最小距离，mm；

d——射线源有效尺寸，mm。

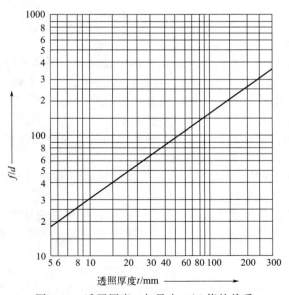

图 4-94　透照厚度 t 与最小 f/d 值的关系

射线源有效尺寸 d 的计算：

a. 正方形焦点：$d=a$（a 是正方形边长）；

b. 矩形焦点：$d=(a+b)/2$（a、b 是矩形边长）；
c. 椭圆形焦点：$d=(a+b)/2$（a、b 是椭圆的长轴、短轴长）；
d. 圆形焦点：$d=D$（D 是圆形焦点的直径）。

第二种是诺模图法：

根据诺模图（图4-95），按已知焦点有效尺寸 d 和被透照铸钢件厚度 t，分 A 和 B 两级，用图解法求出 f 值。

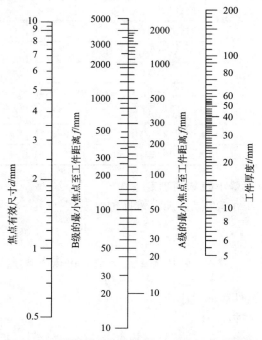

图 4-95 射线源到铸钢件最小距离 f 的诺模图

（5）透照方式选择

透照前应按不同型号转向架的摇枕、侧架的形状尺寸、透照部位画布片图，制定透照工艺。K2、K4、K5、K6型转向架的摇枕、侧架的 A 部位、B 部位划分方式如下。

转 K2 型转向架摇枕 A 部位、B 部位划分区域示意图见图 4-96。

转 K2 型转向架侧架 A 部位、B 部位划分区域示意图见图 4-97。

各部位的射线透照方式优先选择垂直于检测区域的单壁单影透照。不能选择垂直方向透照时，可选择其他方向透照，如射线源偏心式。

透照厚度是指摇枕、侧架的 A 部位、B 部位的图样标称尺寸厚度，当透照厚度不能确定时，可采用超声波测厚仪来测量。

以转 K6 型转向架的摇枕为例，A 部位、B 部位宜采用外透照方式，射线源置于铸件的外部，射线垂直于透照部位，如图 4-98 所示。摇枕 A 部位、B 部位腹部两侧侧面单壁单影如图 4-98(b) 所示。

以转 K6 型转向架侧架为例，透照示意图见图 4-99。其中，A 部位透照布置方法如图 4-99(a)、(b)、(c) 所示，B 部位透照布置方法如图 4-99(d)、(e) 所示。

（6）背散射线的控制

为提高射线照相底片的对比度和清晰度，应采用金属增感屏、铅板、滤波板等有效的方法对背散射线进行屏蔽。

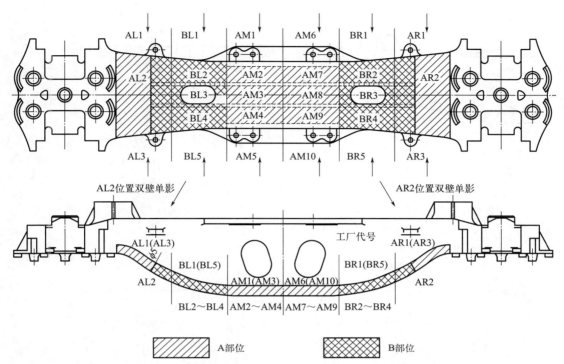

图 4-96　转 K2 型转向架摇枕 A 部位、B 部位划分区域示意图

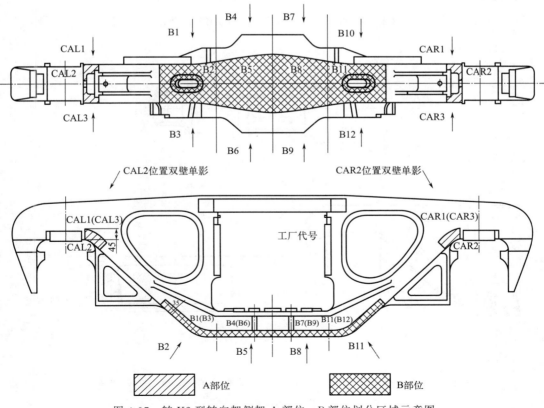

图 4-97　转 K2 型转向架侧架 A 部位、B 部位划分区域示意图

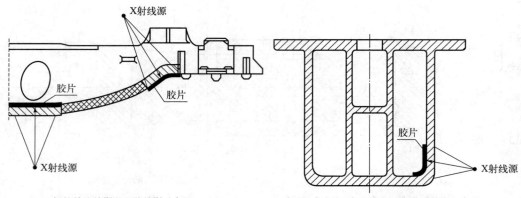

(a) 摇枕单壁单影和双壁单影示意图　　(b) 摇枕A部位、B部位腹部两侧单壁单影示意图

图 4-98　转 K6 型转向架摇枕透照示意图

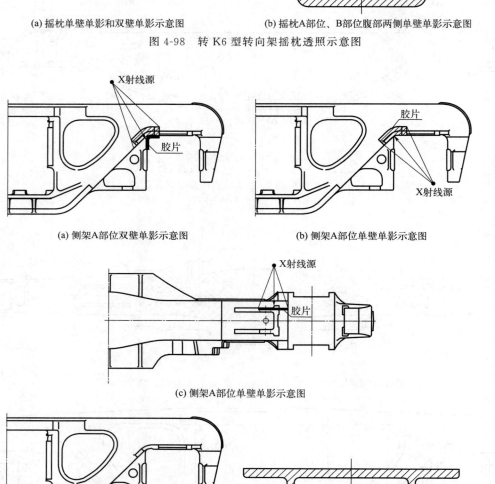

(a) 侧架A部位双壁单影示意图　　(b) 侧架A部位单壁单影示意图

(c) 侧架A部位单壁单影示意图

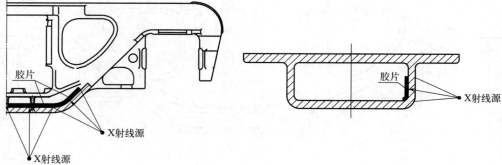

(d) 侧架B部位单壁单影示意图　　(e) 侧架B部位两侧单壁单影示意图

图 4-99　转 K6 型转向架侧架透照示意图

初次制定检测工艺时，检查背散射线防护的方法是：在暗盒背面附"B"形铅字标记，"B"形铅字的高度宜为13mm，厚度宜为1.6mm，按检测工艺规定进行透照和暗室处理。若在底片上出现黑度低于周围背景黑度的"B"字影像，则说明背散射线防护不够，应增大背散射线防护铅板的厚度；若底片上不出现"B"字影像或出现黑度高于周围背景黑度的"B"字影像，则说明背散射线防护符合要求。

（7）射线底片标志

透照底片标志应由生产厂代号、编号、片号、中心标记、搭接标记及像质计组成。标志的数字、拼音字母一般用铅制作。

底片上至少应有中心标记、代号、片号及像质计。中心标记出现的位置是指一个部位的透照区域中心，用"╋"表示。搭接标记是透照部位的相邻有效区域之间放置的标记，用"↑"表示。若布置标志有困难，则采用绘图方法做出部位的透照记录。

像质计的放置：一般置于射线源侧被检部位边缘，且细丝朝外，当不能放在射线源一侧时，才可放在胶片侧，但应通过对比试验，使实际像质指数符合表4.15的要求。

（8）胶片处理和底片影像

胶片暗室处理采用自动或手工冲洗方式，推荐采用自动方式处理。

底片评定区的黑度范围为1.5~4.0，胶片的本底灰雾度不应大于0.30。

底片的有效评定区域内不应有因胶片处理不当或贴片操作不当引起的静电斑点、划痕等妨碍底片评定的伪缺陷。

（9）缺陷分类及缺陷评定

铸钢摇枕、侧架射线照相缺陷分为A、B、CA、CB、CD、E六类。缺陷的评定是按照缺陷的尺寸、形貌，对照TB/T 3211中的缺陷图谱来评定。

对于收缩类缺陷，视缺陷的严重程度和大小，对照缺陷图谱进行评定，不包括周围模糊阴影部分。气孔、夹砂或夹渣在底片上选取缺陷点最多的区域，视缺陷大小、密集程度，对照缺陷图谱进行评定。

存在一个类别的缺陷且级别不同时，则取其中最严重的级别为最终级别评定。存在两类及以上缺陷时，对照缺陷图谱分别评定。当有两个缺陷在底片上重叠时，则应分别评定。

底片上焊补区的气孔、夹渣缺陷，视同铸造缺陷来评定。

（10）质量要求

裂纹一律评为6级。

转K2、转K6、转K4、转K5型转向架摇枕A部位、B部位各片号位置缺陷允许的质量级别如表4-18所示。

表4-18 转K2、转K6、转K4、转K5型转向架摇枕A部位、B部位各片号位置缺陷允许的最高级别评定表

部位	片号位置	各类缺陷级别					
		A—气孔		B—夹砂和夹渣		C—收缩类缺陷	
		Ⅳ	Ⅴ	Ⅳ	Ⅴ	Ⅳ	Ⅴ
A 左侧	AL1	√			√	√	
	AL2	√			√	√	
	AL3	√			√	√	
A 中间	AM1	√		√			√
	AM2	√			√		√
	AM3	√			√		√

续表

部位	片号位置	各类缺陷级别					
		A—气孔		B—夹砂和夹渣		C—收缩类缺陷	
		Ⅳ	Ⅴ	Ⅳ	Ⅴ	Ⅳ	Ⅴ
A 中间	AM4	√			√		√
	AM5	√		√			√
	AM6	√		√			√
	AM7	√			√		√
	AM8	√					√
	AM9	√					√
	AM10	√		√			
A 右侧	AR1	√				√	
	AR2	√				√	
	AR3	√				√	
B 左侧	BL1		√	√			√
	BL2	√			√		
	BL3	√			√	√	
	BL4	√			√		
	BL5		√				
B 右侧	BR1		√		√		
	BR2	√			√		
	BR3	√			√	√	
	BR4	√			√		√
	BR5		√		√		√

注："√"表示允许的合格级别。

转 K2、转 K6 型转向架侧架 A 部位、B 部位各片号位置缺陷允许的质量级别如表 4-19 所示。

表 4-19 转 K2、转 K6 型转向架侧架 A 部位、B 部位各片号位置缺陷允许的最高级别评定表

部位	片号位置	各类缺陷级别					
		A—气孔		B—夹砂和夹渣		C—收缩类缺陷	
		Ⅳ	Ⅴ	Ⅳ	Ⅴ	Ⅳ	Ⅴ
A 左侧	CAL1	√		√		√	
	CAL2	√		√		√	
	CAL3	√		√		√	
A 右侧	CAR1	√		√		√	
	CAR2	√		√		√	
	CAR3	√		√		√	
B 部位	B1	√		√		√	
	B2	√		√		√	
	B3	√		√		√	

续表

部位	片号位置	各类缺陷级别					
		A—气孔		B—夹砂和夹渣		C—收缩类缺陷	
		Ⅳ	Ⅴ	Ⅳ	Ⅴ	Ⅳ	Ⅴ
B部位	B4		√		√		√
	B5		√		√		√
	B6		√		√		√
	B7		√		√		√
	B8		√		√		√
	B9		√		√		√
	B10	√		√		√	
	B11	√		√		√	
	B12	√		√		√	

注："√"表示允许的合格级别。

转 K4、转 K5 型转向架侧架 A 部位、B 部位各片号位置缺陷允许的质量级别如表 4-20 所示。

表 4-20 转 K4、转 K5 型转向架侧架 A 部位、B 部位各片号位置缺陷允许的最高级别评定表

部位	片号位置	各类缺陷级别					
		A—气孔		B—夹砂和夹渣		C—收缩类缺陷	
		Ⅳ	Ⅴ	Ⅳ	Ⅴ	Ⅳ	Ⅴ
A左侧	CAL1	√		√		√	
	CAL2	√		√		√	
	CAL3	√		√		√	
	CAL4	√		√		√	
	CAL5	√		√		√	
	CAL6	√		√		√	
A右侧	CAR1	√		√		√	
	CAR2	√		√		√	
	CAR3	√		√		√	
	CAR4	√		√		√	
	CAR5	√		√		√	
	CAR6	√		√		√	
B部位	B1	√		√			√
	B2	√		√			√
	B3	√		√			√
	B4		√		√		√
	B5		√		√		√

续表

部位	片号位置	各类缺陷级别					
		A—气孔		B—夹砂和夹渣		C—收缩类缺陷	
		Ⅳ	Ⅴ	Ⅳ	Ⅴ	Ⅳ	Ⅴ
B部位	B6		√		√		√
	B7	√		√			√
	B8	√		√			√
	B9	√		√			√

注:"√"表示允许的合格级别。

4.6.3 铸钢件底片影像分析及评定

由以上描述可知,摇枕、侧架是货车转向架的重要组成部分,而它们通常为铸钢件。为了保证其内部的铸造质量,其重要部位经常会要求进行射线检测,下面介绍铸钢件的底片影像分析及评定。

(1) 缺陷的分类

铸件中常见的内部缺陷可分为四类。第一类为孔洞类缺陷,如气孔、针孔、缩孔和疏松;第二类为裂纹类缺陷,如冷裂纹、热裂纹、白点和冷隔;第三类为夹杂类缺陷,如夹杂物、夹渣(渣孔)和砂眼;第四类为成分类缺陷,如偏析。

(2) 缺陷影像的特点

铸件底片在评片时应首先对缺陷定性,最后一般要对照图谱确定缺陷等级,并根据合同、技术要求等确定的验收等级判断是否合格。

① 气孔。气孔是铸件中最常见的缺陷之一,在铸件的废品中,由气孔造成的约占1/3。按照产生原因,气孔可分为三类,即侵入气孔、析出气孔和反应气孔。

侵入气孔是在浇铸的过程中,铸型和型芯由于急剧加热挥发出的气体、黏结剂等有机物燃烧产生的气体和型腔中未逸出的气体等进入到金属熔液中形成的气孔。侵入气孔的体积一般较大,多分布在铸件上表面附近。

析出气孔是溶解在金属熔液中的气体,在冷却和凝固过程中,由于温度降低或外界压力降低,使溶解度降低,而从金属熔液中析出,这些析出的气体由于受到型芯的阻挡,或因金属熔液温度降低,黏度增大而难以上浮排出,便被留在铸件内形成气孔。析出气孔多为分散的小圆孔。

反应气孔是金属熔液与铸型或金属熔液中的某些元素之间发生化学反应产生的气体所造成的气孔。它一般均匀分布,主要集中在铸件皮下。

气孔在射线照片上多呈现为孤立的或成群的圆形、椭圆形或梨形的暗斑,轮廓光滑,影像鲜明,整个影像黑度较大,无明显变化,如图4-100所示。较大的气孔很容易识别。

图4-100 气孔影像

② 夹杂物。夹杂物缺陷是铸件中含有的各种金属异物（成分与基本成分不同）和非金属异物。这些夹杂物多汇集于铸件的某个部位，如铸件的上表面和内浇口附近等，在射线照片上常见的有三种形态。

a. 常见的金属夹杂物主要是混杂在铸件金属熔液中的其他种类金属块，因此它具有一定的几何形状，视其与铸件金属相比密度的大小、原子序数的高低，它的影像可能显现为比背景黑度低或高的黑度，影像常具有片状形象，整个影像的黑度比较一致。

b. 经常出现的夹渣是炉渣和氧化物等，它们化学成分复杂，形状极不规则，大多集中在铸件的某个部位，以比较密集或分散的状态出现。在射线照片上，其影像的基本形貌是在一定范围内分布的小颗粒状黑斑。颗粒的大小不同、形状不同，常呈现为小片状影像，影像的轮廓比较清楚，影像的黑度与背景黑度相差较大。

c. 砂眼是充塞型砂的孔洞，它是由于铸型受到冲刷，型砂脱落并残留在铸件中造成的缺陷。在射线照片上，其整体影像的形状可能极不规则，但影像黑度具有颗粒状特征，特别是在影像边缘区，这种特征更明显。

夹杂物的影像如图 4-101 所示。

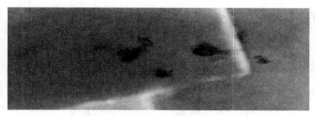

图 4-101　铸造夹杂物影像

③ 缩孔、疏松。铸件在冷却和凝固过程中，合金将发生液态收缩和固态收缩，因铸件设计得不合理、铸型设计所存在的不足和浇铸操作不当等，造成补缩不足，会在铸件中产生孔洞，见图 4-102。集中的大孔洞称为缩孔，在缓慢凝固区出现的很细小的孔洞区称为疏松。

不同种类的疏松具备不同的形貌，如线状、羽毛状或者海绵状等，如图 4-102(a) 所示。另外，当疏松较为严重时，可能形成较大的缩孔。和气孔相比，缩孔出现的位置不同，而且缩孔中圆形较少，多为条形或管状，如图 4-102(b) 所示，且黑度分布往往不是很有规律，不过边缘较为平滑，易于辨认出其属于孔洞类。

 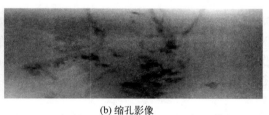

(a) 疏松影像　　　　　　　　　　　　(b) 缩孔影像

图 4-102　疏松和缩孔影像

④ 裂纹。裂纹是最危险的缺陷，它使铸件的强度大大降低。铸件中出现的裂纹可分为两类：热裂纹和冷裂纹。它们的产生原因和特点不同，在射线照片上的影像也具有不同的特征。

简单地说，热裂纹是高温液态金属凝固时，由于收缩应力超过了金属当时的强度极限而产生的裂纹。它主要出现在铸件的拐角处、截面厚度突变处、最后凝固处。在射线照片上，它呈现为不规则的黑线状影像，常是中间宽两端细，末端多为尖状，黑线常为波折状，有时可形成分叉，如图4-103所示。

图 4-103　热裂纹

冷裂纹是铸件在较低温度下，由于铸造应力超过了合金的强度极限而产生的裂纹。它主要出现在铸件收缩中处于拉伸的部位和应力集中的部位。大型或构造复杂的铸件容易产生冷裂纹，冷裂纹也常称为应力裂纹。在射线照片上，它典型的影像是微弯、平滑的直线状黑线，尾端细尖，与热裂纹的影像具有明显的区别。

4.7　射线防护

4.7.1　辐射生物效应

辐射作用于物体时由于电离作用，将造成生物体的细胞、组织、器官等的损伤，引起病理反应，这一现象称为辐射生物效应。辐射对生物体的作用是一个极其复杂的过程，生物体从吸收辐射能量开始到产生生物效应，要经历许多不同性质的变化，一般认为将经历四个阶段的变化：①物理变化阶段，持续约 10~16s，细胞被电离；②物理-化学变化阶段，持续约 6~10s，离子与水分子作用，形成新产物；③化学变化阶段，持续约几秒，反应产物与细胞分子作用，可能破坏分子；④生物变化阶段，持续约几十分钟至几十年。上述变化可能破坏细胞或其功能。

辐射生物效应可表现在受照者本身，也可以表现在受照者的后代。表现在受照者本身的称为躯体效应，表现在受照者后代的称为遗传效应。躯体效应按显现的时间早晚又分为近期效应和远期效应。

4.7.2　辐射损伤

辐射损伤就是电离辐射产生的各种生物效应对人体造成的损伤。它可以来自人体之外的辐射照射，也可以产生于吸入体内的放射性物质的照射。辐射损伤过程主要有急性损伤和慢性损伤两种。

急性损伤是短时间内全身受到大剂量照射产生的辐射损伤。典型的急性损伤表现为三个阶段：

① 前驱期：受照者出现恶心、呕吐等症状，约持续 1~2 天。

② 潜伏期：一切症状消失，可持续数日或数周。

③ 发症期：表现出辐射损伤的各种症状，如呕吐、腹泻、出血、嗜睡及毛发脱落等，严重者导致死亡。

急性损伤主要是中枢神经系统损伤、造血系统损伤和消化系统损伤，也可以造成性腺损伤和皮肤损伤等。由于急性损伤将造成严重后果，所以必须防止短时间大剂量的照射。慢性损伤是长时间受到超过容许水平的低剂量照射，在受照后数年甚至数十年后出现的辐射生物效应。对慢性损伤目前尚难以判定辐射与损伤之间的因果关系。目前认为慢性损伤主要有白血病、癌症（皮肤癌、甲状腺癌、乳腺癌、肺癌、骨癌等）、再生障碍性贫血和白内障等。

除上述两种情况外，实际存在的另一种情况是慢性小剂量照射，即长时期受到低于最大容许剂量的照射。对于这种照射的辐射生物效应，过去是从高剂量和高剂量率的效应外推进行评估的，近年来的资料表明，低剂量和低剂量率引起的辐射生物效应低于从高剂量和高剂量率外推得出的结果。慢性小剂量照射产生的辐射损伤可能会诱发癌症。一种观点认为，机体对辐射损伤具有修复功能，当辐射损伤较轻时，机体的修复作用将使辐射损伤表现不出症状。关于人的慢性小剂量照射情况的直接经验很少，尚需进一步研究。

辐射损伤与许多因素有关，主要是辐射性质、剂量、剂量率、照射方式、照射部位和范围等。

4.7.3 射线防护方法

射线防护主要从时间防护、距离防护和屏蔽防护三方面来控制人员所受到的辐射损伤。

（1）时间防护

显然，减少受到照射的时间可以减少接受的照射剂量。在剂量率一定时，由于剂量＝剂量率×时间，所以，根据剂量率的大小可以确定允许的受照射的时间。

（2）距离防护

将射线源看成点状源，则辐射场中某点的照射剂量与该点距射线源的距离的平方成反比。所以，增大距离可以迅速降低所受到的照射剂量。

（3）屏蔽防护

根据射线的衰减规律，如果在工作人员与射线源之间设立适当的屏蔽物体，则射线穿透屏蔽物体后强度将会大大降低，从而减少产生的照射剂量。

4.7.4 辐射防护监测

辐射防护监测是估算和控制公众及放射性工作人员所受辐射剂量的测量工作，它的内容包括测量纲要制定、测量实施和结果解释。辐射防护监测主要有个人监测、场所监测、环境监测、流出物监测和事故监测。

个人监测主要是测量被辐射照射的个人所接受的剂量，测量工作人员接受的累积剂量，可避免工作人员受到超剂量的照射，同时也有助于分析超剂量的原因，为治疗和研究辐射损伤提供数据。

场所监测和环境监测主要是测定工作场所和周围环境的辐射水平，从而预测工作人员和公众可能受到的辐射程度，也可以为各种辐射防护设计提供准确的数据，并以此采取正确的防护措施，确保工作人员和公众的安全。

流出物监测是对进行放射性工作单位的排放物进行监测，测量排放物中可能含有的放射性核素的活度与总量，避免其对环境造成污染，及对公众和社会造成危害。

事故监测是迅速确定有关数据，以便采取措施。

对工业射线检测工作来说，主要是进行个人剂量监测和场所监测。

剂量监测方法按原理可分为：

① 电离法：利用辐射对气体的电离作用，测定产生的电离电流，从而测出辐射剂量。

② 闪烁法：利用闪烁体在辐射作用时的荧光辐射，通过光电倍增管测定电流，以此测出辐射剂量。

③ 感光法：利用辐射对胶片的感光作用，测定产生的黑度，以此测出辐射剂量。

④ 固体发光法：利用辐射可引起一些物质发生物理变化，如热释光、光致发光等测量

辐射剂量。

⑤ 化学法：利用辐射可引起一些物质发生化学变化，如硫酸亚铁的二价铁离子在辐射作用下转变为三价铁离子等测出辐射剂量。

⑥ 热能法：利用辐射在物质中损失的能量转化为热，使物体温度升高，从而测出辐射剂量。

不同的方法有不同的特点。场所监测常用的剂量计是携带式照射量率计和巡测仪。巡测仪主要有电离室、闪烁计数器、盖革-米勒计数管和正比计数器。在选用剂量计时考虑的主要因素是仪器灵敏度、量程、能量响应、响应时间和抗干扰能力等。

第5章 磁粉检测

磁粉检测（magnetic particle testing，MT）是一种通过对铁磁材料进行磁化所产生的漏磁场，来发现其表面或近表面缺陷的无损检测方法。磁粉检测是无损检测中应用较早的一种方法，1919年国外就已制成检测用实验设备，可用于钢材、型材、管材及锻造毛坯等原材料及成品表面与近表面质量的检验，也可用于重要的轨道交通设备、机械设备、压力容器及石油化工设备的定期检查。在焊接产品的生产过程中，磁粉检测是焊接前检验母材、焊接过程中和焊接以后检验焊缝及其热影响区裂纹等缺陷的主要手段之一。

5.1 磁粉检测的基本知识

5.1.1 磁粉检测的基本原理

铁磁性材料制成的工件被磁化后，其内部就有磁力线通过。当磁力线从一种介质进入另一种介质时，若两种介质的磁导率不同，则界面上的磁力线方向会发生突变。如果工件本身没有缺陷，磁力线在其内部是均匀连续分布的，见图5-1(a)。但是，若工件内部存在缺陷，如裂纹、夹杂、气孔等非铁磁性物质，由于其磁导率与工件不同，必将引起磁力线方向改变，产生一定程度的弯曲，见图5-1(b)。若缺陷位于或接近工件表面，则磁力线不但在零件内部产生弯曲，而且会穿过工件表面漏到空气中形成一个微小的局部磁场，见图5-1(c)。这种由于介质磁导率的变化而使磁力线泄漏到缺陷附近空气中所形成的磁场，称作漏磁场。

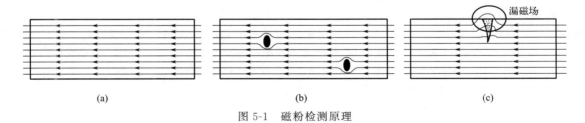

图 5-1 磁粉检测原理

缺陷处产生漏磁场是磁粉检测的基础，但是漏磁场是看不见的，还必须有显示或检测漏磁场的手段。磁粉检测就是通过漏磁场引起磁粉聚集形成的磁痕显示进行检测的。漏磁场的宽度要比缺陷的实际宽度大数倍至数十倍，所以磁痕对缺陷宽度具有放大作用，能将目视不可见的缺陷变成目视可见的磁痕使之容易被观察出来，这就是磁粉检测的原理。

在进行磁粉检测时，了解影响漏磁场的各种因素，对分析影响检出灵敏度的各种原因具有实际意义。其主要的影响因素有以下几种。

① 外加磁场强度的影响。一般来说，缺陷漏磁场密度会随工件磁感应强度的增加而线

性增加，当磁感应强度达到饱和值的 80% 左右时，漏磁场密度会急剧上升，其磁感应强度会迅速增加。

② 材料磁导率的影响。材料磁导率越高，意味着材料越容易被磁化，那么在一定外加磁场作用下，磁导率越高的材料产生的磁场强度越高。其作用相当于增加了被检测件的外加磁场强度。

③ 缺陷磁导率的影响。若材料中的缺陷内部含有铁磁性材料（如镍、铁）的成分，即使缺陷在理想的方向和位置上，也会在磁场的作用下被磁化，缺陷也不易形成漏磁场。缺陷的磁导率与材料的磁导率对漏磁场的影响正好相反，即缺陷的磁导率越高，产生的漏磁场强度越低。

④ 缺陷走向。当缺陷长度方向和磁力线方向垂直时，磁力线弯曲严重，形成的漏磁场强度最大。随着缺陷长度方向与磁力线夹角减小，漏磁场强度减小，当缺陷长度方向平行于磁力线方向时，漏磁场强度最小，甚至在材料表面不能形成漏磁场。

⑤ 缺陷位置和形状的影响。同样的缺陷，位于表面时漏磁场的磁力线较多，位于表面越深的地方，泄漏于空间的磁力线越少。缺陷在垂直于磁力线方向上的尺寸愈大，阻挡的磁力线愈多，愈容易形成漏磁场且其强度愈大。缺陷的形状为圆形（如气孔等）时，漏磁场强度小，当缺陷为线形时，容易形成较大的漏磁场。

5.1.2 磁粉检测的适用范围及优缺点

（1）磁粉检测的适用范围

① 适用于检测铁磁性材料（如 Q345R，Q245R，30CrMnSiA）工件表面和近表面尺寸很小、间隙极窄和目视难以看出的缺陷。

② 适用于检测铸造、锻造和焊接工件表面或近表面的裂纹、白点、发纹、折叠、疏松、冷隔、气孔和夹杂等缺陷，但不适用于检测工件表面浅而宽的划伤、针孔状缺陷、埋藏较深的内部缺陷和延伸方向与磁化方向夹角小于 20°的缺陷。

③ 适用于检测未加工的原材料（如钢坯）和加工的半成品、成品件及使用过的工件，还可检测管材、棒材、板材、型材和锻钢件、铸钢件及焊接件。

（2）磁粉检测的优缺点

磁粉检测的优点主要有：

① 可检测出铁磁性材料表面和近表面（开口和不开口）的缺陷，能直观地显示出缺陷的位置、形状、大小和严重程度。

② 具有很高的检测灵敏度，可检测出微米级宽度的缺陷；缺陷检测重复性好。

③ 单个工件检测速度快，工艺简单，成本低廉，污染少。

④ 采用合适的磁化方法，几乎可以检测到工件表面的各个部位，基本上不受工件大小和几何形状的限制，此外还可检测受腐蚀的表面。

磁粉检测的局限性主要包括：

① 只适用于铁磁性材料，不能检测奥氏体不锈钢材料和奥氏体不锈钢焊缝及其他非铁磁性材料，只能检测表面和近表面缺陷。

② 检测时的灵敏度和磁化方向有关系，若缺陷方向与磁化方向近似平行或缺陷与工件表面夹角小于 20°，缺陷就难以被发现。另外，表面浅而宽的划伤、锻造皱褶也不易被发现。

③ 受几何形状影响，易产生非相关显示。

④ 部分磁化后具有较大剩磁的工件需进行退磁处理。

5.1.3 磁粉检测的检测方法

在磁粉检测中，常根据磁化工件与施加磁粉的相对时机，将检测方法分为连续法和剩磁法两种。

(1) 连续法

所谓连续法，即是在被检工件有外加磁场作用的同时向被检工件表面施加磁粉或磁悬液的检测方法，如图 5-2 所示。

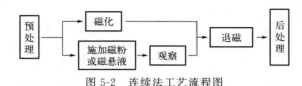

图 5-2 连续法工艺流程图

连续法检测几乎适用于所有的钢铁零件。矫顽力小的工件如低碳钢、所有退火状态或经过热变形的钢材，以及复合磁化只能采用连续法检测，一些结构复杂的大型构件也常采用连续法检测。在连续法检测中，磁痕的观察既可在外加磁场作用时进行，也可在撤去外加磁场以后进行。连续法既可用于干法检测，也可用于湿法检测。连续法检测的特点是灵敏度高，但检测效率低下，而且易出现干扰缺陷评定的杂乱显示。

(2) 剩磁法

所谓剩磁法，即先对被检工件进行磁化，待撤出外加磁场后再利用被检工件上的剩磁进行磁粉检测的方法。剩磁法的工艺流程如图 5-3 所示。

图 5-3 剩磁法工艺流程图

经过热处理的高碳钢或合金钢中，凡剩余磁感应强度在 0.8T 以上、矫顽力在 800A/m 以上的材料均可用剩磁法检测。剩磁法检测一般不使用干粉。剩磁法检测的特点是效率高，其磁痕易于辨别，并有足够的检测灵敏度。

5.2 磁粉检测的器材和设备

5.2.1 磁粉（磁悬液）

磁粉或磁悬液是磁粉检测的必备材料，其性能的高低对检测的灵敏度影响很大。磁粉按适用的磁痕观察方式，可分为荧光磁粉和非荧光磁粉，按适用的施加方式分为湿法用磁粉和干法用磁粉。

荧光磁粉是在磁性氧化铁粉或工业纯铁粉等颗粒的外面用环氧树脂黏附一层荧光染料或将荧光染料化学处理在铁粉表面制作而成的，检测时需在紫外光灯（又称黑光灯）下观察磁痕。由于荧光磁粉在紫外光照射下，能发出人眼接受最敏感的色泽鲜明的黄绿色荧光，与工件表面颜色对比度高，因而适用于任何颜色的受检表面，容易观察，检测灵敏度高，检测速度快。但荧光磁粉多用于湿法检测。

非荧光磁粉是一种在可见光（白光）下观察磁痕的磁粉，常用的有黑磁粉、红褐色磁粉、蓝磁粉和白磁粉，也称为彩色磁粉。前两种磁粉干法、湿法均适用。以工业纯铁粉等为原料，用黏合剂包覆制成的白磁粉或经氧化处理的蓝磁粉等非荧光彩色磁粉只适用于干法。

磁悬液是磁粉和载液按一定比例混合而成的悬浮液体，其要求及典型配方如表 5-1 所示。

表 5-1　载液的性能要求、组成及优缺点

载液	性能要求	组成	优缺点
油基载液	高闪点、低黏度、无荧光、无臭味和无毒性的水白色油基载液	50%变压器油＋50%煤油	无腐蚀、易燃
水载液	具有合适的润湿性、分散性、防腐性、消泡性和稳定性	在水中添加润湿剂、防锈剂和消泡剂	易腐蚀、不易燃、黏度低，工作前需水段试验

每升磁悬液中所含磁粉的重量（g/L）或每 100mL 磁悬液沉淀出磁粉的体积（mL/100mL）称为磁悬液浓度。前者称为磁悬液配制浓度，后者称为磁悬液沉淀浓度。磁悬液浓度太低，影响漏磁场对磁粉的吸附量，磁痕不清晰，会使缺陷漏检；浓度太高，会在工件表面滞留很多磁粉，形成过度背景，甚至会掩盖相关显示。所以，应对磁悬液浓度作出严格限制。磁悬液的配制方法将结合具体工作任务详细介绍。

5.2.2　磁粉检测设备

磁粉检测设备按其重量和可移动性分为固定式、移动式和携带式三种；按设备的组合方式分为一体型和分立型两种。一体型磁粉探伤机是将磁化电源、螺管线圈、工件夹持装置、磁悬液喷洒装置、照明装置和退磁装置等部分组成一体的探伤机；分立型磁粉探伤机是将各部分按功能制成单独分立的装置，在检测时组合成系统使用的探伤机。

固定式探伤机属于一体型的，使用操作方便。移动式和携带式探伤机属于分立型的，便于移动和现场组合使用。具体的分类方式如表 5-2 所示。

表 5-2　磁粉检测仪器分类

设备分类	电流范围/A	适用的磁化方法	组成部分
固定式	1000～10000	通电法、中心导体法、感应电流法、线圈法、磁轭法整体或复合磁化	磁化电源、螺管线圈、工件夹持装置、指示装置、磁粉或磁悬液喷洒装置、照明装置和退磁装置等
移动式	500～8000	触头法、夹钳通电法、线圈法	主体是磁化电源,有触头、夹钳、开合和闭合式磁化线圈及软电缆等
便携式	500～2000	磁轭法、交叉磁轭法	由磁化主机、输出输入电缆线及探头组成

5.2.3　标准试片

磁粉检测标准试片是磁粉检测必备器材之一，主要是用来定期检查系统的灵敏度（如检验磁粉检测设备、磁粉和磁悬液的综合性能）和考察检测工艺规程和操作方法是否恰当的。除此之外，还可用来了解被检工件表面大致的有效磁场强度和方向以及有效检测区。对于几何形状复杂的工件磁化，可以大致确定较理想的磁化规范。

我国使用的标准试片有 A_1 型、C 型、D 型和 M_1 型四种，其规格和图形如表 5-3 所示。试片为 DT4A 超高纯低碳纯铁经轧制而成的薄片，加工试片的材料包括退火处理和未经退火处理两种，试片分类符号用大写英文字母表示，经退火处理的用下标 1 或空缺表示，未经

退火处理的用下标 2 表示。

表 5-3　磁粉检测标准试片的类型与规格

类型	规格（陷槽深/试片厚度）/μm		图形和尺寸/mm
A_1 型	7/50		
	15/50		
	30/50		
	15/100		
	30/100		
	60/100		
C 型	8/50		
	15/50		
D 型	7/50		
	15/50		
M_1 型	ϕ12mm	7/50	
	ϕ9mm	15/50	
	ϕ6mm	30/50	

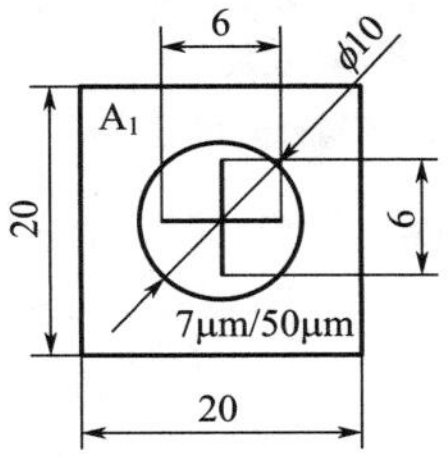

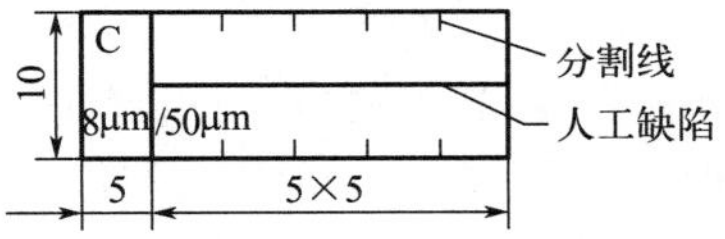

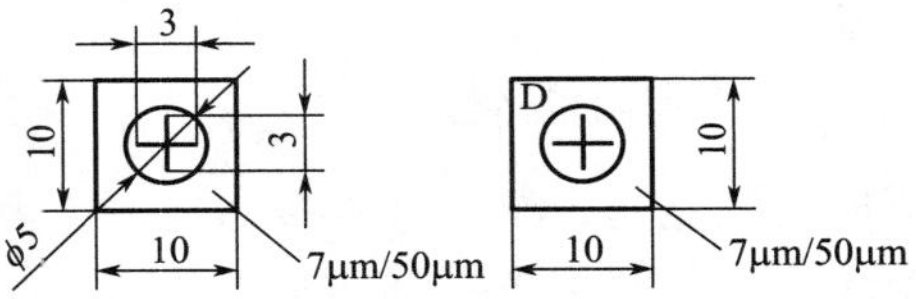

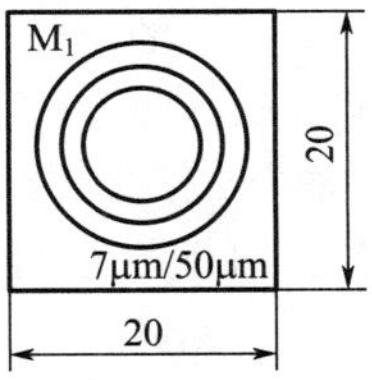

注：C 型标准试片可剪成 5 个小试片分别使用。

M_1 型属于多功能试片，是将三个槽深各异而间隔相等的人工刻槽，以同心圆样式加工在同一试片上，其三种槽深分别与 A_1 型试片的三种型号的槽深相同。这种试片可一片多用，观察磁痕显示差异时更直观，能更准确地推断出被检工件表面的磁化状态。

磁粉检测时一般应选用 A_1-30/100 型标准试片。当检测焊缝坡口等狭小部位，由于尺寸关系，A_1 型标准试片使用不便时，一般可选用 C-15/50 型标准试片。用户需要时可用 D 型标准试片。为了更准确地推断出被检工件表面的磁化状态，当用户需要或技术文件有规定时，可选用 M_1 型标准试片。

5.2.4　标准试块

标准试块除前述作用外，还可用于检测各种磁化电流及磁化电流大小不同时产生的磁场在标准试块上大致的渗入深度。试块不适用于确定被检工件的磁化规范，也不能用于考察被检工件表面的磁场方向和有效磁化区。

我国目前使用的标准试块包括 B 型标准试块（直流试块）、E 型标准试块（交流试块）和磁场指示器三种，如图 5-4 所示。

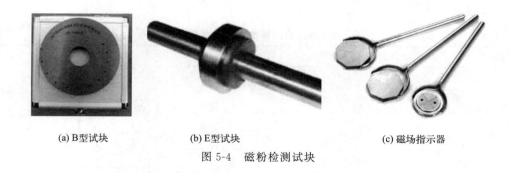

(a) B型试块　　　　　(b) E型试块　　　　　(c) 磁场指示器

图 5-4　磁粉检测试块

5.3　工件的磁化方法

磁粉检测必须在被检工件内或在其周围建立一个磁场，磁场建立的过程就是工件的磁化过程。根据磁化方向的不同，磁化方法一般分为周向磁化、纵向磁化和复合磁化。磁化工件的顺序，一般是先进行周向磁化，后进行纵向磁化。如果一个工件上横截面尺寸不等，周向磁化时，电流值应分别计算，先磁化小直径，后磁化大直径。

5.3.1　周向磁化

周向磁化是指给工件直接通电，或者使电流通过贯穿空心工件孔的导体，在工件中建立一个环绕工件并与工件轴向垂直的周向闭合磁场。通常，周向磁化可用下列方法获得。

（1）轴向通电法

轴向通电法是将工件夹入探伤机的两磁化夹头之间，直接通入磁化电流，在工件表面和内部产生一个闭合的周向磁场，用于检查与磁场方向垂直、与电流方向平行的纵向缺陷，如图 5-5 所示，是最常用的磁化方法之一。

轴向通电法适用于中小型杆状和棒状工件的磁粉检测。此法在电流较大、工件两端夹持不平或有氧化皮时，易产生电火花，烧伤工件，为此检测时应注意工件表面处理和正确夹持工件。

（2）中心导体法

中心导体法是将导体穿入空心工件孔中并使电流通过导体，以在被检工件表面和内部产生周向磁场，如图 5-6 所示。

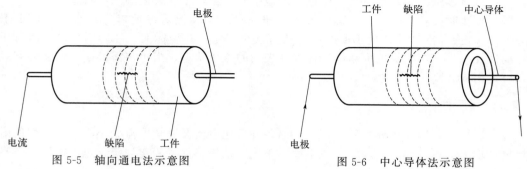

图 5-5　轴向通电法示意图　　　　图 5-6　中心导体法示意图

空心件用直接通电法不能检出内表面的缺陷，因为内表面磁场强度为零。中心导体法可以同时发现内、外表面轴向缺陷和两端面的径向缺陷，空心工件内表面磁场强度比外表面大，所以检测内表面缺陷的灵敏度比外表面高。用中心导体法进行外表面检测时，一般不用交流电而尽量使用直流电和整流电。

中心导体法适用于空心轴、轴套、齿轮等空心件的磁粉检测。当使用中心导体法时，若电流不能满足检测要求，则应采用偏置芯棒法进行检测，芯棒应靠近内壁放置，如图5-7所示。每次有效检测区长度约为4倍芯棒直径d，且应有一定的重叠区，重叠区长度应不小于有效检测区的10%。

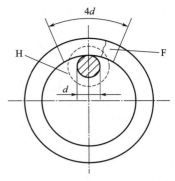

图5-7　偏置芯棒法示意图
H—磁场；F—缺陷

(3) 触头法

触头法是用两支杆触头接触工件表面，通电磁化，在平板工件上，磁化能产生一个畸变的周向磁场，用于发现与两触头连线平行的缺陷，如图5-8所示。

触头法适用于大型平板对接焊缝，T形角焊缝以及大型铸件、锻件和板材的局部磁粉检测。采用触头法时，电极间距应控制在75~200mm，磁场的有效宽度为触头中心线两侧1/4极距，通电时间不应太长，电极与工件之间应保持良好的接触，以免烧伤工件。两次磁化区域应有不小于10%的磁化重叠区。

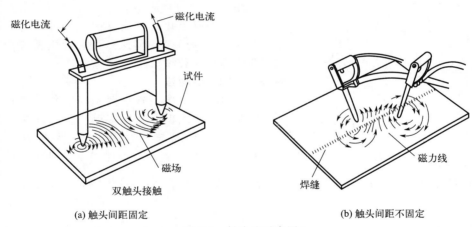

图5-8　触头法示意图

此外，周向磁化还包括平行电缆法、偏置芯棒法、感应电流法和环形件绕电缆法等，可参见相关国家标准。

以车轮磁化为例，磁化方式大体有两类。

① 可以在车轮周围布置径向均布线圈与侧面环形线圈，径向线圈产生圆周方向磁场，侧面线圈产生径向、轴向磁场，协同实现车轮外表面复合磁化。采用该方式时，内孔部位使用导磁穿棒，与径向均布线圈共同实现内孔复合磁化，如图5-9(a)所示。

② 可以将车轮上侧放入扁平线圈，磁化的同时匀速转动车轮，车轮转动一圈即可实现两侧面复合磁化与踏面周向磁化，如图5-9(b)所示。踏面与内孔轴向磁化通过非接触磁轭进行，内孔周向磁化通过中心磁化针实现。

5.3.2　纵向磁化

所谓纵向磁化，是指在被检工件中建立起沿其轴向分布的纵向磁场的磁化方法。检测与工件轴线方向垂直或夹角大于等于45°的缺陷时，应使用纵向磁化方法。常用的纵向磁化方法为线圈法和磁轭法。

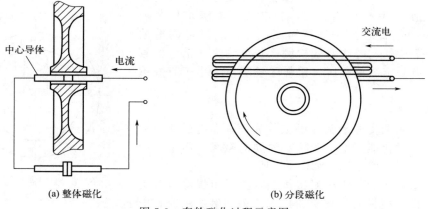

(a) 整体磁化　　　　　　　　　(b) 分段磁化

图 5-9　车轮磁化过程示意图

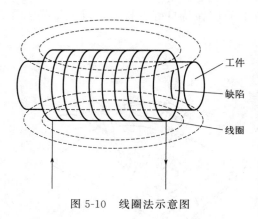

图 5-10　线圈法示意图

(1) 线圈法

线圈法是将工件放在通电线圈（螺管线圈法，见图5-10）中，或用软电缆缠绕（绕电缆法）在工件上通电磁化，形成纵向磁场。前者应用于管材和棒材的横向缺陷探测；后者主要应用于环焊缝中的纵向裂纹探测。

(2) 磁轭法

磁轭法是指用磁轭两磁极夹住工件进行整体磁化，或用磁轭两磁极接触工件表面进行局部磁化，用于发现与两磁极连线垂直的缺陷，如图5-11所示。磁轭一般做成带活动关节的，磁极间距 L 应控制在 75～200mm，检测的有效区域为 $\frac{L}{2} \times (L-50\text{mm})$，即图5-11中的阴影部分所示。

为保证磁化质量，每次磁化区域的重叠区长度不少于15mm。磁轭法磁化时，可通过标准试片显示情况与提升力测试情况确定检测灵敏度，部分应用场合还需要验证磁场强度。

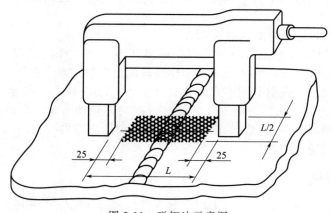

图 5-11　磁轭法示意图

(3) 复合磁化法

复合磁化法包括交叉磁轭法（图 5-12）和交叉线圈法等多种方法。交叉磁轭法磁粉探伤仪有四个磁极，如图 5-12(b) 所示，可在工件表面产生旋转磁场。这种多向磁化技术可以检测出非常小的缺陷，因为在磁化循环的每个周期磁场方向都与缺陷延伸方向相垂直，由此也被形象地称为"旋转磁场法"。采用此种方法，一次磁化可检出工件表面任何方向的缺陷，检测效率高，适用于平板对接焊缝的磁粉检测。

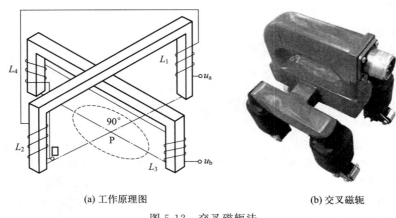

(a) 工作原理图　　　　(b) 交叉磁轭

图 5-12　交叉磁轭法

5.4　工件的磁化规范

对工件磁化，选择磁化电流值或磁场强度值所遵循的规则称为磁化规范。磁场强度过大易产生过度背景，会掩盖相关显示；磁场强度过小，磁痕显示不清晰，难以发现缺陷。因而，磁粉检测应使用既能检测出所有的有害缺陷，又能区分磁痕显示的最小磁场强度进行检验。磁化电流是指为了在工件上产生磁场而采用的电流，其类型有交流电、整流电、直流电和脉冲电流等。其中常见的磁化电流是交流电（AC）、单相半波整流电（HW）、三相全波整流电（FWDC）三种。

5.4.1　轴向通电法和中心导体法的磁化规范

轴向通电法和中心导体法磁化规范见表 5-4。中心导体法可用于检测工件内、外表面与电流平行的纵向缺陷和端面的径向缺陷。外表面检测时应尽量使用直流电或整流电。

表 5-4　轴向通电法和中心导体法磁化规范

检测方法	磁化电流值计算公式（电流单位为 A）	
	交流电磁化电流值	直流电、整流电磁化电流值
连续法	$I=(8\sim15)D$	$I=(12\sim32)D$
剩磁法	$I=(25\sim45)D$	$I=(25\sim45)D$

注：D 为工件横截面上最大尺寸值，单位为 mm。

5.4.2　触头法的磁化规范

连续法检验的触头法磁化规范电流值见表 5-5。磁化电流应根据标准试片实测结果校正。

表 5-5　触头法磁化电流值

工件厚度 T/mm	电流值 I(电流单位为 A)
T<19	3.5～4.5 倍触头间距值
T≥19	4～5 倍触头间距值

注：触头间距的单位为 mm。

5.4.3　磁轭法的磁化规范

(1) 磁轭法的提升力

磁轭法的提升力是指通电磁轭在最大磁极间距时（有的指磁极间距为 200mm 时），对铁磁性材料（或制件）的吸引力是多少。磁轭的提升力大小反映了磁轭对磁化规范的要求，即当磁轭磁感应强度的峰值达到一定大小所对应的磁轭吸引力。提到提升力大小时必须注明磁极间距，因为磁极间距变化时，磁感应强度峰值也随之改变。

(2) 磁轭法的检测灵敏度

磁轭法磁化时，两磁极间距 L 一般应控制在 75～200mm。当使用磁轭最大间距时，交流电磁轭至少应有 45N 的提升力；直流电磁轭至少应有 177N 的提升力；交叉磁轭至少应有 118N 的提升力（磁极与试件表面间隙为 0.5mm）。采用便携式磁轭磁化工件时，其磁化规范应根据标准试片上的磁痕显示来验证；采用固定式磁轭磁化工件时，应根据标准试片上的磁痕显示来校验灵敏度是否满足要求。

5.5　磁痕的观察、分析与记录

无论磁粉检测的具体方法和参数如何，一般均包括预处理、磁化、施加磁粉、观察与记录、后处理等基本步骤，这里仅介绍磁痕的观察、分析与记录。

磁痕观察和评定一般应在磁痕形成后立即进行。当辨认细小磁痕时可用 2～10 倍的放大镜进行观察。观察非荧光磁粉的磁痕时，要求被检表面上的白光照度达到 1500lx 以上；观察荧光磁粉的磁痕时，要求被检表面上的紫外光（黑光）照度不低于 970lx，且白光照度不大于 10lx。

磁痕显示按照形成的原因，主要分为三类：磁粉检测时由于缺陷（裂纹、未熔合、气孔和夹渣等）产生的漏磁场吸附磁粉形成的磁痕显示称为相关显示或缺陷显示；由于磁路截面突变以及材料磁导率差异等产生的漏磁场吸附磁粉形成的磁痕显示称为非相关显示；不是由漏磁场吸附磁粉形成的磁痕显示称为虚假显示。

要正确认识磁痕，不仅要求分析者对被检工件的材质和加工工艺有全面的了解，同时还要求分析者有较丰富的实践经验，因而，要注意收集典型缺陷的磁痕，在实际工作中积累经验。焊接件缺陷磁痕特征见表 5-6。

表 5-6　焊接件缺陷磁痕特征

缺陷名称	磁痕特征
焊接裂纹	热裂纹:浅而细小,磁痕清晰而不浓密 冷裂纹:多数是纵向的,一般深而粗大,磁痕浓密、清晰磁粉检测一般应安排在焊后 24h 或 36h 后进行
未焊透	磁痕松散、较宽
气孔	磁痕呈圆形或椭圆形,宽而模糊,显示不太清晰;磁痕的浓密程度与气孔的深度有关
夹渣	磁痕宽而不浓密

对磁粉检测中发现的相关磁痕有时要永久性记录保存。缺陷磁痕显示记录的内容包括磁痕显示的位置、形状、尺寸和数量等。常用的记录磁痕的方法有照相（用相片记录缺陷磁痕）、贴印（利用透明胶纸粘贴复印缺陷磁痕显示）、录像、可剥性涂层（缺陷磁痕显示处喷上一层快干可剥性涂层，待干后揭下保存）、临摹（在记录缺陷的表格上临摹缺陷显示）等。典型的检测工艺卡片见表 5-7。

表 5-7 磁粉检测工艺卡片（示例）

产品(工件)名称		材料牌号		规格尺寸	
热处理状态		检测部位		被检表面要求	
检测时机		检测设备		标准试片（块）	
检测方法		光线及检测环境		缺陷磁痕记录方式	
磁化方法		电流种类 磁化规范		磁粉、载液及磁悬液浓度	
磁悬液 施加方法		检测方法 检测标准		质量验收等级	
磁粉检测 质量评级要求					
磁化方法示意草图：			磁化方法附加说明：		
编制	年 月 日	审核	年 月 日	审批	年 月 日

第6章
渗透检测

渗透检测（penetrant testing，PT）是一种以毛细现象原理为基础的检查表面开口缺陷的无损检测方法。荧光渗透检测和着色渗透检测是渗透检测的两种基本方法。着色渗透检测在锅炉、压力容器、压力管道等承压设备，以及电梯、起重机械、客运索道、大型游乐设施等机电设备的生产制造领域应用广泛，而荧光渗透检测在航空、航天、兵器、舰艇、原子能等国防工业领域中应用特别广泛。

6.1 渗透检测的一般知识

6.1.1 渗透检测的基本原理

（1）渗透检测的理化基础

① 润湿。润湿作用是固体表面的气体被液体取代，或固体表面的液体被另一种液体取代的现象。水或水溶液是特别常见的取代气体的液体，所以，一般就把能增强水或水溶液取代固体表面空气的能力的物质称为润湿剂。渗透检测中，渗透剂对被检工件表面的良好润湿是进行渗透检测的先决条件，只有当渗透剂充分润湿被检工件表面时，才能渗入狭窄的缝隙；此外，还要求渗透剂能润湿显像剂，以便显示缺陷。

② 毛细现象。润湿液体在毛细管中呈凹面并且上升，不润湿液体在毛细管中呈凸面并且下降的现象，称为毛细现象。能够发生毛细现象的管子叫作毛细管。在渗透检测中，渗透剂对受检工件表面开口缺陷的渗透，实质是渗透剂的毛细现象，而显像剂的显像过程同渗透剂的渗透过程一样，是毛细现象，如图6-1所示。

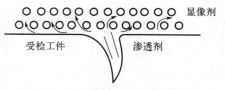

图6-1 渗透检测显像过程示意图

③ 吸附。有色物质自相内部富集于界面的现象即为吸附现象。显像过程中，显像剂粉末吸附从缺陷中回渗的渗透剂，从而形成缺陷显示。渗透剂在渗透过程中，受检工件及其中的缺陷（固体）与渗透剂接触时，也有吸附现象发生。渗透过程中，提高缺陷表面对渗透剂的吸附，有利于提高检测灵敏度。

④ 溶解。一种物质（溶质）均匀地分散于另一物质（溶剂）中的过程叫作溶解，所组成的均匀物质叫作溶液（此处指液态溶液，也有固态溶液，如合金）。通常把分子较多的一种物质或液态物质称为溶剂，分子较少的一种物质或固态物质称为溶质。大部分渗透剂是溶液，其中着色（荧光）染料是溶质，煤油、苯、二甲苯等是溶剂。溶剂的溶解作用与下列因素有关：化学结构相似的物质彼此容易相互溶解；极性相似的物质彼此容易相互溶解。

⑤ 乳化。由于表面活性剂的作用，本来不能混合到一块的两种液体能够混合在一起的现象称为乳化现象。具有乳化作用的表面活性剂称为乳化剂。

(2) 渗透检测的基本原理

工件表面被施涂含有荧光染料或着色染料的渗透剂后,在毛细现象作用下,经过一定时间,渗透剂可以渗入表面开口缺陷中;去除工件表面多余的渗透剂,经干燥后,再在工件表面施涂吸附介质——显像剂;同样在毛细现象作用下,显像剂将吸附缺陷中的渗透剂,即渗透剂回渗到显像剂中;在一定的光源(紫外光或白光)作用下,缺陷处的渗透剂痕迹被显示(黄绿色荧光或鲜艳红色),从而探测出缺陷的形貌及分布状态。渗透检测操作的基本步骤见图 6-2。

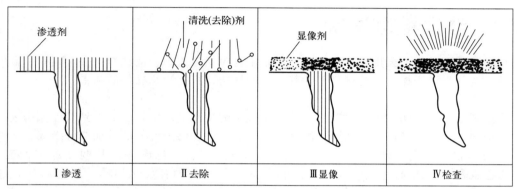

图 6-2 渗透检测的基本步骤

6.1.2 渗透检测的优缺点

与其他无损检测方法相比,渗透检测的主要优点有:

① 不受试件形状、大小、化学成分、组织结构的限制,也不受缺陷方位的限制;可以检查磁性材料,也可以检查非磁性材料;可以检查黑色金属,也可以检查有色金属,还可以检查非金属;可以检查焊接件或铸件,也可以检查压延件和锻件,还可以检查机加工件。

② 检测设备及工艺过程简单,检测费用低。

③ 对人员的要求不高。

④ 缺陷显示直观。

⑤ 检测灵敏度较高。

⑥ 一次操作可同时检出所有的表面开口缺陷,检测效率较高。

渗透检测的局限性在于:

① 只能检测表面开口缺陷。

② 对于多孔性材料的检测困难。

③ 检测结果受检测人员的影响较大。

根据 TB/T 1558.5—2018《机车车辆焊缝无损检测 第 5 部分:渗透检测》之规定,根据不同类型的渗透剂、不同的表面多余渗透剂的去除方法与不同的显像方式,可以组合成多种不同的渗透检测方法,如表 6-1 所示。例如,ⅡCd 表示溶剂去除型着色渗透检测。

表 6-1 渗透检测方法分类

渗透剂		渗透剂的去除剂		显像剂	
代号	名称	代号	名称	代号	名称
Ⅰ	荧光渗透剂	A	水	a	干粉
Ⅱ	着色渗透剂	B	亲油型乳化剂	b	水溶性

续表

渗透剂		渗透剂的去除剂		显像剂	
代号	名称	代号	名称	代号	名称
Ⅲ	两用(荧光着色)渗透剂	C	溶剂(液体)	c	水悬浮
		D	亲水型乳化剂	d	溶剂型(非水湿式)
		E	水和溶剂	e	特殊应用的水或溶剂型(如可剥离显像剂)

6.2 渗透检测试剂

在渗透检测过程中要用到许多化学试剂，主要包括渗透剂、清洗剂（去除剂）和显像剂三大类，统称为渗透探伤（检测）剂。其成分和性能将直接影响探伤的结果。

(1) 渗透剂

渗透剂是渗透探伤剂中最关键的一种，不仅影响检测灵敏度，还关系到其他探伤剂的选用。渗透剂一般由染料或荧光物质、溶剂、乳化剂及改变渗透性能的附加成分组成。

根据其显像方式不同，渗透剂又分为荧光渗透剂、着色渗透剂和两用渗透剂三类，有时也会简称为荧光剂、着色剂和荧光着色剂。荧光剂含有荧光物质，着色剂含有红色染料，其余成分大致相同，对性能的要求也基本相同，主要有渗透力强、色泽鲜明、清洗性能好、润湿性能好等。此外，渗透剂还要求挥发性小，毒性低，化学性质稳定，腐蚀性小。

(2) 清洗剂（去除剂）

能去除表面多余渗透液的液体称为清洗剂，又称去除剂。不同类型的渗透剂，所用的清洗剂是不同的。水洗型渗透液所用的清洗剂是具有一定压力的温水，后乳化型渗透剂经乳化处理后，也用水进行清洗。溶剂去除型渗透剂的清洗剂是有机溶剂，最常用的清洗有机溶剂是丙酮、煤油和乙醇等，有时也加入其他溶剂混合而成。对清洗剂的基本要求是：

① 必须对渗透剂中的染料有较大的溶解度。
② 对工件表面的润湿作用强，清洗速度快。
③ 有良好的互溶性，具有一定的挥发性，低毒性。
④ 化学稳定性好，应不与染料或荧光剂发生反应，也不会熄灭荧光。

(3) 显像剂

显像剂是把渗入到缺陷中的渗透剂吸附到工件表面形成可见痕迹的物质，通常由吸附剂、溶剂、限制剂和稀释剂等组成。显像剂要求能与渗透剂形成高度对比，且吸湿能力强，吸湿速度快，同时显像剂要求性能稳定、无腐蚀等。

显像剂有三种：干式显像剂、湿式显像剂和快干式显像剂。干式显像剂只含有吸附剂，用于荧光探伤。湿式显像剂是在吸附剂的水溶液中加入一定的限制剂。快干式显像剂是在吸附剂的有机溶剂中加入稀释剂、限制剂等多种成分混合而成，显像性能最好。

6.3 渗透检测设备及辅助器材

6.3.1 渗透检测设备

现场渗透检测时多使用便携式设备，主要是渗透剂、清洗（去除）剂和显像剂喷罐，以及清理擦拭工件用的金属刷、毛刷等，还可以根据需求配备白光灯以及照度计。此外，如果采用荧光渗透检测法，还需要配备紫外光灯。

（1）喷罐

喷罐一般由盛装容器（罐体）和喷射机构两部分组成，将渗透检测溶剂封装在密闭耐压的罐中，在有压状态下充入气雾剂。气雾剂（如乙烷或六氟化硫等）通常在液态下装入罐中，常温常压下是气态，在罐中形成高压。当按下喷罐开关时，罐内减压，气雾剂气化并携带溶剂从罐中喷出。渗透探伤剂喷罐的实物和典型结构如图 6-3 所示。

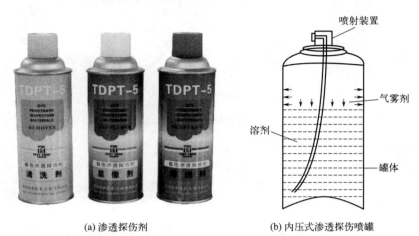

(a) 渗透探伤剂　　　　　　　(b) 内压式渗透探伤喷罐

图 6-3　渗透探伤剂喷罐的典型结构

（2）光源装置及照度计

光源对渗透检测有着重要的作用，它不仅涉及检测灵敏度，也关系到操作人员的视力。

① 白光灯。着色渗透检测用日光或白光照明，光的照度应不低于 500lx。在没有照度计测量的情况下，可用 80W 日光灯在 1m 远处的照度为 500lx 作为参考。

② 紫外光灯。荧光渗透检测中必须使用紫外光灯（波长为 320～400nm，中心波长为 365nm）。过去广泛使用高压汞蒸气弧光灯（黑光灯），近年来 LED 紫外光灯也得到大量使用。黑光灯、LED 紫外光灯如图 6-4 所示。

(a) 黑光灯实物　　　　　　　(b) LED 紫外光灯实物

图 6-4　黑光灯和 LED 紫外光灯

（3）照度计

渗透检测常用的测量光源器具有：紫外光辐照计、白光照度计。紫外光辐照计主要用于校验紫外光源性能和测定被检工件表面的紫外光辐照度，而白光照度计用于测定被检工件表面白光照度值，如图6-5所示。

(a) 紫外光辐照计实物　　　　　　　(b) 白光照度计实物

图6-5　紫外光辐照计和白光照度计

工作场所相对固定，工件数量较多，要求布置流水线作业时，一般采用固定式检测装置，基本上是采用水洗型或后乳化型液体渗透检测方法，主要的装置有：预清洗装置、渗透剂施加装置、乳化剂施加装置、水洗装置、干燥装置、显像剂施加装置、后清洗装置。图6-6所示为典型的荧光渗透检测流水线。

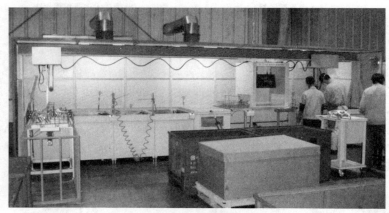

图6-6　典型的荧光渗透检测流水线

6.3.2　渗透检测试块

渗透检测试块又称灵敏度试块，是指带有人工缺陷的试件。它是用于衡量渗透检测材料和检测工艺所能达到的灵敏度的器材；也可以用来确定渗透检测的工艺参数，如渗透时间和温度、乳化时间和温度、干燥时间和温度等；也可以比较不同渗透检测系统的性能相对高低。不同的检测条件及要求应使用不同的检测试块，例如可以根据GB/T 18851.3《无损检测　渗透检测　第3部分：参考试块》或者ISO 3452-3之规定进行制作。常用的几种标准试块介绍如下。

（1）铝合金淬火裂纹试块（A型对比试块）

铝合金试块尺寸如图6-7所示，图中单位为mm。试块由同一试块剖开后具有相同大小的两部分组成，并打上相同的序号，分别标以A、B记号。A、B试块上均应具有细密的相对称的裂纹图形，适用于两种不同的渗透检测剂在互不污染的情况下进行灵敏度对比试验，也适用于同一种渗透检测剂的某一不同操作工序的灵敏度对比试验，例如不同温度下的渗透检测灵敏度对比试验。这种试块的优点是制作简单且经济，在同一试块上能提供各种尺寸的裂纹，并且形状近似于自然裂纹，因此，适用于对渗透探测剂进行综合性能比较。

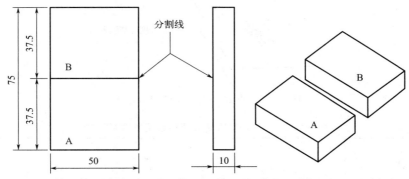

图 6-7　A 型对比试块示意图

正常使用情况下，分别将两种渗透剂采用相同的检测工艺涂于试块表面，待裂纹显示，通过对比所显示裂纹的情况确定两种渗透剂的优劣。当检测温度不在 5～50℃范围内时，应采用此试块对检测方法进行鉴定。检测温度低于 5℃时，在试块和检测材料都降到预定温度后，将拟采用的低温检测方法用于 B 部分，A 部分采用标准方法进行检测，比较 A、B 两区的裂纹显示痕迹，若基本相同则认为准备采用的方法可行。检测温度高于 50℃时，将 B 试块及检测材料升温至检测温度并保持此温度，将拟采用的检测方法用于 B 部分，A 部分采用标准方法进行检测，比较 A、B 两区的裂纹显示痕迹，若基本相同则认为准备采用的方法可行。

(2) 不锈钢镀铬辐射状裂纹试块（三点式 B 型试块）

将一块不锈钢板材加工成尺寸和结构如图 6-8 和图 6-9 所示，试块厚度一般为 3～4mm。在试块上单面镀铬，镀铬层厚度不大于 $150\mu m$，表面粗糙度 $Ra=1.2～2.5\mu m$，在镀铬层背面中央选相距约 25mm 的 3 个点位，用布氏硬度法在其背面施加不同负荷，在镀铬面形成从大到小、裂纹区长直径差别明显、肉眼不易见的 3 个辐射状裂纹区。按从大到小顺序排列区位号分别为 1、2、3，裂纹尺寸见表 6-2。

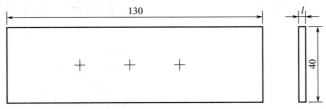

图 6-8　三点式 B 型试块推荐尺寸

该试块主要用于校验操作方法和工艺系统灵敏度。该试块不像铝合金淬火试块那样可分成两半进行比较试验，通常与塑料复制品或照片对照使用。在每个工作班开始时，先将该试块按正常工序进行处理，观察辐射状裂纹显示情况，如果和复制品或照片一致，则可认为设备和材料正常。

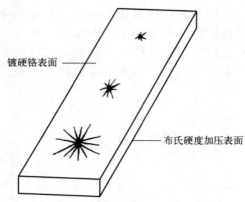

图 6-9 三点式 B 型试块结构示意图

表 6-2 三点式 B 型试块表面裂纹区长直径尺寸

裂纹区次序	1	2	3
裂纹区长直径/mm	3.7～4.5	2.7～3.5	1.6～2.4

(3) 1 型和 2 型参考试块（GB/T 18851.3 或 ISO 3452-3）

① 1 型参考试块。1 型参考试块为一组四块，试块为矩形，标称尺寸长度为 (100±1)mm，宽度为 (35±1)mm，厚度为 (2±1)mm。试块的基材是黄铜板，其上电镀镍和铬，电镀层总厚度分别为 10μm、20μm、30μm、50μm。其中镀层厚度为 10μm、20μm 和 30μm 的试块用于确定荧光渗透系统的灵敏度，而镀层厚度为 30μm 和 50μm 的试块用于确定着色渗透系统的灵敏度。试块通过纵向拉伸来形成横向裂纹，裂纹的宽深比约为 1∶20。详见图 6-10 所示。

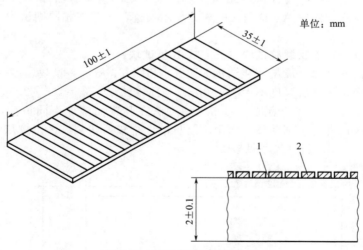

图 6-10 1 型参考试块示意图
1—横向裂纹；2—镍-铬镀层

② 2 型参考试块。2 型参考试块为单独一块，形状为矩形，尺寸为 155mm×50mm×2.5mm。其一半电镀镍后再镀一薄层铬，另一半制成特定粗糙度的区域，粗糙度分别为 $Ra=2.5\mu m$、$Ra=5.0\mu m$、$Ra=10\mu m$、$Ra=15\mu m$。有镀层的一半上分布有 5 个星形的不连续缺陷，如图 6-11 所示。试块上星形缺陷用于确定检测灵敏度，粗糙度区域用以测定渗透剂的可清洗度。图 6-12 所示为 2 型试块的实物图。

第 6 章 渗透检测

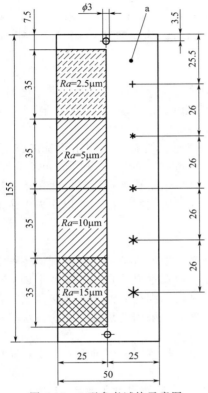

图 6-11 2 型参考试块示意图

图 6-12 2 型试块实物图

6.4 渗透检测方法和步骤

根据不同类型的渗透剂，不同的表面多余渗透剂的去除方法与不同的显像方式，可以组合成多种不同的渗透检测方法。这些方法间虽然存在若干的差异，但都是按照下述 5 个基本步骤进行操作的。

（1）表面准备和预清洗

检测部位的表面状况在很大程度上影响着渗透检测的检测质量。受检工件表面准备和预清洗的基本要求是，任何可能影响渗透检测的污染物必须清除干净，同时，又不得损伤受检工件的工作功能。例如，不得用钢丝刷打磨铝、镁、钛等软合金，密封面不得进行酸蚀处理等。对受检工件表面进行局部检测时，也应在渗透检测前，进行表面准备和预清洗。一般渗透检测工艺方法标准规定：渗透检测准备工作范围应从检测部位四周向外扩展 25mm。

（2）施加渗透剂

渗透剂施加方法应根据被检工件大小、形状、数量和检查部位来选择。所选方法应保证被检部位完全被渗透剂覆盖，并在整个渗透时间内保持润湿状态。具体施加方法如下：

① 喷涂：静电喷涂、喷罐喷涂或低压循环泵喷涂等，适用于大工件的局部或全部检查。

② 刷涂：刷子、棉纱、抹布刷涂，适用于局部检查、焊缝检查。

③ 浇涂（流涂）：将渗透剂直接浇在受检工件表面，适用于大工件的局部检查。

④ 浸涂：把整个被检工件全部浸入渗透剂中，适用于小工件的表面检查。

无论采用何种方法施加渗透剂，都需要严格注意渗透时间和渗透温度。渗透时间是指施加渗透剂到开始清洗处理之间的时间。一般渗透检测工艺方法规定：在10～50℃的温度下，施加渗透剂的渗透时间一般不得少于10min。对于怀疑有缺陷的被检工件，渗透时间可相应延长。应力腐蚀裂纹特别细微，渗透时间更长，甚至长达2h，而渗透温度一般控制在10～50℃范围内。

（3）去除多余的渗透剂（清洗）

当使用后乳化型渗透剂时，应在渗透后、清洗前用浸浴、刷涂或喷涂方法将乳化剂施加于受检表面。乳化剂的停留时间可根据受检表面的粗糙度及缺陷程度确定，一般为1～5min，然后用清水洗净。

清洗表面多余的渗透剂时，注意不要将缺陷里面的渗透剂洗掉。当用水清洗渗透剂时，可用水喷法，水喷法的水可用管压力为0.2MPa，水温不超过43℃。当采用荧光渗透剂时，对不宜在设备中洗涤的大型零件，可用软管引水喷洗，且应由上往下进行，以免留下一层难以去除的荧光薄膜。当采用溶剂去除型渗透剂时，需在受检表面喷涂溶剂，以除去多余的渗透剂，并用干净布擦干。

（4）干燥

干燥的目的是除去被检工件表面的水分，使渗透剂充分地渗入缺陷或回渗到显像剂上。

溶剂去除法渗透检测时，不必进行专门的干燥处理，应在室温下自然干燥，不得加热干燥。用水清洗的被检工件，若采用干粉显像或非水湿式显像，则在显像之前，必须进行干燥处理；若采用水湿式显像剂，则应在施加后进行干燥处理；若采用自显像，则应在水清洗后进行干燥。

干燥的方法有干净布擦干、压缩空气吹干、热风吹干、热空气循环烘干等，实际应用中是将多种干燥方法组合进行。

一般渗透检测工艺方法标准做出规定：干燥时被检工件表面温度不得大于50℃；干燥时间为5～10min。

（5）显像

显像的过程是在被检工件表面施加显像剂，利用毛细现象原理将缺陷中的渗透剂吸附至被检工件表面，从而产生清晰可见的缺陷显示图像。常用的显像方法有干式显像、非水基湿式显像、水基湿式显像和自显像等。干式显像也称干粉显像，主要用于荧光渗透检测法。非水基湿式显像也称溶剂悬浮显像，主要采用压力喷罐喷涂。水基湿式显像则分为水悬浮湿式显像及水溶解湿式显像。而自显像法指的是干燥后不施加显像剂，停留10～120min。

为保证显像效果，需注意控制显像时间。通常情况下，显像时间取决于显像剂和渗透剂的种类、缺陷大小以及被检工件温度。例如，非水基湿式显像（即溶剂悬浮显像）由于有机溶剂挥发较快，显像时间很短。

渗透剂不同，表面状态不同，使用的显像剂也应不同。就荧光渗透剂而言：光洁表面应优先选用溶剂悬浮湿式显像剂；粗糙表面应优先选用干式显像剂；其他表面应优先选用溶剂悬浮湿式显像剂。而对着色渗透剂而言，任何表面状态，都应优先选用溶剂悬浮湿式显像剂。需要注意的是，水溶解湿式显像剂不适用于着色渗透检测剂系统和水洗型渗透检测体系。

6.5　渗透检测观察、评定和记录

6.5.1　观察

观察显示一般应在显像剂施加后7～60min内进行。对于溶剂悬浮式显像剂，应遵照说明书的要求或试验结果进行操作。着色渗透检测时，缺陷显示的评定应在白光下进行，显示为红色图像。通常被检工件被检处白光照度应大于等于1000lx；荧光渗透检测时，缺陷显示的评定应在暗室或暗处的黑光灯下进行，显示为明亮的黄绿色图像。

渗透检测人员应具有丰富的工程实践经验，并能够结合工件的材料、形状和加工工艺，熟练掌握各类显示的特征、产生原因及鉴别方法，必要时还应采用其他方法进行验证，尽可能使检测结果准确可靠。

6.5.2 显示的分类

渗透检测显示一般可分为3种类型：由缺陷引起的相关显示、由工件的结构等引起的非相关显示以及由表面未清洗干净而残留的渗透剂等引起的虚假显示。

(1) 相关显示

相关显示又称为缺陷痕迹显示、缺陷痕迹或缺陷显示，是指从裂纹气孔、夹杂、折叠、分层等缺陷中渗出的渗透剂所形成的痕迹显示，它是缺陷存在的标志。

渗透检测相关显示包括不连续缺陷、超标缺陷。不连续是工件正常组织结构或外形的任何间断，可能会影响工件的使用。不连续缺陷是指其尺寸、形状、取向、位置或性质对工件的有效使用会造成损害或不满足验收标准要求。超标缺陷是指其尺寸、形状、取向、位置或性质对工件的有效使用会造成损害且超出验收标准规定。

(2) 非相关显示

非相关显示又称为无关痕迹显示，是指与缺陷无关的外部因素所形成的显示，通常不能作为渗透检测评定的依据。其形成原因可以归纳为3种情况。

① 加工工艺过程中所造成的显示，例如装配压印、铆接印和电阻焊时未焊接的搭接部分等引起的显示，这类显示在一定范围内是允许存在的，甚至是不可避免的。

② 由工件的结构外形等引起的显示，例如装配结合的缝隙引起的显示，这类显示常发生在工件的几何不连续处。

③ 由工件表面的外观（表面）缺陷引起的显示，主要包括机械损伤、划伤、刻痕、凹坑、毛刺或松散的氧化皮等。需要特别注意的是，上述外观（表面）缺陷一般经目视检测可以发现，因此通常不是渗透检测的对象，故该类显示通常也被视为非相关显示。

(3) 虚假显示

虚假显示是渗透剂污染等引起的渗透剂显示，往往是由不适当的方法或处理产生的，或操作不当引起的。虚假显示有可能被错误地认为是由缺陷引起的，故也称为伪显示。产生虚假显示的常见原因主要包括以下几个方面。

① 操作者手上的渗透剂污染。

② 检测工作台上的渗透剂污染。

③ 显像剂受到渗透剂的污染。

④ 清洗时，渗透剂飞溅到干净的工件上或者工件上缺陷处渗出的渗透剂污染了邻近的工件。

⑤ 擦布或棉花纤维上的渗透剂污染。

⑥ 工件筐、吊具上残存的渗透剂与清洗干净的工件接触造成的污染。

此外，渗透检测时，由于工件表面粗糙、焊缝表面凹凸不平、清洗不足等产生的局部过度背景也属于虚假显示。

综上所述，渗透检测时应尽量避免引起虚假显示。一般应注意：渗透检测操作者的手应保持干净，无渗透剂污染；工件筐、吊具和工作台应始终保持洁净；应使用干净不脱毛的无绒布擦洗工件。

(4) 不同显示的区别

虽然相关显示、非相关显示和虚假显示都是痕迹显示，但其区别在于，相关显示和非相关显示均是由某种缺陷或工件结构等引起，由渗透剂回渗形成的显示，而虚假显示则不是。因此，在实际工作中，相关显示影响工件的使用性能，需要进行评定，而非相关显示和虚假显示都不影响工件的使用性能，故不必进行评定。

6.5.3 缺陷的评定

渗透检测标准对缺陷显示进行等级分类时，一般根据其形状、尺寸和分布状态将其分为连续线状显示、圆形显示和分散状显示等类型，如图 6-13 所示。

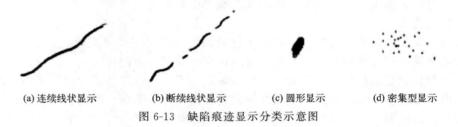

(a) 连续线状显示　　(b) 断续线状显示　　(c) 圆形显示　　(d) 密集型显示

图 6-13　缺陷痕迹显示分类示意图

渗透检测的方法和质量验收标准不同，其渗透显示的分类和评定要求也不尽相同，应根据相关质量验收标准执行。常见的分类方法简述如下。

① 连续线状显示。这种显示通常是由裂纹、冷隔、锻造折叠等缺陷产生的。国内外一些标准常将长宽比＞（或≥）3 的显示称为线状显示，如图 6-13(a) 所示。

② 断续线状显示。断续线状显示是指在一条直线或曲线上存在距离较近的缺陷所组成的显示，如图 6-13(b) 所示。在对工件进行磨削、喷丸、喷砂、锻造或机加工时，原来表面上的线状缺陷可能会被部分堵塞，渗透检测时也会呈现为断续的线状显示。

③ 圆形显示。通常将长宽比≤3 的显示称为圆形显示，如图 6-13(c) 所示。圆形显示通常是由工件表面的气孔、针孔、缩孔或疏松等缺陷产生的。

④ 密集型显示。对于在一定区域内存在多个圆形显示的情况，通常称为密集型显示，如图 6-13(d) 所示。标准不同、工件类型不同、质量验收等级要求不同，对一定区域的大小规定也不同，缺陷显示大小和数量的规定也不同。

由于裂纹类缺陷（如裂纹、白点等）严重影响工件结构的安全性、完整性，是最危险的缺陷类型，因此对确定为由裂纹类缺陷引起的缺陷显示，绝大多数渗透检测标准均对其不进行质量等级分类，而直接评定为不允许的缺陷显示。而对于小于肉眼所能够观察的极限值尺寸的显示，难以进行定量测定和性质判断，一般可以忽略不计。

进行渗透检测缺陷显示的评定时，缺陷长宽比＞3 的显示，一般按线性显示处理；缺陷长宽比≤3 的显示，一般按圆形显示评定、处理。圆形显示的直径一般是指其在任何方向上的最大尺寸。

6.5.4 缺陷的记录

非相关显示和虚假显示不必记录和评定。对缺陷显示进行评定后，有时需要将其形貌记录下来，一般记录方式有：

① 草图记录：画出工件草图，标注出缺陷的相应位置、形状和大小，并说明缺陷的性质，这是最常见的记录方式。

② 照相记录：在适当光照条件下，用照相机直接对缺陷拍照记录。

③ 可剥性涂层记录：采用溶剂蒸发后会留下一层带有显示的可剥离薄膜层的液体显像剂显像后，将其剥落下来，贴到玻璃板上保存起来。

④ 录像记录：可在适当的光照条件下，采用模拟或数字式录像机完整记录缺陷显示的形成过程和最终形貌。

完成渗透检测之后，应当去除显像剂涂层、渗透剂残留痕迹及其他污染物，这就是后清洗。一般来说，去除这些物质的时间越早，则越容易去除。后清洗的目的是保证渗透检测后，去除任何会影响后续处理的残余物，使其不对被检工件产生损害或危害。

当出现下列情况之一时，需进行复验：

① 检测结束后，用标准试块（例如 B 型试块）校验时发现检测灵敏度不符合要求。

② 发现检测过程中操作方法有误或技术条件出现改变。

③ 合同各方有争议或认为有必要复验。

需要复验时，必须对被检表面进行彻底清洗，以去掉缺陷内残余渗透检测剂，否则会影响检测灵敏度。

6.5.5 渗透检测报告

渗透检测报告应包括以下内容。

① 被检工件状态，如委托单位以及被检工件的名称、编号、规格、形状、坡口形式、焊接方式和热处理状态等。

② 检测设备，如渗透检测剂名称和牌号等。

③ 检测规范，如检测比例、检测灵敏度校验及试块名称等。

④ 检测方法，如预清洗方法、渗透剂施加方法、乳化剂施加方法、清洗方法、干燥方法、显像剂施加方法、观察方法和后清洗方法等。

⑤ 检测条件，如渗透温度、渗透时间、乳化时间、水压及水温、干燥温度和时间、显像时间等。

⑥ 检测结论，如检测标准名称和质量验收标准名称，检出的缺陷名称、大小及等级以及明确的检测结论。

⑦ 示意图，包括渗透检测部位、缺陷显示记录及工件草图（示意图）。

渗透检测报告示例如表 6-3 所示。

表 6-3 渗透检测报告（示例）

渗透剂型号		表面状况	
清洗剂型号		环境温度	
显像剂型号		对比试块	
渗透时间		显像时间	
检测标准		检测比例	

检测部位及缺陷位置(区段)示意图：

续表

渗透检测结果评定表

位置编号	缺陷位置	缺陷显示尺寸/mm	缺陷性质	评定	备注

检测结论：

检测人员：　　　　　检测日期：　　　　　审核人员：　　　　　审核日期：

第7章 涡流检测

涡流检测（eddycurrent testing，ET）是一种应用较为广泛的无损检测技术，属于五大常规无损检测方法之一。采用这种方法进行检测时，导电的工件内部产生涡流，通过测量涡流的变化量来进行检测。由于涡流检测的特点，它可与其他检测方法互为补充，是用来检测管材、棒材、丝材的气孔、疏松、非金属夹杂等缺陷的一种方便而有效的方法。

7.1 涡流及集肤效应

7.1.1 涡流

涡流检测是以电磁感应理论为基础的，如图 7-1 所示。将线圈 1 与线圈 2 靠近，线圈 1 通过电流时，能产生随时间变化的磁力线，而磁力线穿过线圈 2 时会产生感应电流。若用金属板代替线圈 2，在金属板中同样会产生感应电流。由于感应电流回路在金属板内呈旋涡状，故称为涡流。

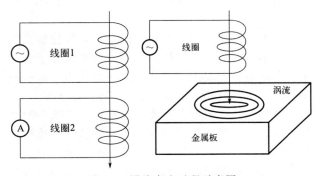

图 7-1 涡流产生过程示意图

7.1.2 集肤效应

当直流电通过某一圆柱形导体时，导体截面上的电流密度均相同。交流电通过圆柱形导体时，导体截面上的电流密度不同，表面的电流密度最大，越到圆柱中心电流密度越小，这种现象称为集肤效应。

离导体表面某一深度处的电流密度是表面值的 $1/e$ 时（即 36.8%），此深度称为透入深度 h，h 可由下面的公式求出：

$$h=\frac{1}{\sqrt{\pi f \mu \sigma}} \tag{7-1}$$

式中 f——交流电频率,Hz;
　　　μ——材料的磁导率,H/m;
　　　σ——材料的电导率,$1/(\Omega \cdot m)$。

从式(7-1)可以看出,金属内部涡流的渗透深度与激励电流的频率、金属的电导率和磁导率有直接的关系。该式表明,涡流检测只能在金属材料的表面或近表面进行,而对内部缺陷的检测则灵敏度太低。因此,在涡流检测工作中,应根据检测深度的要求来选择检测频率。

7.2　涡流检测的原理

7.2.1　涡流检测的基本原理

涡流是由电磁感应产生的感应电流,因此在原理上同样可以用楞次定律来确定方向,并用法拉第电磁感应定律来计算任意一条闭合回路的感应电动势。同时,涡流是由线圈中交流电(称一次电流)激励的磁场在金属板中感应电动势产生的,那么涡流也是交变的电流,同样会在周围空间形成交变磁场,并在线圈中产生感应电动势。这样一来,线圈在空间某点的磁场不再是由一次电流产生的磁场 H1,而是由一次磁场 H1 和涡流磁场 H2 叠加形成的复合磁场。假定一次电流的能量不变,线圈和金属板间的距离也保持固定,那么涡流及涡流磁场的强度和分布就由金属板的材质决定。换句话说,复合磁场包含了金属板电导率、磁导率和不均匀性等方面的信息,因此只要从线圈中检测出有关信息,例如电导率的差别,就能间接地得出纯金属杂质含量、材料的热处理状态等信息,也可得到工件中裂纹等缺陷的变化信息,这就是涡流检测的基本原理。所以,涡流的大小会影响激励线圈中的电流,而涡流的大小和分布取决于激励线圈的形状和尺寸、交流电频率、金属材料的电导率、金属与线圈的距离、金属表层缺陷等因素。

进行涡流检测时,工件中存在缺陷会引起涡流的变化,致使检测线圈中的阻抗(或感应电压)也发生变化。工件中不存在缺陷时,检测线圈中的阻抗处于相对稳定状态,当工件中有缺陷存在时,检测线圈中的阻抗就发生了变化(这种变化由于被检材料的电导率和磁导率等的不同而不同),涡流检测仪将这种阻抗的变化进行鉴别放大后转变为可视信号在显示器上显示出来。这样一来,检测人员可根据显示器上的显示结果来判断被检材料的质量。

当然,为了获得准确的检测结果,必须合理设计检测线圈和检测仪器,突出所要测试的信息,而将其他没有用的信息(这里称之为干扰信息)抑制掉。涡流检测仪中的信号处理单元就是专门用来抑制干扰信息的,而缺陷的相关信息则能顺利通过该单元,并传送到显示单元,从而实现缺陷的显示、记录、报警或分类控制等功能。

7.2.2　涡流检测技术的分类

(1) 按照检测方法分类

以单一频率激励探头实施涡流检测的技术称为单频技术。以多个频率同时或依次激励同一探头并将分别得到相应频率涡流信号进行混频的技术称为多频技术。

仅利用涡流信号的一个特征量(如幅值、相位等)进行评价的涡流检测技术称为单参数技术。利用一个以上涡流信号特征量(如幅值、相位等)进行评价的涡流检测技术称为多参数技术。

激励单元和接收单元处于被检工件同一侧面实施涡流检测技术称为反射技术。激励单元和接收单元分别处于被检工件两侧的涡流检测技术称为穿透技术。

近年来，出现了一种被称为"远场涡流检测"的新技术。这种技术是一种能穿透管壁的低频涡流检测技术，采用内通过式探头一次通过管道，便能以相同的灵敏度同时检出管壁内外表面以及管壁内部的裂纹、凹坑、腐蚀、减薄及其他缺陷。随着通用型远场涡流检测技术的研发，平板等构件也可应用远场涡流检测技术解决表面及内部缺陷的检测问题。

（2）按照传感器分类

涡流传感器的类型多种多样，分类方法也很多。按激励源的波形和数量的不同进行分类，有正弦波、脉冲波和方波等。根据不同频率信号的多少进行分类，有单频、双频和多频等。

（3）按线圈特点分类

检测线圈按输出信号的不同分类，有参量式和变压器式两类，也被称为自感式和互感式线圈。检测线圈（探头）按照其和工件的相对位置分类，有外穿式线圈、内通式线圈和放置式线圈三种。检测线圈按绕制方式分类，有绝对式、标准比较式和自比较式三种。详见后续章节中对涡流检测线圈的介绍。

7.3 涡流检测的特点与应用

涡流检测和其他检测方法相比有以下特点。

（1）涡流检测只适用于导电材料

该检测法仅用于钢铁、有色金属以及石墨等导电材料制成的构件或产品，特别适用于导电材料的表面和近表面检测。因为涡流是在交变磁场作用下在导电材料中感应出的旋涡状电流，所以，实现涡流检测的必要条件是被检工件必须具有导电特性。实质上，涡流检测是检测由各种因素引起的被检工件中的导电性能的变化。某一因素引起的导电性能变化越大，表面的检测灵敏度就越高，所以，涡流检测特别适用于薄的、细的导电材料的检测，而对粗厚材料只适用于表面和近表面检测。

（2）涡流检测可用于高温检测

如果对材料的毛坯和半成品进行检测，不合格的毛坯和半成品在进入下道工序前就被发现，这样就可以节省大量的人力和能源。所以，世界各国都在致力于研究处于高温状态下（1100℃）的毛坯和半成品材料的影响。更重要的是涡流检测属于非接触式检测，所以，涡流检测已被大量引入高温材料的检测中，从热线到热管、热棒，从热态有色金属到热态铁磁金属，均可采用涡流法进行检测。

（3）涡流检测不需要耦合剂

在涡流检测中，无论是励磁磁场影响工件或是工件中涡流磁场的变化，被检测仪检测到的都是一种电磁波。从物理学可知，电磁波不仅具有波动性，而且是一种粒子流，所以可进行非接触式检测，检测线圈（又称为检测探头）和工件之间无需加入耦合剂。这与超声检测不同，因为超声波只具有波动性，而不是粒子流，所以超声检测一定要接触工件，或在探头和工件之间涂上耦合剂。

（4）涡流检测速度快，易于实现自动化

由于涡流检测不需要耦合剂，可以实现非接触检测，因而其检测速度极快，当检测系统中配有传动装置时，可实现自动化检测。

（5）涡流检测的应用范围广

涡流检测除用于金属的种类、成分、热处理状态等的分选和质量检测外，还可用于工件的尺寸、渗镀（涂）层厚度、腐蚀状况的检测及工件形状变化的评判。在轨道交通装备行业中，涡流检测主要应用于关键零部件不去除油漆的状态下的检测，如车轴、构架焊缝、齿轮箱等。

7.4 涡流检测器材

涡流检测器材主要有涡流检测线圈、涡流检测仪和试样。

7.4.1 涡流检测线圈

涡流检测线圈的作用主要有两个，一是向工件输送励磁磁场从而在工件的表面、近表面产生感应涡流，二是接收涡流畸变信息，测定涡流磁场的变化情况。实际应用的检测线圈有多种形式，也会按照不同标准加以区分。

检测线圈按输出信号的不同分类，有参量式和变压器式两类。参量式线圈输出的信号是线圈阻抗的变化，它既是产生励磁磁场的线圈，又是拾取工件涡流信号的线圈，所以又叫自感式线圈。变压器式线圈输出的是线圈上的感应电压信号，一般由两组线圈构成，一组是专用于产生交变磁场的激励线圈（或称初级线圈），另一组是用于拾取涡流信号的线圈（或称次级线圈），变压器式线圈又叫互感式线圈。

检测线圈根据其与工件的相互位置可以分为穿过式、内插式和放置式三种。

（1）穿过式线圈

这种线圈是将工件插入并通过线圈内部进行检测，易于实现小直径线材、管材、棒材表面质量的高速、大批量自动化检测。图7-2所示为穿过式线圈的结构，图7-3所示为典型的穿过式线圈（探头）的实物。

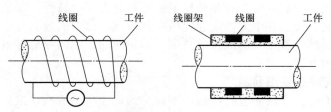

图7-2 穿过式线圈结构示意图

图7-3 典型的穿过式线圈（探头）

（2）内插式线圈

在对管件进行检测的过程中，有时必须把线圈（探头）放入管子的内部，如图7-4所示，称为内部穿过式线圈（探头），也简称为内插式线圈（探头）。它适用于管道（如钛管、铜管等）或小直径的深钻孔、螺纹孔或厚壁管内壁的表面质量检测，其优点是利于工件的在役检测。现在市场上供应的涡流内插式探头有多种结构形式，还可根据用户现场及检测工件定制结构，典型的内插式涡流探头如图7-5所示。更多型号的涡流探头如图7-6所示。

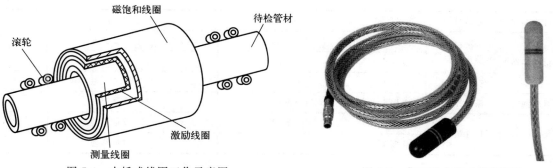

图 7-4　内插式线圈工作示意图　　　图 7-5　典型的内插式涡流探头

图 7-6　各种型号的涡流探头

(3) 放置式线圈

放置式线圈又称点式线圈（探头），是在无损检测时，把线圈放置于被检工件表面进行检测。这种线圈体积小，线圈内部一般带有磁芯，灵敏度高，适用于各种板材、带材和大直径管材、棒材的表面检测，还能对形状复杂的工件的特定区域做局部表面检测。良好的涡流点式探头设计和适宜的探头结构形式能使原本不易探测的缺陷信号得以增强，使之易于被发觉。值得一提的是，现在许多成熟的探头生产企业，除了提供标准探头外，还可以根据客户的规格要求，开发并提供定制探头，例如适用于检测各种直径的紧固件的环形/圈形探头，适用于焊缝检测的扇形线圈（探头），适用于螺栓孔检测的专用探头，以及笔式探头、刀片探头、塑料端部探头、手指探头、装有弹簧的探头等，可以满足不同检测场景的使用需求。

检测线圈按照绕制方式分类，有绝对式、标准比较式和自比较式三种。只有一个检测线圈工作的方式称为绝对式，使用两个线圈进行反接的方式称为差动式。差动式按试件的放置形式不同又有标准比较式和自比较式两种。

各种常用检测线圈的应用范围见表 7-1。

表 7-1　各种常用检测线圈的应用范围

检验类别	检验目的	线圈形式	试件种类	适用情况
缺陷检验	缺陷检验	穿过式	线、棒、管、球	质量管理
		点探头	管、棒、板、坯料、零件	质量管理维护
		内插式	管材及孔的内径	维护检查
		扇形线圈	焊缝	质量管理

续表

检验类别	检验目的	线圈形式	试件种类	适用情况
材料鉴别	分辨材料鉴定质量	穿过式	管、棒、铸（锻）件	质量管理
		点探头	板、零件	质量管理
	电导率测定	点探头	板、棒	铜、铝为主
厚度测定	涂层厚度	点探头	板、零件	质量管理
尺寸检验	尺寸检验	穿过式	线、管、棒	质量管理
		点探头	板	质量管理

对涡流检测常见的线圈特点和工作方式等进行汇总，见表7-2。

表7-2 涡流检测线圈的分类方式

分类方式	名称	工作方式	结构简图	应用特点
线圈与工件相对位置	穿过式	工件穿过检测线圈	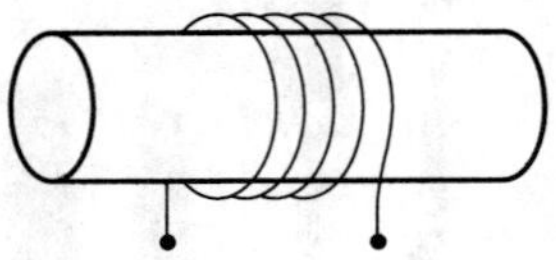	检测速度快，广泛应用于管、棒、线材的自动检测
	内插式	检测线圈插在工件孔内或管材内壁	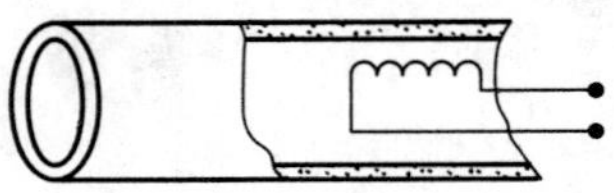	常用于管件内部及深孔部位的检测，被测工件中心线与线圈轴线相重合
	点探头	检测线圈放置在工件表面	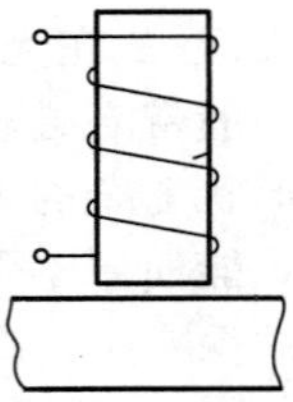	带有磁芯，可以起到聚集磁场的作用，检测灵敏度高，但灵敏区间小，适用于板材和大直径管材、棒材的表面检测
比较方式	自比较式	自感式	检测线圈既产生励磁磁场，又检测涡流反作用磁场	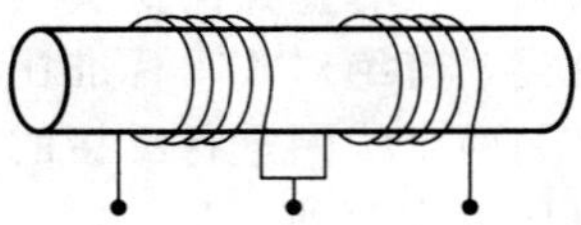	检测线圈由两个相距很近（用于检测同一工件）的线圈组成，通过检测工件不同部位的差异实现检测。能检测缺陷的突然变化，检测时环境温度以及工件振动等对检测结果的影响较小，但无法检测工件上的连通长裂纹
		互感式	检测线圈有两个绕组，一个产生交变磁场，另一个检测涡流反作用磁场		

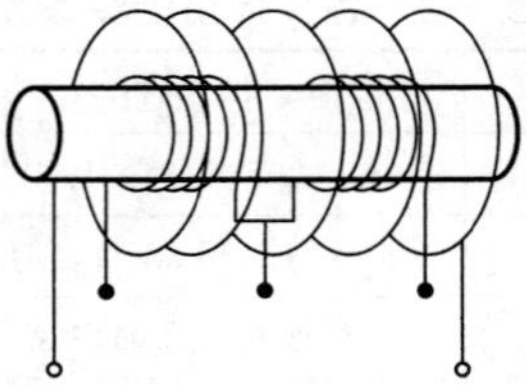

续表

分类方式	名称	工作方式	结构简图	应用特点
比较方式	标准比较式	自感式：检测线圈既产生励磁磁场，又检测涡流反作用磁场		检测线圈由两个完全相同的线圈组成，分别对工件和标准试样进行检测，通过比较标准试样与工件之间存在的差异实现检测
		互感式：检测线圈有两个绕组，一个产生交变磁场，另一个检测涡流反作用磁场		

7.4.2 涡流检测仪

涡流检测仪由振荡器、移相器、放大器、检波器、显示器等部分组成。图 7-7 为常见的涡流检测仪的基本结构框图。

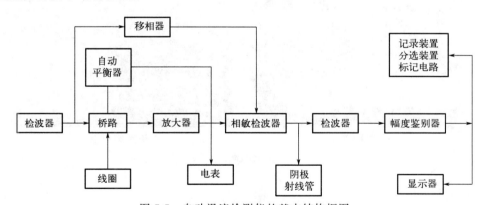

图 7-7 自动涡流检测仪的基本结构框图

振荡器发出的交流电通入线圈后，会在被检工件中产生交变磁场，进而产生涡流。工件中的涡流由线圈来检测，作为交流输出送入电桥电路。为使微小的涡流变化能被检出，事先要调整电桥，使没有缺陷的交流输出接近于零。从电桥输出的信号经放大器放大后，送到检波器进行检波（相位分析），最后送到显示器上显示出来。

显示器可采用示波器、电表、记录仪、指示灯等。同步检波器是利用杂乱信号与缺陷信号的相位差来把杂乱信号分离掉的，只输出特定相位的缺陷信号，而缺陷信号的相位可通过调整移相器来确定。

当工件为强磁性材料时（如钢管），由于冷加工等原因，其表面磁导率在不同部位有着显著的不同。检测时，磁导率的不均匀就是产生杂乱信号的原因。此种情况下，可采用直流磁饱和装置（由磁饱和用的线圈和直流电源组成），把直流电通过磁饱和用的线圈使之产生强直流磁场，使工件在饱和磁化状态下进行检测，由于磁饱和后，工件磁导率的不均匀性降低，因此就可抑制杂乱信号的产生和影响。

综上所述，涡流检测仪具有以下作用：

① 提供励磁电流，使被检工件中产生涡流。

② 对线圈（探头）检测到的工件中的涡流磁场变化加以放大。

③ 将放大的信号进行处理，尽量提高信噪比。

④ 把经过处理的信号，以某种形式显示出来，提供评判依据。

近年来涡流检测仪器发展出很多针对特殊场景的检测仪器，比如测厚仪，管材、线材专用涡流探伤机，等，见图 7-8。

(a) 携带式探伤仪

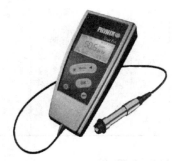

(b) 涡流涂层测厚仪

(c) 线材检测设备

(d) 管材检测设备

图 7-8　常见的涡流检测设备

7.4.3　试样

涡流检测与其他无损检测方法一样，其对于被检对象质量的评价和检测都是通过与已知样品质量的比较而得出的，这类样品在无损检测中通常被称为标准试样或对比试样。

(1) 标准试样

标准试样是按照相关标准规定的技术条件加工制作，并经被认可的技术机构认证的用于评价检测系统性能的试样。标准试样一方面必须满足相关技术条件的要求，如规格尺寸，材质均匀且无自然缺陷，人工缺陷的形式、位置、数量、大小等；另一方面应得到权威机构的书面确认和批准。标准试样不仅在加工制作完成后需要得到认证，在长期使用过程中还应按相关文件规定定期进行认证。

(2) 对比试样

涡流检测所用的对比试样一般有两种：一种为检测仪性能对比试样，这种试样上加工有多种人工缺陷，如管材内外壁纵向刻痕、自然凹坑、环状伤、钻孔（通孔或半通孔）、管材壁厚的阶梯状变薄等；另一种是用于产品质量检测的对比试样，它是与被检工件具有相同的化学成分、相同的规格尺寸、相同的热处理工艺等，且具有特定形状的人工缺陷的试样，有时也可用具有典型自然缺陷的工件作为对比试样。

图 7-9 和图 7-10 所示分别为管件和板件检测常用的对比试样。ISO 10893-2：2011《钢管的无损检测 第 2 部分：无缝和焊接（埋弧焊除外）钢管缺欠的自动涡流检测》中规定作为对比试样的钢管，其弯曲度不应大于 1.5∶1000，并对人工缺陷的位置、尺寸和加工要求等都做了具体规定。

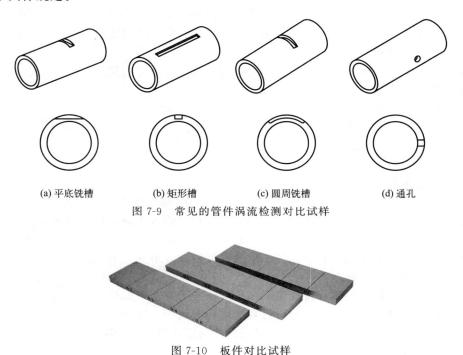

(a) 平底铣槽　　(b) 矩形槽　　(c) 圆周铣槽　　(d) 通孔

图 7-9　常见的管件涡流检测对比试样

图 7-10　板件对比试样

对比试样具有如下几个作用：

① 检验和测定涡流检测设备的各种功能，例如测定仪器设备探测不同类型缺陷的能力、对内部缺陷的检测能力等。

② 确定检测仪上各旋钮的位置和检测装置的灵敏度。

③ 用作判废标准，当发现仪器的指示超过标准缺陷时，就认为该被检工件报废。

需要注意的是，对比试样上人工缺陷的大小并不表示检测仪可能检出的最小缺陷。检测仪所能检测到的最小缺陷，取决于检测仪的综合灵敏度。换句话说，标准试样上的人工缺陷只作为调整仪器的标准当量，而绝非一个实用的缺陷尺寸的度量标准。

7.5　涡流检测的一般步骤

涡流检测具有简单、快速和便于实现自动化的特点，在金属材料及金属零件的质量检验中得到了广泛的应用。尤其是在冶金产品领域，涡流检测具有较为广泛的应用，大量应用于管材、棒材、丝材、板材以及焊缝等工件及产品的检测上。涡流检测一般分为如下几个步骤。

7.5.1 检测前的准备工作

(1) 对被检工件进行预处理

要对被检工件表面进行清理，除去影响检测时缺陷显示的各种附着物，如油污、氧化皮及吸附的铁屑等杂物。

(2) 对比试样的准备

根据相应的技术条件或标准来制作或选择对比试样。

(3) 选择检测方法及设备

一般根据工件的性质、形状、尺寸以及欲检出的缺陷种类和大小选择检测设备及方法。对小直径、大批量焊管或棒材的表面检测大都选择配有穿过式自比线圈的自动检测设备。

(4) 检测设备预运行

检测仪器通电后，应经过一定的稳定时间后方可进行正常的使用。一般要求在正常检测使用之前仪器应稳定运行 10min 以上。

(5) 调整传送装置

被检工件通过线圈时应无偏心、无摆动。

7.5.2 确定检测规范

(1) 选定检测频率

检测频率是影响检测灵敏度的重要因素，直接影响到工件中涡流的大小、分布和相位。因此，在选择检测频率时，应以能把规定的对比试样上的人工缺陷探测出来为宜。虽然高的检测频率可提高检测灵敏度，但检测频率不是选得越高越好，因为频率的选择还应照顾到检测时的渗透深度。一般来说，频率越高，渗透深度越浅，不易发现工件近表面区域的缺陷。

(2) 选择检测线圈（探头）

选择检测线圈（探头）时，首先要明确检测任务的要求，如被检工件的形状、尺寸、检测灵敏度、检测速度等，经过综合分析后，决定检测线圈（探头）的形状、结构。例如，对线材检测应选用穿过式线圈（探头），而对板材检测应选用点式线圈（探头）。

(3) 调整相位

装有移相器的检测仪，要调整其相位使得指定的对比试样上的人工缺陷能最明显地被检测出来而有利于减少缺陷以外的杂乱信号。同时，选择相位也要便于缺陷种类和位置的区分。

(4) 调整平衡电路

涡流检测仪有平衡电桥时，应使桥路的输出为零。操作时应使工件处于实际检测状态下，将线圈（探头）放于工件无缺陷部位，反复调节仪器上的平衡旋钮直到电桥的输出为零。

(5) 调整直流磁场

装有直流磁饱和装置的检测仪，对强磁性材料进行检测时，要加强磁饱和线圈的直流磁场，使工件磁导率不均匀性引起的杂乱信号降低到不致影响检测结果的程度。

(6) 调整检测灵敏度

检测灵敏度的调整是在其他调整步骤完成之后进行的，指的是将对比试样上的人工缺陷的显示信号调整到检测仪显示器的正常动作范围（一般来讲，应将人工缺陷在记录仪上的指示高度调整到记录仪满刻度的 50%～60%）。

7.5.3 检测工件

在选定的检测范围下进行检测。操作时应注意以下几点。

① 要保持检测线圈（探头）或工件的运行速度及检测线圈与工件之间距离的相对稳定，减少杂乱信号的产生。

② 连续检测过程中，在每批工件检测完毕后或每间隔一定时间，要用对比试样对检测仪的灵敏度进行一次校验，当发现检测规范有变化时，应对检测仪进行重新调整，对先前探过的工件应进行复探，才能决定是否判废。

③ 在采用磁饱和线圈的场合，因磁饱和线圈的强磁场会吸引周围零星的小软件，所以要注意安全，防止被击伤。另外，不要让手表、仪器仪表之类的物品靠近线圈，以避免被磁化而运行失常。

7.5.4 检测结果的分析与评定

根据检测仪显示器显示出来的信号，判断信号是否为缺陷信号，是何种性质的缺陷信号。当判断为缺陷信号时，若缺陷显示信号小于对比试样人工缺陷的显示信号时，应判定为工件合格；反之可判为不合格。对不合格产品或工件，应根据有关验收标准规定进行修复处理或报废。如果对获得的检测结果产生疑问，应重新进行检测或利用其他检测方法（如目测检测法、磁粉检测法、破坏性试验等）进行复检。

第8章 新技术

8.1 TOFD 检测

8.1.1 TOFD 检测简介

TOFD(time of flight diffraction),即超声波衍射时差检测,是一种依靠超声波与缺陷端部相互作用发出的衍射波来检出缺陷并对缺陷进行定量的检测技术。TOFD 最初的发展仅仅是作为定量工具,是使用常规技术探测到缺陷后使用 TOFD 进行精确的定量和监测在线设备裂纹的扩展(例如检测压力容器)。利用 TOFD 技术沿焊缝进行扫查基本能发现焊缝所有缺陷,收集扫查数据组成 B 扫描或 D 扫描图像比单纯看 A 扫描更容易判断缺陷的尺寸和性质。

TOFD 可用于材料检测、缺陷定位和定量。与常规的超声技术不同,TOFD 技术不用脉冲回波幅度对缺陷大小做定量测定,而是使用脉冲传播时间来定量。TOFD 对于判定缺陷的真实性和准确定量十分有效。TOFD 可以和脉冲反射法相互取长补短,例如,检出焊缝中部的缺陷,判断缺陷是否向表面延伸等就是它的强项。

目前 TOFD 技术已经得到 ASTM E2373,ASME Ⅷ Code 2235,CEN ENV 583-6 (2000),BS 7706 (1993),GB 150,NB/T 47013 等标准的认可。

(1) TOFD 基本原理

TOFD 技术是建立在波形衍射的基础上,缺陷上的每一个点都可以看作产生超声波的子波源,每个子波源产生一个球面子波,各个子波源叠加形成了反射波的波阵面,在中间的位置波形类似于平面波,但在缺陷的尖端位置没有波源叠加,尖端位置以球面波形式进行传播。因此,缺陷尖端越尖锐,衍射波信号越强;缺陷尖端越圆滑,衍射波信号越弱。当尖端尺寸大于 1 个波长时,主要以反射波进行传播。当障碍物或孔的尺寸比波长小或与它差不多时会产生明显的衍射现象(见图 8-1)。

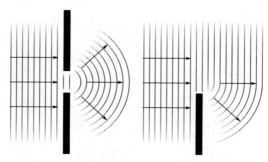

图 8-1 波遇到障碍物或小孔后通过衍射继续传播的现象

(2) TOFD 典型的设置

TOFD 技术与传统的超声检测技术（即脉冲反射法超声检测技术）不同（TOFD 检测原理见图 8-2），它采用双探头模式，一个是发射探头，一个是接收探头。在检测时，将探头对称放置在被检焊缝两侧，使声束覆盖检测区域，发射探头在主机的脉冲发射控制之下发射的超声脉冲从侧面入射被检焊缝横截面，遇到缺陷时产生反射波和衍射波。接收探头同时接收反射波和衍射波，通过测量直通波、衍射波传播时间和利用三角方程来对缺陷定位、定量。接收探头先接收到沿工件表面传播的直通波，然后分别是缺陷上、下端点的衍射波（当缺陷高度小到一定程度时，缺陷上、下端点衍射波叠在一起），之后收到底波，上述波形显示在 A 扫描信号（见图 8-3）。

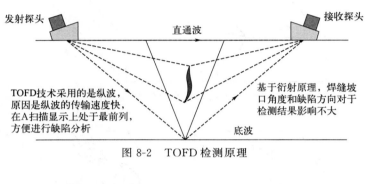

图 8-2　TOFD 检测原理

图 8-3　TOFD 中显示的 A 扫描信号

TOFD 通过超声波声束在斜楔和被检材料内部的扩散，实现了广泛的检测范围的覆盖。当声束与缺陷或裂缝的尖端接触时，衍射能量会向各个方向进行发散，即使裂纹偏离初始声束方向，测量衍射声束的飞行时间也能准确可靠地确定缺陷位置和尺寸。

(3) TOFD 扫查模式

平行扫查（见图 8-4）：又称横向扫查，是指扫查方向与超声波声束方向是平行的。由于扫查时探头须越过焊缝，因此在平行扫查前，需要对焊缝余高进行打磨，尽量使焊缝与两侧母材保持平齐。采用平行扫查可以对横向缺陷深度进行更精确的定量，有助于对缺陷宽度和倾斜角度进行判断。

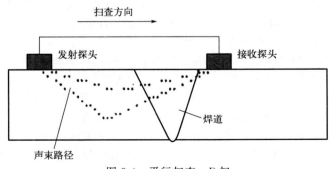

图 8-4　平行扫查—B 扫

非平行扫查（见图 8-5）：又称纵向扫查，是指扫查方向与超声波声束方向不平行。非平行扫查主要用于缺陷定位和长度方向的定量，在高度方向上的定量不精确。非平行扫查用于采集焊接接头（焊缝及热影响区）中的缺陷，非平行扫查视图不能判断出缺陷在焊缝中的横向位置。平时采用最多的是对称的非平行扫查，若因焊接接头结构限制无法进行对称的非平行扫查或进行附加扫查时，可使用带偏置的非平行扫查（见图 8-6）。

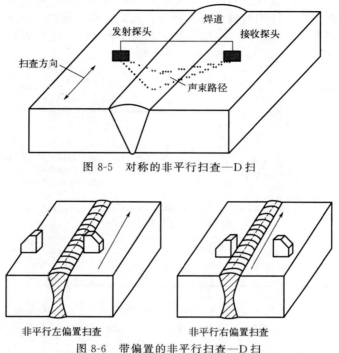

图 8-5 对称的非平行扫查—D 扫

图 8-6 带偏置的非平行扫查—D 扫

(4) 优点及应用范围

① TOFD 技术与传统脉冲反射式超声检测技术比较的优势。

a. TOFD 技术的可靠性好。由于其主要是利用衍射波进行检测，而衍射信号不受声束影响，任何方向的缺陷都能被有效地发现，使该技术具有很高的缺陷检出率。国外研究机构的缺陷检出率的试验得出的评价是：手工 UT(50%～70%)、TOFD(70%～90%)、机械扫查 UT＋TOFD(80%～95%)。由此可见，TOFD 检测技术比常规手工 UT 的检测可靠性要高得多。

b. TOFD 技术的定量精度高。采用衍射时差技术对缺陷定量，精度远远高于常规手工超声检测。一般认为，对线性缺陷或面积型缺陷，TOFD 定量误差小于 1mm；对裂纹和未熔合缺陷高度测量误差通常只有零点几毫米。

c. TOFD 检测简单快捷，其最常用的非平行扫查只需一人即可操作，探头只需沿焊缝两侧移动即可，不需做锯齿扫查，检测效率高，操作成本低。

d. TOFD 检测系统配有自动或半自动扫查装置，能够确定缺陷与探头的相对位置，信号通过处理可以转换为 TOFD 图像，图像的信息量显示比 A 扫描显示大得多。在 A 扫描显示中，屏幕只能显示一条 A 扫描信号，而 TOFD 图像显示的是一条焊缝检测的大量 A 扫描信号的集合。与 A 扫描信号的波形显示相比，包含丰富信息的 TOFD 图像更有利于缺陷的识别和分析。

e. TOFD 检测系统都是高性能数字化仪器，完全克服了模拟超声检测仪和简单数字超声检测仪记录信号能力差的缺点，不仅能全过程记录信号，长久保存数据，而且能够高速进行大批量信号处理。

  f. TOFD 技术除了用于检测外，还可用于缺陷扩展的监控，是有效且能精确测量出裂纹增长的方法之一。

  g. TOFD 能对缺陷深度进行精确定位，对缺陷自身高度进行定量。

  h. 由于缺陷衍射信号与角度无关，TOFD 的检测可靠性和精度不受角度影响。

  i. TOFD 根据衍射信号传播时差确定衍射点位置，缺陷定量、定位不依靠信号振幅。

  ② TOFD 技术与传统胶片射线检测技术比较的优势。

  a. TOFD 检测结果与射线检测结果都是以二维图像显示，不同的是 TOFD 能对缺陷的深度和自身高度进行精确测量，而射线检测只能得到缺陷的俯视图信息，对于判断缺陷危害性程度的重要指标，即厚度方向的长度，射线检测是很难得到的。

  b. TOFD 技术可探测的厚度大，对厚板检测的效果比较明显，但射线对厚板的穿透能力非常有限。

  c. TOFD 技术检测缺陷的能力非常强，特殊的检测方式使其具有相当高的检出率，约为 90%。而相比之下，射线检测的检出率稍低，大约为 75%，在实际检测工作中，也出现过 TOFD 检测出来的缺陷，但 X 射线检测未能发现的情况，这给质量控制带来了极大的隐患。

  d. TOFD 技术所采集的是数据信息，能够进行多方位分析，甚至可以对缺陷进行立体复原。这是因为 TOFD 技术是将扫查中所有的原始信号都进行了保存，在脱机分析中可以利用计算机对这些原始信号进行各种各样的分析，以得出更加精确的缺陷判断结果；而射线检测只能将射线底片置于观片灯前进行分析，不可以再进一步利用软件对缺陷进行更加全面的分析。

  e. TOFD 检测操作简单，扫查速度快，检测效率高；而射线检测过程繁琐，耗时长，效率低下。

  f. TOFD 技术是利用超声波进行检测，对检测时的工作环境没有特殊的要求。超声检测是一种环保的检测方式，对使用人员没有任何伤害，所以在工作场合不需要特殊的安全保护措施；而射线检测因其放射性危害受到国家政策的严格控制，现场只能单工种工作，降低了检测工作效率，阻碍了整个工程进度。

  g. TOFD 检测成本低，重复成本少；而射线检测，建造暗室需要较高的投入，危险废物处理和拍片室防护需要满足相关环境要求，平时工作中的耗材成本重复发生，综合成本相对较高。

  ③ 应用范围。TOFD 一般用于碳钢和低合金钢全焊透对接接头，适用厚度在 12～400mm，也可用于基材为碳钢或低合金钢的复合板（可从基材、覆材侧检测）、堆焊板材（从基材侧检测）的设备。但和传统脉冲反射式超声检测一样，TOFD 不太适用于纯奥氏体不锈钢的检测，因为奥氏体不锈钢的对接接头晶粒粗大、各向异性、组织不均匀。

8.1.2 TOFD 检测设备

  TOFD 检测设备主要由检测仪主机、扫查架、探头、接线等构成。其主要功能是完成对被检工件的内部缺陷的扫查、记录及分析。TOFD 扫查结果均以数据文件格式存储，也可通过计算机软件进行数据分析。

  (1) 主机

  TOFD 检测仪主机（见图 8-7）是完成 TOFD 检测的主体设备，主要通过激发脉冲使探头进行工作，并依靠编码器记录探头扫查的超声波信号，对其进行放大、滤波，而后转化为 D 扫描图像，并且可完成存储、分析、打印、输出等功能。

(2) 探头

与常规脉冲反射法超声检测不同，TOFD 检测使用的是小晶片、短脉冲、宽频带、大扩散角的纵波探头（见图 8-8）。使用纵波是因为纵波具有最快的速度，信号容易识别；使用短脉冲和宽频带是为了得到最好的分辨力；要求高灵敏度是因为衍射信号相对很弱，探头必须具有很好的发射和接收特性。此外 TOFD 探头对指向性要求不高，并不追求小的扩散角。相反，为了提高检测效率，增大扫查覆盖范围，首次扫查往往选用大扩散角探头，其晶片尺寸比常规脉冲反射法超声探头小很多，一般直径为 3~6mm。

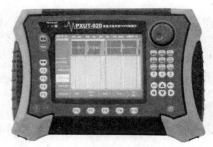

图 8-7　TOFD 检测仪主机

图 8-8　TOFD 常用探头

TOFD 探头晶片一般采用复合压电晶片，能有效提高发射和接收灵敏度，且直径一般不超过 25mm。TOFD 探头相对于常规压电晶片探头具有以下优点：

① 横向振动很弱，串扰声压小；
② 机械品质因数 Q 值低；
③ 带宽大（80%~100%）；
④ 机电耦合系数大；
⑤ 灵敏度高，信噪比优于普通压电晶片探头。

在常规脉冲反射法超声检测时，一般选用声束扩散角小的探头，这样的声束指向性好，超声波的能量更集中，有利于提高横向分辨力和检测灵敏度。但在 TOFD 检测中，由于缺陷的识别和测量不是基于缺陷反射回波信号，而是基于缺陷的衍射信号，所以不需要入射声束和缺陷成某种角度，只需声束与缺陷接触就会产生衍射信号，因此 TOFD 探头不需要具有小的扩散角，而为了提高检测效率，使声束能覆盖更大的检测范围，往往选择声束扩散角较大的探头。

TOFD 探头的声场激发过程（见图 8-9）是从多个小晶片的位置同时激发，形成多点声源，产生大的扩散声束，由于声束是由多个声源在不同位置相互干涉和叠加形成，因此主声束与扩散声束之间的能量差异不像常规脉冲反射法单晶探头那么明显，从而实现大范围的扫查。相控阵探头也是由多个小晶片形成多点声源，但不是同时激发，而是延时激发。

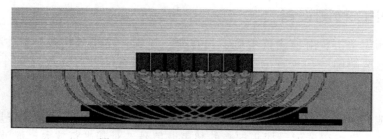

图 8-9　TOFD 探头的声场激发过程

（3）扫查架

扫查架作为 TOFD 主机的延伸部分主要负责夹持探头、传输信号，一般还配有前置放大器，以对信号进行放大和滤波处理，同时还配置有探头支架、编码器、磁性轮等。

当对小直径管道的焊缝进行 TOFD 检测时，可使用链式扫查架进行扫查，如图 8-10 所示。探头支架是用来夹持探头的，在夹持端和横梁连接的位置有弹簧装置，该弹簧会给探头施加一个向下的力，同时弹簧的伸缩性可以保证探头能够平稳地耦合在被检工件的表面（见图 8-11）。

 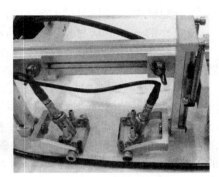

图 8-10　链式扫查架　　　　　　　　图 8-11　探头支架

（4）TOFD 楔块

当单独使用 TOFD 探头时，基本就相当于使用一个直探头。根据检测工艺要求，需在工件同侧同时使用两个 TOFD 探头进行检测，一个是发射信号的探头，另一个是接收信号的探头。为了保证信号的发射和接收，探头应与工件表面产生一定的角度，而这些角度，就需要通过楔块（见图 8-12）来辅助实现。

根据检测深度的不同，需要选择不同的入射角度，小角度楔块匹配较厚的工件，大角度楔块匹配较薄的工件。因此采用探头与楔块分离的方法，可根据不同的需要，选择不同的楔块进行组合。

图 8-12　TOFD 不同角度的楔块

8.1.3　TOFD 检测操作

（1）被检测工件准备

① 检查焊缝外观、余高宽度与高度、两侧母材的厚度是否一致等。扫查面侧余高过宽可能影响探头间距设置，底部焊缝过宽会导致下表面盲区增大，不等厚连接焊缝可能引起多个底波。

② 检查扫查面是否平整，宽度是否满足扫查器放置和声束的行程。清除表面的焊接飞溅、铁屑、油污及其他杂质。检查粗糙度是否影响耦合，机加工表面不超过 $6.3\mu m$，喷丸表面不超过 $12.5\mu m$。

③ 确定和标记检测区域，画出焊缝中心线和检测区宽度。

④ 要求去除余高的焊缝，应将余高打磨到与邻近母材齐平；保留余高的焊缝，如果焊缝表面有咬边、较大隆起和凹陷等也应进行适当的修磨并做圆滑过渡以免影响检测结果的测定。

⑤ 如果有必要，可以对焊缝两边的母材进行是否有分层和撕裂的检查，这有助于解释 D/B 扫描中的带状信号，如果母材有分层缺陷，在焊缝 TOFD 检测记录中能够发现。

(2) 选择超声探头

① 短脉冲、直通波的脉冲长度不超过两个周期。

② 直通波与底波信号的时间周期至少应达到 20 个信号周期。

③ 频率的选择应从材料本身、晶片尺寸和声束扩散等方面综合考虑。

④ 选择探头角度和晶片尺寸，通过计算或使用相关软件绘制出声束的扩展和合成的检验覆盖区域。

(3) 探头参数的测定

① 校准探头的零点、前沿和超声波在楔块中传播的时间。

② 测量方法：放置两个探头于平整的平面上，使两探头楔块耦合面相贴合，如图 8-13 所示，相对压紧使两个探头达到良好耦合，移动两个探头的相对位置，在仪器中找出其最高波的位置，两探头接触的中间点即为入射点，重叠的一半距离即为前沿，由 A 扫描信号可读出超声波在探头楔块中的传播时间。

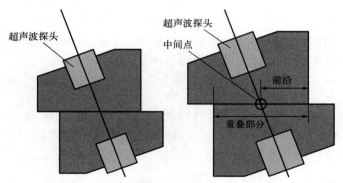

图 8-13 探头零点和前沿测量

(4) 设置探头间距（PCS）

PCS 值为两个 TOFD 探头中间点的距离，如图 8-14 所示，探头端面间距尺寸＝PCS－探头前沿×2，根据探头间距调整扫查架上探头的间距尺寸。

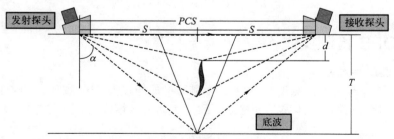

图 8-14 探头端面间距尺寸计算

① 使用 $2/3T$ 准则或其他适当的选择来确定所使用探头的中心距。

② 将探头安装在扫查架上，确认 PCS 与焊缝余高的宽度及扫查面能适应。

③ 薄板检测时，扫查架上探头的 PCS 不准是造成测量缺陷自身高度和深度误差的一个主要原因。

(5) 选择 TOFD 探头组数和必要的扫查次数

① 根据标准要求和所检测焊缝的参数，确定检测区域。根据规程要求确定使用几组探头和进行几次扫查以保证覆盖所检测焊缝的深度和宽度范围。

② 如果需要使用一组以上的 TOFD 探头，应按照以上步骤（2）和（3）进行多次选择。

③ 对每一组探头按照各自的检测区域进行参数优化，包括探头的频率、晶片尺寸、PCS。

④ 根据所使用的设备通道数，确定具体的扫查方案。

(6) 选择 A 扫描采集参数

① 选择数字化频率，应与时间测量精度一致，以获得足够的波幅分辨力，数字化频率通常为探头标称频率的 6 倍以上。

② 选择滤波设置，以获得最好的信噪比，最小带宽应为 $0.5\sim2$ 倍的探头标称频率。

③ 选择激发脉冲宽度设置，以获得最短的信号和最大的分辨力。

④ 设置信号平均值至最低要求，以获得一个合理的信噪比。

⑤ 设定脉冲重复频率，要求与数据采集速度相称。

(7) 设置时间窗口

① 如果在深度方向上是一次扫查，时间窗口可根据直通波或波形转换波设置。

② 窗口的起始位置应设置在直通波达到接收探头前 $0.5\mu s$。

③ 窗口宽度应设置在工件底面一次波形转换波后，以便观察底面反射纵波信号之后是否有信号显示。

④ 有些近表面缺陷，其纵波信号出现在直通波附近，难以观察到其产生的横波信号，会出现在底面反射纵波信号之后，观察这些信号可以发现和验证某些缺陷。

⑤ 如果在深度方向上分区扫查，有些分区没有直通波和底波，对这些分区必须通过计算设置时间窗口，并在对比试块上进行校核，且验证其邻近区域的相互覆盖。

(8) 数据存储与调用

图谱扫查完成后，自动完成存储。通过文件系统数据浏览可寻找需要调用的 TOFD 图谱。

8.1.4 TOFD 检测应用案例

国内的特种设备行业中，中国第一重型机械集团公司 2003 年最早将 TOFD 技术用于工程检测并申请为企业标准，应用在神华煤液化工程中壁厚达 340mm 的加氢反应器。此外，在核工业、电力、石油系统，TOFD 技术的研究和应用也在蓬勃发展，影响日益扩大。

(1) 管道焊缝根部腐蚀检测

某些石化行业在役管道系统由于承载介质的腐蚀、冲蚀等因素，导致焊缝根部和热影响区部位产生腐蚀。用常规超声检测方法检测被腐蚀的焊缝或母材的形状极其困难，从而妨碍对腐蚀的准确检测和测量。TOFD 技术是评估焊缝根部腐蚀以及类似条件（例如流动加速腐蚀）的有效选择。检查的目的都是准确测量壁厚、焊缝和热影响区。被腐蚀面的不可预测形状通常会使常规脉冲反射法检测无效。

(2) 球罐的检测

对于球罐中危害性最大的裂纹缺陷，射线检测灵敏度较低，容易漏检；常规脉冲反射式超声检测相对于射线检测来说灵敏度较高，能发现裂纹缺陷，但测长和测高误差较大；TOFD 灵敏度最高，定量准确，图像相对更加直观，检测周期也相对较短，不用辐射防护，检测图像更易保存和传输。因而在球罐焊缝检测方面，TOFD 技术必将逐步取代射线检测和常规脉冲反射式超声检测。

（3）TOFD 检测报告样表（表 8-1）

表 8-1　衍射时差法超声 TOFD 检测报告样表

委托单位	××容器制造厂		委托编号		×××××
单位内编号/设备代码		×××××	报告编号		×××××
一、被检设备					
设备名称	泥浆气体分离器	设备编号	×××××	设备规格	$\phi1400mm/4.0MPa$
主体材质	Q345R	工作介质	油、气、水	设备状态	在制
坡口形式	V	焊接方法	SMAW+SAW	工件壁厚	$T=26mm$
焊后热处理	去应力热处理	检测部位	对接接头	检测时机	焊后
二、检测设备及器材					
检测仪器	仪器型号：PXUT-920		仪器编号：×××××		
耦合剂	水、化学浆糊	对比试块	对比本体 40mm 盲区试块	扫查装置	手动扫查器
探头型号	PDA886	楔块型号	$\beta L70°3″/8\ f>5MHz$	楔块角度	70°
探头频率	5MHz	探头尺寸	$\phi6mm$	探头间距	96mm
三、检测条件					
执行标准	NB/T 47013.10-2015	检测工艺编号	×××××	检测比例	100%
温度	20℃	灵敏度设置	调整直通波波幅高度	扫查方式	非平行扫查
扫查增量	0.25mm	信号处理方法	4 次平均降噪	耦合补偿	4dB
技术级别	A 级	表面状况	平整，Ra 不低于 $6.3\mu m$	验收标准	Ⅱ级
四、检测结果					
数据文件			×××××-×××××		

序号	焊缝编号	缺陷位置 X	长度 l	深度 d_1	高度 h	偏离中心线值〔Y〕	缺陷类别	质量级别	数据文件名
1	A1	/	/	/	/	/	/	/	×××××
2	A2	/	/	/	/	/	/	/	×××××
3	B1	/	/	/	/	/	/	/	×××××
4	B2	/	/	/	/	/	/	/	×××××
5	B3	/	/	/	/	/	/	/	×××××

检测部位分布简图

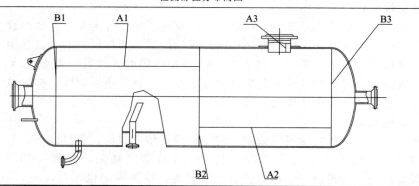

续表

五、检测结论							

编制：				审核：			
日期：	年	月	日	日期：	年	月	日

8.1.5 TOFD 检测的典型焊接缺陷

(1) TOFD 成像

由于衍射信号的幅度较低，TOFD 通常使用前置放大器和提高信噪比性能的硬件来执行。TOFD 的成像并非缺陷的实际图像显示，而是通过扫查时探头所接收到的 A 扫图形转换为黑白两色的灰度图，为了能有更清晰的图像要求至少 256 级的灰度分辨率（见图 8-15）。

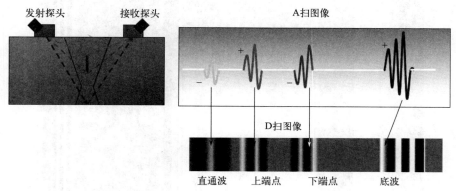

图 8-15 TOFD 相位对应的成像

利用灰度来表示振幅（见图 8-16），当回波处于水平位时用中间灰色表示，当波形向正半周变化时由灰色向白色渐变，当波形向负半周变化时由灰色向黑色渐变。

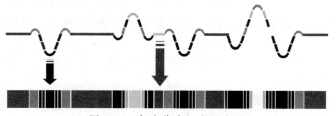

图 8-16 灰度代表幅度示意图

当使用 TOFD 对无缺陷的焊缝进行非平行扫查时，获得连续扫查的 A 扫和 D 扫图像如图 8-17 所示。

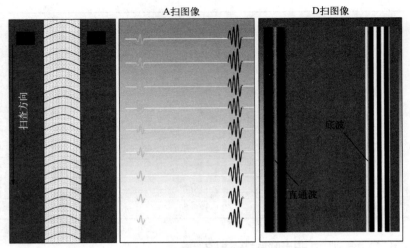

图 8-17　无缺陷时非平行扫查图像

当使用 TOFD 对含裂纹缺陷的焊缝进行非平行扫查时，获得连续扫查的 A 扫和 D 扫图像如图 8-18 所示。

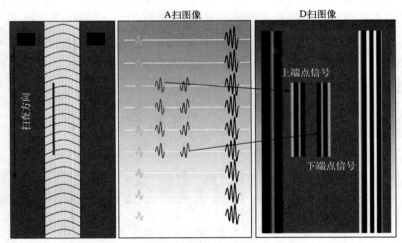

图 8-18　含裂纹缺陷时非平行扫查图像

（2）表面开口缺陷成像

表面开口缺陷会影响直通波的显示（见图 8-19），因为该缺陷中断了直通波，允许用 TOFD 来确定缺陷是否为表面开口缺陷。由于只存在下端点信号，该信号可用于测量缺陷的深度。

当表面开口缺陷深度非常小时（见图 8-20），直通波并没有断开，但明显滞后。

（3）近表面缺陷成像

从图 8-21 可以看出，在近表面发现的缺陷，由于与直通波距离近，因此上端点信号与直通波叠加在一起难以区分。

（4）底面开口缺陷成像

当底面开口缺陷深度较大时，底波被完全阻断，因此 TOFD 探头接收不到底波信号，导致 TOFD 图像底波部位显示断开，如图 8-22 所示。

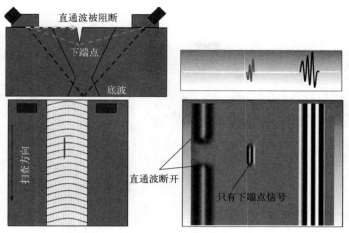

图 8-19　表面开口缺陷非平行扫查图像

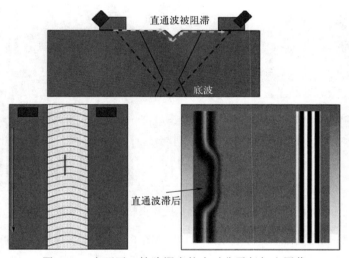

图 8-20　表面开口缺陷深度较小时非平行扫查图像

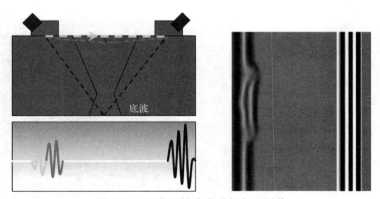

图 8-21　近表面缺陷非平行扫查图像

当底面开口缺陷深度较小时，无法完全阻挡底波，因此 TOFD 探头仅能接收到部分底波信号，导致 TOFD 图像底波部位显示并未断开，但明显滞后，如图 8-23 所示。

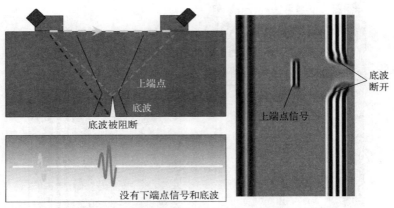

图 8-22 底面开口缺陷深度较大时非平行扫查图像

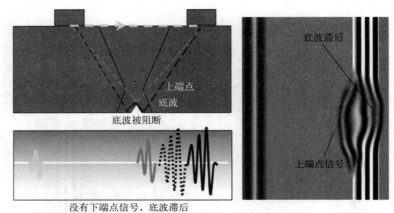

图 8-23 底面开口缺陷深度较小时非平行扫查图像

V形坡口根部未焊透试件非平行扫查图像见图 8-24，部分上端衍射波被底波覆盖，导致底波信号的波纹有扰动现象，但整个缺陷两侧的底波仍然可见。该试件材料中还有点状小缺陷和晶粒噪声，这种情况并不罕见。

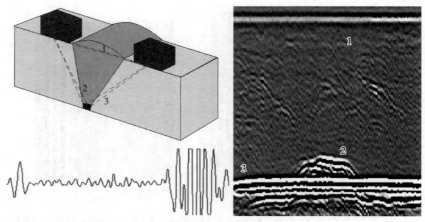

图 8-24 V形坡口根部未焊透的非平行扫查图像

根部内凹或者烧穿的非平行扫查图像见图 8-25，底波产生变形，上端点信号很弱，与 V 形坡口根部未焊透的区别为拖尾延伸到底波信号。

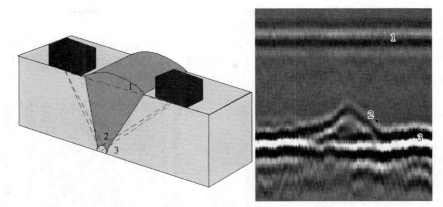

图 8-25　根部内凹或者烧穿的非平行扫查图像

（5）裂纹成像

TOFD 裂纹成像有以下特点。

① 裂纹一般多数有一定自身高度可区分上、下端点。

② 密集气孔的成像特征与裂纹非常相像，同样为抛物线形条纹，且呈分散状。但密集气孔缺陷成像的抛物线尖端比裂纹平缓，且在焊缝深度方向的分布比裂纹缺陷更集中，而裂纹在较大深度范围分散，这与密集气孔产生后上浮无法在焊缝横向分散有关。因此，根据抛物线尖端的尖锐程度及其在扫查方向上的分散程度可以区分密集气孔和裂纹缺陷。

③ 采用手工超声波进行辅助定性，观察波形特征（波高、波形）；采用多 K 值探头检测观察幅度差。

横向裂纹的波纹与点状缺陷的波纹有些类似（见图 8-26），但该抛物线较长的拖尾区别于气孔抛物线，TOFD 非平行扫查显示一组典型的双曲线。通常用 TOFD 非平行扫查很难将横向裂纹与近表面气孔的波纹显示区分开来，要明确缺陷性质，一般还要附加平行扫查，也可使用其他技术如常规超声检测、磁粉检测或者渗透检测进行进一步检查，以更好地确定相关显示的缺陷性质，还可用一对倾斜成与焊缝轴线夹角为 45°的 TOFD 探头进行一个补充扫查，可增加衍射区域，从而增加信号波幅，提高缺陷的检出率。使用此补充扫查的前提是该焊缝余高的宽度不能太大。

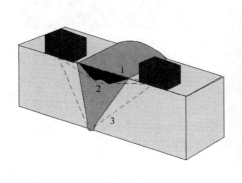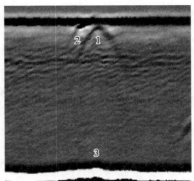

图 8-26　横向裂纹非平行扫查图像

(6) 单个气孔或很小的夹渣成像

当气孔或夹渣几何尺寸较小时,由于长度和高度很小,上、下端点衍射回波没有明显分离,形成了一个独立平滑的抛物线(见图 8-27),而且相位无法分辨。抛物线边缘的清晰度向两侧逐渐下降,A 扫波形中相位变化不明显,底波、直通波没有明显变化。缺陷自身衍射波相位反转不明显且下端衍射波波幅比上端衍射波波幅小。这类缺陷形状容易识别,且一般不写入报告,但如果存在密集气孔,就有必要测量其体积,如果超出相关标准的规定,就需要记录并报告其大小。

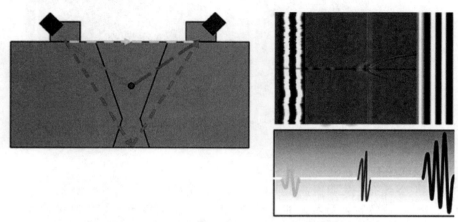

图 8-27 单个气孔或非常小的夹渣非平行扫查图像

(7) 密集气孔成像

密集气孔图像呈现出一组幅度各异的弧线,如果气孔靠得很近,则 TOFD 信号图像会出现层叠现象,很难区分几个气孔之间的边界,A 扫波形杂乱无章(见图 8-28)。

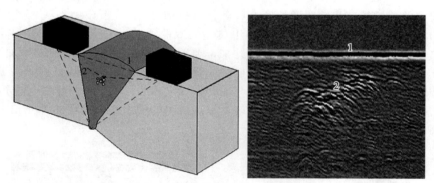

图 8-28 密集气孔非平行扫查图像

(8) 未熔合成像

未熔合分为根部未熔合、层间未熔合和坡口未熔合,由于根部未熔合属于底面开口缺陷,在这里就不再赘述。层间未熔合和坡口未熔合的唯一区别是未熔合金属的取向。探头获得的层间未熔合信号是反射波而不是衍射波,因而产生波幅很大的信号(见图 8-29)。平面状缺陷有长度,但无法从 TOFD 显示中评估其深度范围。

层间未熔合的缺陷图像边缘轮廓比较模糊、特别不规则,且底波变化比较明显,底波和变形波之间图像显示也很直观(见图 8-30)。若缺陷较长,则很容易与密集气孔或点状缺陷区分开,否则该缺陷的上、下端点很难区分。

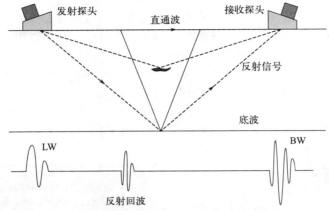

图 8-29 层间未熔合 TOFD 扫查示意图

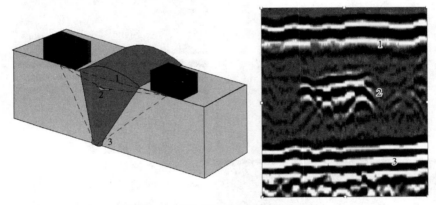

图 8-30 层间未熔合非平行扫查图像

X 形坡口未焊透缺陷衍射波较强，杂波较少，TOFD 图像边缘清晰、亮度较大，底波和变形波之间图像显示很直观（见图 8-31）。观察 A 扫波形中的相位变化，定其深度，辅以平行扫描确定其水平位置及其坡口形式等，深度方向的显示是非线性的。

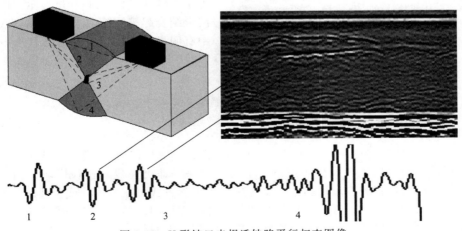

图 8-31 X 形坡口未焊透缺陷平行扫查图像

171

坡口未熔合类似于 X 形坡口未焊透缺陷，但有两点不同：一是坡口未熔合缺陷方向倾斜沿坡口熔合面延伸；二是坡口未熔合缺陷是两条连续的直线条纹。

如果缺陷是坡口未熔合，其深度可能与根部位置不重合。当进行平行扫查时，探头分别放置在最短的时间轨迹上，此时两探头连线中点与焊缝中心线有一定偏移。

在非平行扫查时，表面附近有时会发现坡口未熔合缺陷。这可能导致上端点出现在盲区，即部分埋藏于直通波中。这可能会增加直通波的波幅，并作为识别上端点存在的线索，但如果没有去除直通波，就不可能识别上端点（见图 8-32）。一些设备允许去除直通波，从而揭示在直通波内隐藏的部分缺陷，但是使用这个功能时必须小心。

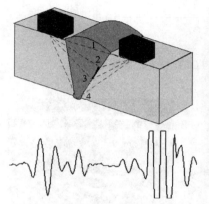 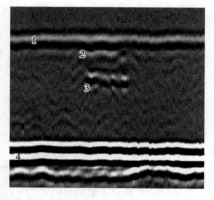

图 8-32　坡口未熔合非平行扫查图像

（9）夹渣成像

夹渣缺陷的图像与裂纹相似，沿着扫查方向两端是尖锐的抛物线，且在较大范围内分布并呈分散状。粗断续条纹特征反映了夹渣的粗糙表面，是夹渣缺陷与其他类型缺陷之间的重要区别。如果单纯看 TOFD 显示图像（见图 8-33），点状夹渣在衍射信号不太强的情况下很容易被误判为单个气孔，但将 TOFD 显示图像和 A 扫波形结合起来很容易将其定性，A 扫波形中有明显的变化但底波变化不大。

图 8-33　夹渣非平行扫查图像

8.2　超声相控阵检测

8.2.1　超声相控阵检测简介

超声相控阵检测（phased array ultrasonic testing，PAUT）通过阵元发出的声束的有序叠加，可以灵活地生成偏转及聚焦声束，不需更换探头即可完成对被检区域的高分辨率检测，且其特有的线性扫查、扇形扫查、动态聚焦等工作方式可在不移动或少移动探头的情况下对零件进行高效率检测。因此，较传统的单晶片超声检测，超声相控阵的声束更灵活、检测速度更快、分辨力更高、更适用于形状复杂的零部件检测。

(1) 超声相控阵检测发展

超声相控阵技术的最早应用始于 20 世纪 70 年代的医学超声诊断领域；到 80 年代早期，超声相控阵技术从医学领域发展到工业领域；到 80 年代中期，随着计算机技术的飞速发展，超声相控阵成像技术逐步应用于航空航天、核工业等重要工业领域。最初，由于系统的复杂性、固体中波动传播的复杂性、大数据计算处理能力差、成本费用高等原因，限制了超声相控阵在工业无损检测中的推广使用。近年来，随着压电复合材料、纳秒级脉冲信号可控制、大数据处理分析、软件技术和计算机模拟等高新技术在超声相控阵成像领域的综合应用，超声相控阵检测技术得到快速发展，逐步应用于工业无损检测领域。

(2) 基本原理

将一块复合压电晶片切成若干小晶片，并以一定的阵列方式进行排列，每个晶片都由单独的脉冲发射和接收电路进行控制，通过控制每一个晶片的激发时间，可以达到控制波阵面的效果（见图 8-34）。如果同时激发各个晶片，每个晶片将同时产生超声波，此时各个晶片产生的超声波波阵面会叠加在一起形成一个新的波阵面，各晶片产生的超声波叠加之后合成的超声波与单个相同面积同样晶片产生的超声波基本一致。

当各个晶片接收到拥有不同延时量的发射激励脉冲时，相控阵探头能够实现不同的超声波阵面，从而使发射出的超声波声束拥有偏转特性或聚焦特性。我们把各个晶片所遵从的延时规则称为相控阵聚焦法则。

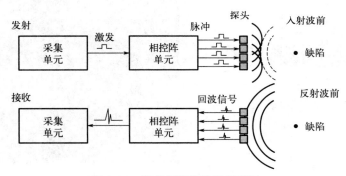

图 8-34 超声相控阵检测原理图

① 相控阵探头声束的聚焦和偏转。常规脉冲反射式超声检测一般分为接触式检测和非接触式检测，接触式检测中主要使用垂直入射声束和角度入射声束，而在非接触式（即水浸）检测中，大部分使用的是聚焦探头，产生聚焦声束。每一种声束都对应着不同的探头形式，而且一种探头形式通常都对应着一种声束类型，互相之间很难通用。而相控阵探头产生的声束就像是孙悟空手中的金箍棒，可长可短、可粗可细，同一个探头可以产生多种类型的声束。

当相控阵多晶片无时间延迟激发时，得到的是如图 8-35 所示的垂直入射声束，等效于接触式垂直入射探头。

当相控阵多晶片按照递增时间延迟激发时，得到的是如图 8-36 所示的角度入射声束，等效于带角度楔块的探头。

声束偏转控制的特点：使用单一的探头可以进行多角度检测；可以使用不对称的聚焦法则，例如线性法则；使用一维阵列时，仅能在一个平面上进行声束控制；一个探头既可以产生横波，又可以产生纵波。图 8-37 所示的是晶片不同的延时产生不同的偏转角度。

当相控阵多晶片按照山峰状弧形的时间延迟激发时，得到的是如图 8-38 所示的聚焦声束，等效于图 8-38 所示的常规超声水浸聚焦探头。此时的常规超声水浸聚焦探头是内凹式的晶面，才会产生如图 8-38 所示的聚焦声束。

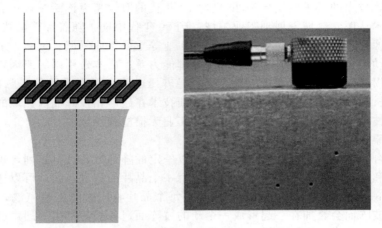

图 8-35　相控阵模拟常规超声直探头检测示意图

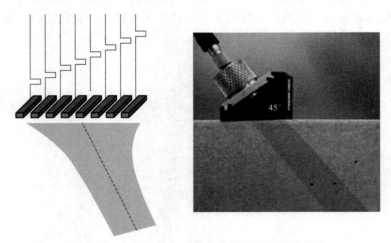

图 8-36　相控阵模拟常规超声斜探头检测示意图

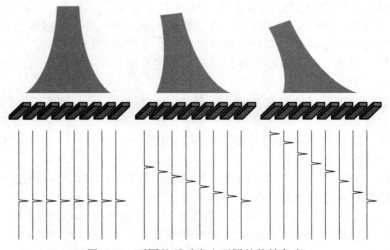

图 8-37　不同的延时产生不同的偏转角度

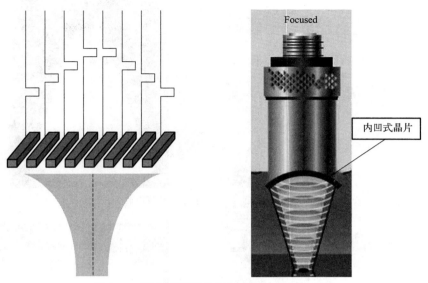

图 8-38　相控阵模拟常规超声聚焦探头示意图

通过改变晶片的延时法则，声束能聚焦在不同的深度。声束聚焦需要采用对称的延时法则。图 8-39 所示的是晶片采用不同的延时产生不同的聚焦深度。

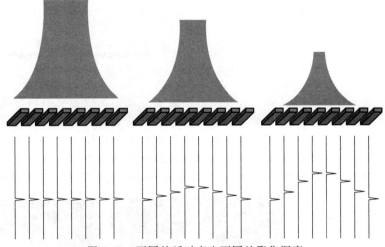

图 8-39　不同的延时产生不同的聚焦深度

② 相控阵探头声束的扫查模式。超声相控阵进行工作时主要有三种扫查方式，分别为：扇形扫查、线性扫查和动态深度扫查。

扇形扫查即 S 扫描，在设定深度上，相控阵探头按聚焦法则分别计算每个偏转角度的聚焦延迟，激发时以从左至右的顺序分别激发，形成一定范围内的扇形扫查。扫查时需要设置扇形扫查范围、角度间隔和聚焦深度。图 8-40 给出了扇形扫查的检测原理和扫查成像图。

线性扫查又称电子扫查。扫描时先将探头阵元分为数量相同的若干小组，由延迟器传输的触发脉冲分别依次激发各小组阵元，检测声场在空间中以恒定角度对探头长度方向进行扫查检测。线性扫查检测前需要设定好阵元数、聚焦深度。图 8-41 给出了线性扫查的检测原理和扫查成像图。

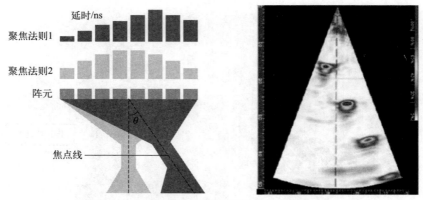

图 8-40　扇形扫查的检测原理和扫查成像图

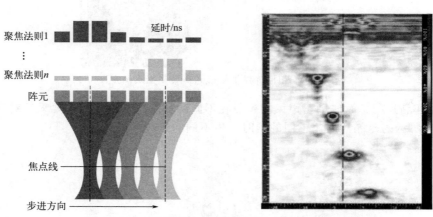

图 8-41　线性扫查的检测原理和扫查成像图

动态深度扫查又称动态深度聚焦，超声波声束沿阵元中轴线，对不同深度的焦点进行扫查，分为发射动态深度聚焦和接收动态深度聚焦。发射动态聚焦即在发射时以不同聚焦深度延迟对探头进行分别激发，声束焦点在空间中深度方向延伸；接收动态聚焦在发射时使用单个聚焦脉冲，通过接收时不同深度接收延迟对回波脉冲重新聚焦。

图 8-42 所示为动态深度扫查示意图，以及普通扇形扫查成像和动态深度聚焦成像对比。

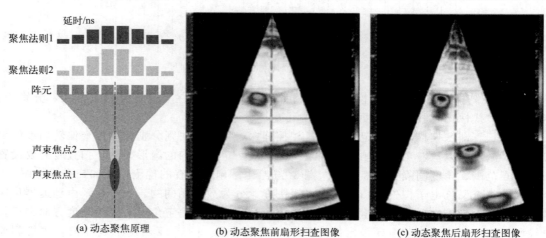

(a) 动态聚焦原理　　(b) 动态聚焦前扇形扫查图像　　(c) 动态聚焦后扇形扫查图像

图 8-42　动态深度扫查示意图及普通扇形扫查成像与动态深度聚焦成像对比

(3) 相控阵优点及应用范围

由其原理可知，超声相控阵最显著的特点是可以灵活、便捷、有效地控制声束形状，极大地提高了检测效率。由于探头中阵元由计算机控制，其声束角度、焦柱位置、焦点尺寸及位置在一定范围内连续、动态可调，而且探头内可快速平移声束，因此与传统超声检测技术相比，超声相控阵可以不移动探头或尽量少移动探头，可扫查厚大工件和形状复杂工件的各个区域，解决了可达性差和空间限制问题。而且相控阵探头由多个晶片同时聚焦，聚焦区能量远大于普通单晶聚焦探头，具有更高的检测灵敏度和分辨力。超声相控阵通常不需要复杂的扫查装置、不需要更换探头就可实现整个体积或区域的多角度、多方向扫查。

相控阵超声检测的适用范围非常广，从检测对象的材料来讲，可用于金属、非金属和复合材料的检测；从检测对象的制造工艺来说，可用于锻件、铸件、焊接件等；从检测对象的形状来说，可用于板材、棒材、管材等；从检测对象的尺寸来说，厚度可小至1mm，也可大至几米；从缺陷部位来说，既可检测表面缺陷，也可检测内部缺陷。

8.2.2 超声相控阵检测设备

(1) 超声相控阵检测系统的构成

图 8-43 是超声相控阵检测系统构成示意图。根据扫查器的驱动方式，其又分为电机驱动的自动化检测系统和手动驱动的半自动检测系统，两者都可以根据编码器的位置信息记录检测数据，配套的设备都称为可记录的超声检测设备。

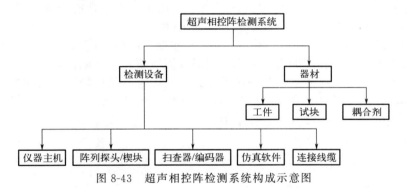

图 8-43 超声相控阵检测系统构成示意图

(2) 探头

相控阵探头可以有各种尺寸、形状、频率及晶片数量，所有这些探头的共同特点是都装有一个被分割成若干段的压电晶片。

相控阵探头一般由压电复合材料组成，具体地说就是许多细小、极薄的压电陶瓷棒被嵌在聚合物矩阵中（见图 8-44）。与在其他方面设计相似的压电陶瓷探头相比，这种复合材料探头在一般情况下可提供的灵敏度会高出10dB到30dB。探头组合件包含一个保护性匹配层、一个背衬层、线缆连接器以及一个外壳。

相控阵探头（见图 8-45）根据基本参数从功能上被分成不同的类别：大多数相控阵探头属于角度声束类型，与塑料楔块、

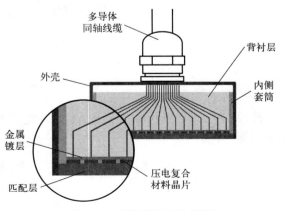

图 8-44 相控阵探头结构图

平直塑料靴（即零度楔块）或延迟块一起使用。此外，还有直接接触式探头和水浸式探头。

图 8-45　各种类别相控阵探头

超声缺陷探测一般使用 2～10MHz 的频率，因此大多数相控阵探头都属于这个频率范围，此外，还有频率更低或更高的探头。使用常规探头，穿透性能会随着频率的降低而增加，而分辨率及聚焦锐利度会随着频率的升高而增强。

常用的相控阵探头一般有 8～128 个晶片，有些探头的晶片达 1024 个。随着晶片数量的增多，声波聚焦与电子偏转的能力会增强，同时检测所覆盖的区域也会扩大，然而探头和仪器的成本也会增加。每个晶片被单独的脉冲激励，因此这些晶片排列方向的维度通常被称为主动方向或偏转方向。随着晶片宽度的减小，声束电子偏转的性能会增强，但是要覆盖大区域就需要有更多的晶片，因此成本也会增加。

相控阵探头的参数说明如图 8-46 所示。

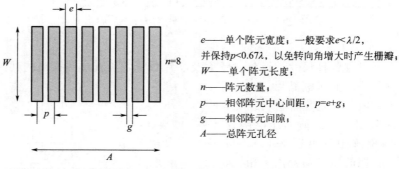

e——单个阵元宽度；一般要求 $e<\lambda/2$，并保持 $p<0.67\lambda$，以免转向角大时产生栅瓣；
W——单个阵元长度；
n——阵元数量；
p——相邻阵元中心间距，$p=e+g$；
g——相邻阵元间隙；
A——总阵元孔径

图 8-46　相控阵探头阵元参数说明

按照 JB/T 11731—2013《无损检测　超声相控阵探头通用技术条件》相控阵探头的命名规则如下：

5	L	64	-0.8	×10	-B	6	-P	-110	-2.0	-H1
频率	阵列类别	阵元数	阵元中心距离	阵元长度	探头类别	外壳型号	电缆线型号	电缆线电容量（毫米）	电缆线长度	连接器型号

第一个符号代表频率：5 代表 5MHz。其他可选频率包括：1＝1MHz；2＝2MHz；3.5＝3.5MHz；7.5＝7.5MHz；10＝10MHz；15＝15MHz。

第二个符号代表阵列类别：L 代表阵列（linear）。其他阵列类别代码包括：M 代表矩阵（matrix）；A 代表圆环阵（annular）；V 代表凸阵（convex）；C 代表凹阵（concave）；S 代表特殊阵列（special）。

第三个符号代表阵元数：64 代表 64 阵元。

第四个符号代表阵元中心距离：0.8 代表阵元中心距离为 0.8mm。

第五个符号代表阵元长度：10 代表阵元长度为 10mm。

第六个符号代表探头类别：由制造商定义。例如：

A—楔块集成（A45 集成 45°楔块，A0 集成 0°楔块）

B—线阵/面阵等楔块与声头分体探头（B1，B2）

R—凸/凹阵弧度（R29：弧度半径 29mm）

I—水浸

第七个符号代表外壳型号：由制造商定义给定探头类别所用的外壳型号。

第八个符号代表电缆线型号：P 代表保护层为 PVC 电缆线。其他型号包括：M 代表保护层为金属；U 代表保护层为无卤低烟材料。

第九个符号代表电缆线电容量：50 代表电缆线的分布电容为 50pF/m。其他规格有 60＝60pF/m；75＝75pF/m；90＝90pF/m；110＝110pF/m。

第十个符号代表电缆线长度：2.0 代表电缆线长度为 2.0m。

第十一个符号代表连接器型号：H1 代表连接器型号为 H1。

(3) 楔块

类似于常规斜探头，相控阵探头也使用楔块。相控阵探头的楔块除了可以实现斜入射、波形转化、曲面检测、保护探头等作用外，还可以减少相控阵偏转角度范围，但无论是扇形扫查还是线性扫查，安装了楔块的相控阵探头的每一个声束的入射点或探头的前沿距离都会变化（见图 8-47）。

图 8-48 所示是各种类别相控阵楔块，通常楔块制造商会给出楔块参

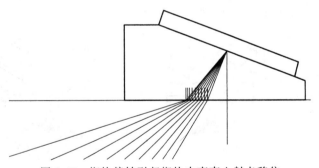

图 8-47 楔块偏转引起楔块中声束入射点移位

数，使用时在仪器的数据库中按照楔块型号选择后，楔块参数会自动载入。按照载入的楔块

图 8-48 各种类别相控阵楔块

参数，结合探头参数和检测工艺要求，仪器可自行计算相应的相控阵延迟法则，实现声束的偏转和聚焦。

按照 JB/T 11731—2013《无损检测 超声相控阵探头通用技术条件》相控阵楔块型号的命名规则如下：

第一个符号 S 代表楔块。
第二个符号 B 表示适用于非集成楔块接触式探头。
第三个符号 5 表示匹配的探头外壳型号为 5。
第四个符号 N 表示固定方式为常规（倾斜角为 0°）。
第五个符号 55 代表钢中折射角为 55°。
第六个符号 S 表示钢中的声束类型为横波。
第七个符号 I 表示辅助结构带有进水口。
第八个符号 H 表示辅助结构带有工装夹持孔。
第九个符号 C 表示辅助结构带有防磨螺钉。
第十个符号 AOD 表示曲面类别为轴向外径。
第十一个符号 50 表示曲面直径为 50mm。

图 8-49 所示为相控阵楔块曲面类别，其中 AOD 为轴向外径；COD 为环向外径；SOD 为球面外径；AID 为轴向内径；CID 为环向外径；SID 为球面内径。

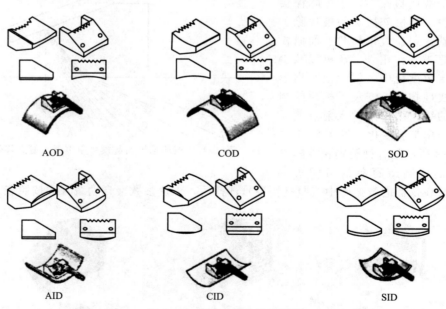

图 8-49 相控阵楔块曲面类别

（4）扫查器

相控阵扫查装置有许多种，从最简单的手动扫查装置到非常复杂的多个自由度大型电动扫查装置。

相控阵检测时，无论自动扫查还是手动扫查，探头的移动基本上是连续的，不会停止，这就需要一个装置能够随时将探头信号提供给计算机，以保证所记录信号的有效性和所生成图像的准确性，这个装置就是编码器。

相控阵扫查器的一个重要用途就是夹持探头和安装编码器，保证编码器与探头的相对位置固定，并保证编码器在工件表面的滚动能够准确完成探头位置的编码。

手动扫查器（见图 8-50）通常由一个相控阵探头与编码器简单机械连接，用手推动其沿焊缝移进行所谓"沿线扫描"。

轮式探头扫查装置（见图 8-51）是一种操作简易的扫查装置。该扫查装置由包含 64 阵元或 128 阵元的相控阵探头、低衰减的橡胶轮胎、操作方便的扫查架组成，广泛应用于复合材料分层及脱粘检测、板材腐蚀检测、大直径管材轴向腐蚀检测。

图 8-50　手动扫查器

图 8-51　轮式探头扫查装置

多探头多功能焊缝扫查器（见图 8-52）功能强大，可夹持 2～8 组探头，适用于平板对接焊缝、管道周向环轴的 PA/TOFD 检测，同时配备可靠的刹车锁紧装置，可在检测过程中将扫查器稳固停留在任意位置。

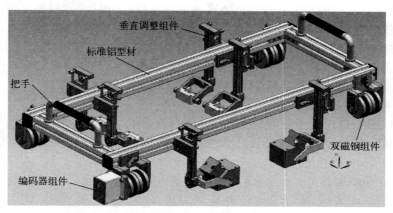

图 8-52　多探头多功能焊缝扫查器

小直径管焊缝扫查器（见图 8-53）适用于 0.8～4.5 英寸（20～114.3mm）的小直径管的周向对接焊缝的检测，同时配备 16 阵元自聚焦相控阵探头。自聚焦相控阵探头检测更有利于保证声波在管道中的声束集中，避免声波发散。其扫查架结构紧凑、小巧，可以围绕小直径管做检测。

图 8-53　小直径管焊缝扫查器

8.2.3　超声相控阵检测操作

(1) 工件表面处理

① 接触表面：清除阻碍探头的自由移动或者削弱超声振动传播的焊接溅滴和任何粗糙的东西，使探头在完全接触的表面可以自由移动。

② 焊缝表面：清除使缺陷信号模糊或者不能被发现的不规则形状。

(2) 参数设置

① 工件设置：假设被检工件厚度为 20mm，检测区域为试板中间宽度为 20mm 的区域，将工件厚度设置为 20mm，坡口类型设置为 V 型，热影响区设置为 5mm，视图设置为平铺，焊缝宽度设置为 20mm，完成设置。

② 探头：选择所用的相控阵探头。

③ 楔块设置：选择所使用的楔块型号。

④ UT 设置：主要包括"系统参数设置"和"超声参数设置"两部分。"系统参数设置"为多组 PA（相控阵）共用设置，主要包含"发射电压""重复频率""滤波频带"等参数；"超声参数设置"可各组独立设置，主要包含"声程""声速""增益""零点"等参数，可根据实际情况进行设置。

⑤ PA（相控阵）设置：PA 设置主要包含相控阵"线性扫查"、"扇形扫查"等参数设置，同时在界面包含工件和声束线仿真功能，可根据参数设置和仿真结果，调整探头前端距，了解声束是否覆盖到工件中所需检测部位。

(3) TCG 和 ACG 校准

TCG 和 ACG 校准设置主要为深度增益补偿和角度增益补偿。

TCG 和 ACG 校准步骤：类似 DAC 曲线校准，根据板厚，选择大于 2 倍板厚的最大校准深度。以 16mm 板厚工件，做 3 个点校准为例：点击"校准孔数"，输入"3"，扩散范围和扩散孔直径设置为 2mm，点击第一个校准孔深度会出现一个输入框，输入"10"，点击"OK"，第一个点设置为完成；再重复以上步骤，将"校准孔深度"分别设置为"10""20""40"，完成后点击"确认"；设置孔深数值后，将探头放置于 CSK-ⅡA-1 试块上，找到第一个 10mm 的横通孔，移动探头使得 S 扫图中所有的角度声束都能检测到该横通孔，注意观察左下侧 T 扫图中，所有声束检测到该孔的波幅不能超过 100%，如果波幅超过 100%，应重新设置增益，确保所有声束检测波幅低于 100%，同时"重置当前孔数据"，重新校准；第一个孔校准完成后，点击"校准下一孔"，按照同样的流程，校准第二个孔和第三个孔，第三个孔校准完成后，点击"校准"，完成"TCG 和 ACG 校准"，保存校准数据。

（4）扫查设置

扫查设置主要包含扫查区域设置、TCG 曲线偏移量设置和编码器设置。扫查区域设置用于设置扫查起始位置、扫查终止位置和扫查增量步进。编码器设置用于设置 B 扫、C 扫等激发方式，可实现编码器或时间激发方式，在右侧扫查中可设置表面补偿、扫查长度、距离-波幅曲线当量等。

在扫查设置界面，点击左下角的"编码器校准"，可进行编码器的校准。设置一段扫查距离，编码器扫查该段距离后，软件自动得到编码器校准值，完成校准。

（5）检测

焊缝检测时，同时从两侧扫查，并覆盖需要检测的所有区域。可以使用脉冲回波法或串列扫查法检测每个焊缝区域。可按照前面 PA（相控阵）设置的探头距离进行沿线扫查。

（6）数据存储与调用

扫查结束后，输入文件名，保存图谱文件，通过文件系统数据浏览可寻找保存好的数据图谱。

（7）超声相控阵检测报告样表（表 8-2）

表 8-2 超声相控阵检测报告样表

委托单位	××制造厂		委托编号	×××××
单位内编号/设备代码		×××××	报告编号	×××××
一、被检设备				
设备名称	管线	设备编号	×××××	设备规格	××××
主体材质	20	工作介质	水	设备状态	在制
坡口形式	V	焊接方法	GTAW	工件规格	$\phi 48mm \times 4mm$
焊后热处理	无	检测部位	对接接头	检测时机	焊后
二、检测设备及器材					
检测仪器	仪器型号：MagicScan-MS 超声相控阵成像检测仪		仪器编号：×××××	
耦合剂	水、化学浆糊	校准试块	CSK-1A	参考试块	PRB-Ⅲ
探头型号	CCB321	楔块型号	SD2-N55S	楔块角度	39°
探头频率	7.5MHz	扫查器编号	×××××	扫查装置	手动扫查器
三、检测条件					
执行标准	NB/T 47013.15—2021	检测工艺编号	×××××	检测比例	100%
温度	20℃	基准灵敏度	$\phi 2 \times 25-10dB$	扫查面	单面双侧
扫查增量	1mm	扫查方式	锯齿形扫查+线性扫查	扫描方式	A+C+S
阵元数量	16	阵元间距	0.5mm	阵元间隙	0.1mm
阵元长度	10mm	工艺验证	模拟试块$\phi 48mm \times 4mm$	耦合补偿	4dB
聚焦位置	深度 4mm	角度范围	45°～57°	角度步进	0.5°
扫查面	外表面	表面状况	平整，Ra 不低于 6.3μm	打磨宽度	30mm
技术级别	B 级	验收标准	Ⅰ级		
四、检测结果					
数据文件		×××××-×××××			

续表

序号	焊缝编号	缺陷位置 X	长度 l	深度 d_1	高度 h	偏离中心线值[Y]	缺陷类别	最高波幅水平	质量级别	数据文件名
1	GX1	/	/	/	/	/	/	/	/	×××××
2	GX2	/	/	/	/	/	/	/	/	×××××
3	GX3	/	/	/	/	/	/	/	/	×××××
4	GX4	/	/	/	/	/	/	/	/	×××××
5	GX5	/	/	/	/	/	/	/	/	×××××

检测部位分布简图

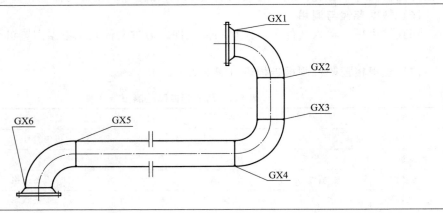

五、检测结论

编制：　　　　　　　　　　　　　　　　审核：

日期：　　　年　月　日　　　　　　　　日期：　　　年　月　日

8.2.4　超声相控阵检测的典型焊接缺陷

超声相控阵设备显示一般包含 A 型、B 型、C 型、D 型、S 型等几种基本扫描显示，如图 8-54 所示。不同设备厂家显示类型的叫法可能含义会有不同。

A 扫描显示的是波形图，记录了给定入射角度的声束回波信号，纵坐标表示波幅，横坐标表示时间，类似于普通脉冲反射式超声检测显示。B 扫描显示的是与声束传播方向平行且与工件测量表面垂直的剖面；D 扫描显示的是与声束平面及测量表面都垂直的剖面。C 扫描显示的是不同深度的工件横断面。S 扫描（如图 8-55 所示）显示的是由扇形扫查声束组成的扇面形状的图像显示，横坐标表示离开探头前沿的距离，纵坐标表示深度，沿扇面弧线方向的坐标表示声束角度，回波信号显示的颜色表示波幅的高低。焊缝检测时，S 扫描显示的是探头前方焊缝的横截面信息。

通过将不同类型的显示组合在一起，就形成了最终分析时需要用到的组合显示。组合显示可以有多种组合方式，如图 8-56 所示。

由于组合显示中每个显示都是相互关联的，所以显示也是联动的过程。例如滑动 C 扫

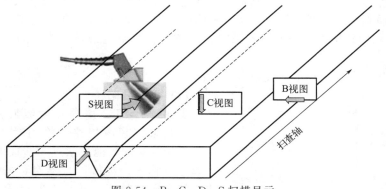

图 8-54　B、C、D、S 扫描显示

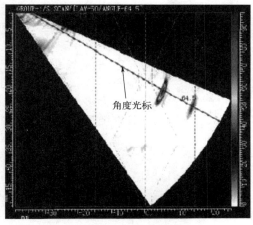

图 8-55　S 扫描显示

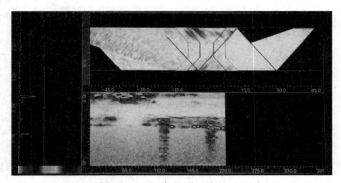

图 8-56　组合显示（A-S-C）

描显示中的扫查光标，可以发现 S 扫描显示不断变化，而滑动 S 扫描显示中的角度光标，也可以发现 A 扫描显示不断变化。

通常使用组合显示对缺陷类型进行综合分析判断，图 8-56 中右下视图为 C 扫描显示，该显示主要是发现缺陷的视图。图 8-56 中右上视图为 S 扫描显示，对缺陷性质可进行辅助分析。图 8-56 中左侧视图为 A 扫描显示，该显示作为缺陷回波波幅的主体，可以提供缺陷的动态波形、静态波形和缺陷当量的评判依据。

超声相控阵检测对缺陷的性质判别比常规超声检测更准确。在焊接接头超声相控阵检测中，缺陷的性质判别主要考虑焊接方法、缺陷的方向、波幅，以及在焊接接头中的位置，并结合 A 扫描显示中缺陷的动态和静态波形。缺陷的性质分为裂纹、未熔合、未焊透、气孔和夹渣等。

下面介绍几种常见的缺陷回波信号的特征。

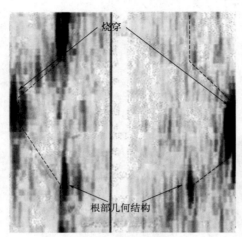

图 8-57 从焊缝两侧观察到的烧穿

(1) 根部缺陷

① 根部烧穿。烧穿在射线底片上很容易识别，但是采用超声相控阵检测时并不容易识别。由于焊接接头的熔池被吹过而造成的金属的损失，可以是对称的，也可以是不对称的。烧穿或深或浅。烧穿通常很短，并且有时呈现小且圆形的顶部，因此超声检测烧穿的幅值通常很低。使用手工扫查来定性烧穿，几乎是不可能的。对于烧穿，尽管信号很弱，但 B 扫描是最好的观察视图（见图 8-57）。

② 根部气孔。不论气孔出现在什么位置，其幅值都很低。球形的气孔使得很少的声束返回至探头。大多数的声压在入射的方向上被散射了，并且在随后的声程中，能与其他任何气孔相互作用。当气孔分散时，相关信号达到的时间往往不规则。虽然可以将成形的气孔想象成一条孤立的孔隙线，但这不常见。在单 V 形坡口焊缝根部的气孔，除了产生低振幅的发散信号外，还会减少或消除可能与根部余高有关的几何信号。

(2) 焊缝余高附近缺陷

① 焊趾裂纹。焊趾裂纹出现在焊缝余高的边缘，并且可能沿着坡口角度方向。裂纹出现在远离焊缝的热影响区时，被称为热影响区裂纹。当热影响区裂纹出现在表面以下，且沿着焊缝坡口角度，且仍在母材中时，它被称为焊道下裂纹。热影响区表面也可能是疲劳裂纹产生的区域。

焊缝余高的表面开口裂纹信号通常很强，这是因为形成了端角反射。在设计检测工艺时，需要采用足够的偏移，确保能覆盖热影响区内的缺陷。

当对焊接接头外表面出现的未熔合进行超声相控阵检测时，可以通过观察焊接接头边缘焊缝金属的缺失，识别这种类型的缺陷。造成此类缺陷的原因有时是未焊满（焊工未对熔池填充足够的焊接金属，使焊缝与板厚平齐）；有时是焊工需要对焊接接头进行多道焊接填充焊缝时，最后一道焊缝填充不足，使得焊缝边缘未熔合到母材上。可以通过缺陷的位置以及在线性扫查过程中回波出现的时间特点，确定缺陷性质。对缺陷的进一步定性，需要通过将探头放置在焊缝两侧时获得的回波幅值来确定。

② 热影响区裂纹。

从焊缝的两侧能检测到离焊缝边缘有几毫米的垂直于工件表面的热影响区裂纹，如图 8-58 所示。图中给出了从任意一侧反射的扇形扫查覆盖在焊缝轮廓线和高度为 3mm 的平面缺陷。

图 8-58 垂直于表面的热影响区裂纹

（3）中部壁厚的坡口未熔合或根部未焊透（双 V 坡口）

焊缝中一侧的未熔合，它的幅值取决于声束相对于缺陷的入射角，由于在扇形扫查中，入射的声束角度并不总是与缺陷垂直，因此，建议从焊缝的两侧进行至少两次不同偏移距离的扇形扫查。垂直的缺陷，仅仅能探测到其尖端回波。尽管根部的大多数未焊透会伴随着一些夹渣，并且回波幅值很高，但在某些情况下最好还是采用串列聚焦扫查。为了确定熔合线上的缺陷是未熔合，需要进一步评定回波出现的时间。当回波出现的时间恒定时，表明缺陷为未熔合，若时间不恒定，则可能是裂纹，如图 8-59 所示。

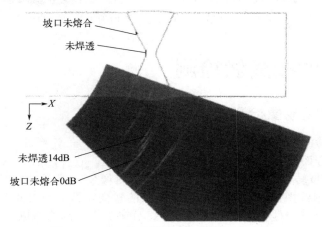

图 8-59　双 V 坡口焊缝中内部的平面缺陷

（4）中部壁厚位置的气孔

分散的气孔，其回波幅值相对较低。在双 V 形坡口中间位置的气孔，可以看到焊缝背面余高处的尖端回波幅值只比气孔中较强的回波幅值低 10~12dB，如图 8-60 所示。

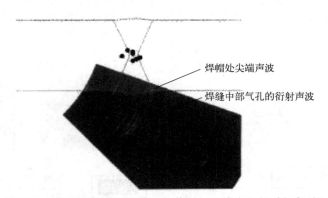

图 8-60　焊缝中气孔的回波（幅值低，回波出现的时间各异）

（5）中部壁厚位置的层间未熔合

层间未熔合的取向有多种，但是它的主平面方向通常为水平方向。部分未熔合也可能在坡口的位置形成，然后延伸成层间缺陷。通常在缺陷的坡口边缘检测的效果最好，在焊缝背面进行检测很困难。如果需要考虑这种情况，首选的方法是线扫，声束可以经过底面反射后检测出缺陷的部分，这样能检测更深的焊缝金属，如图 8-61 所示。

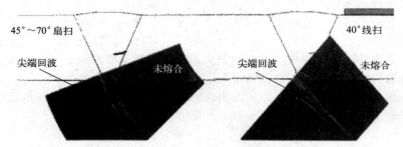

图 8-61　层间未熔合—扇扫技术（左）和增加了检出率的线扫（右）

8.3　数字射线成像检测

8.3.1　数字射线成像检测简介

数字射线成像检测（digital radiographic testing，DR）是计算机数字图像处理技术与 X 射线放射技术相结合而形成的一种先进的数字成像系统。它在原有的 X 射线直接胶片成像的基础上，通过 A/D 转换和 D/A 转换，进行实时图像数字处理，进而使图像实现了数字化，实现了模拟 X 射线图像向数字化 X 射线图像的转变，是一种 X 射线直接转换技术。它利用 X 射线检测器转化射线信息，成像环节少，分辨率高，图像清晰、细腻、动态范围大，并且后期可根据不同情况进行编辑，而且便于传输共享，在工业领域应用越来越普遍。工业在役管道的焊缝检测、壁厚腐蚀检测、铸钢件的内部缺陷检测、电子元器件的结构检查都用到了 DR。DR 的检测效率很高，同时减少了人工成本，所以在自动化生产中很受欢迎。

(1) 基本原理

数字射线成像方法与常规射线胶片照相方法在基本原理上是相同的。数字射线成像方法是 X 射线穿透工件，部分能量被材料吸收，其余的射线能量则经成像探测器转换为可见图像，经计算处理后，在显示器屏幕上显示检测结果。数字射线成像检测系统组成如图 8-62 所示。

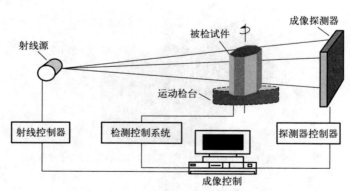

图 8-62　数字射线成像检测系统组成框图

数字射线成像方法按照成像器件的结构不同，分为直接转换型和间接转换型两种。

① 直接转换型工作机理。射线光子透照物体后，射线光子由探测器接收，通过半导体转换屏直接转换成电信号，然后再由后续电路进行数字化，以数字图像的形式显示。直接转换示意图如图 8-63 所示。

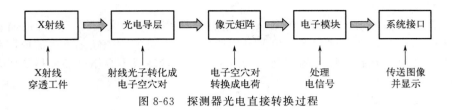

图 8-63　探测器光电直接转换过程

② 间接转换型工作机理。射线光子透照物体后，射线光子由探测器接收，经过闪烁体膜层转换为可见光，然后再由后续电路把可见光信息转变为电信号，经过计算机处理后以数字图像的形式显示。间接转换示意图如图 8-64 所示。

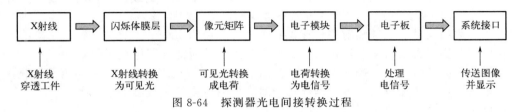

图 8-64　探测器光电间接转换过程

常用的 X 射线半导体转换材料有非晶硒、碲化镉等。常用的闪烁体材料有钨酸镉、碘化铯、硫氧化钆等。

(2) 优点及应用范围

数字射线成像技术的特点与常规射线胶片照相检测方法的区别主要表现为以下几点。

① 检测的载体不同。常规射线胶片照相方法的检测载体是胶片，而数字射线成像方法的检测载体则是计算机。

② 检测结果的显示媒体不同。常规射线胶片照相方法检测结果的显示媒体是底片，而数字射线成像方法检测结果的显示媒体则是计算机的显示器。

③ 检测影像（图像）大小不同。常规射线胶片照相方法检测的影像基本是实物原样大小的影像，而数字射线成像方法检测的图像则是放大的。

④ X 射线曝光方式不同。由于设备和工艺方法不同，常规射线胶片照相的曝光方式是间断的，曝光时间与间歇时间比不小于 1∶1，而数字射线成像则可以做到较长时间连续曝光。

⑤ 检测所需的时间不同。常规射线胶片照相方法拍摄一张胶片的曝光时间一般不少于 3min，还需要较长时间的显影、定影、冲洗、晾干，而数字射线成像方法则可以呈现实时所见的检测结果，采集和处理一幅图像仅需几秒的时间，因而检测效率大大提高，适用于连续生产的流水线上的连续检测。

⑥ 图像处理方式不同。数字射线成像检测方法可以实现数字化成像，不需要暗室处理，不会产生类似胶片和暗室处理等原因而造成的底片自身质量不合格等伪缺陷，这是数字射线成像检测的一个明显优点。

数字化图像可存储在硬盘等存储器中。数字化图像的应用提高了无损检测的管理水平和效率，可方便、迅速、可靠地归档，长时间存储其信噪比也不会变坏，且任意调用不会丢失信息，将从根本上改变传统对胶片的手工管理方式，防止丢失和损坏的情况发生。数字化存储不但节约了大量胶片，还节约了大量用于底片的存储空间和管理人员，也可以使资料的存储时间得以延长，从而降低底片的存档成本。

数字格式的图像通过宽带网络的传输，使检测公司可以集中技术水平高的人员进行底片评定，结果更公正、更合理，甚至还可以考虑建立由专家组成的远程评定中心，遇到疑难问题还能够用会诊的办法解决。

随着人工智能的发展，可实现依靠 AI 智能辅助评片，从而大大提高评图的质量。利用大数据和人工智能学习系统建立无损检测自动评片系统，可实现把缺陷产生的原因和材料工艺建立关联，同时，在智能评片的辅助下，由于人为因素造成不合格产品漏检的风险将大为降低。

(3) 辐射安全与防护

数字射线成像系统为一体化设备，应采取以下辐射安全与防护措施。

① 数字射线成像系统通过自带铅房进行射线屏蔽，自带的屏蔽铅房和操作台分开。

② 防护门设计安装门-机联锁装置，工件门完全关闭后 X 射线才能发出照射。

③ 铅房顶部设有工作状态指示灯，并与 X 射线机联锁。X 射线机工作时，警示灯开启，警告无关人员勿靠近铅房或在周围区域做不必要的逗留。

④ 铅房表面均贴有电离辐射警告标识和中文警示说明。

⑤ 铅房和操作台设有紧急停机按钮，发生紧急事故时能立即停止照射。

⑥ 设有视频监视系统，操作人员能够实时监控 X 射线机工作状态和铅房内部情况。

⑦ 铅房内设有机械排风设施，确保每小时有效通风换气次数不小于 4 次。

⑧ 操作台避开有用线束照射的方向。

⑨ 数字射线成像系统周围 1m 处画黄色警戒线，告诫无关人员不得靠近。

⑩ 各项辐射环境管理规章制度张贴于工作现场并严格执行。

⑪ 每名取得辐射工作证的辐射工作人员配备个人剂量计，工作期间必须佩戴，铅房配备 1 台个人剂量报警仪。

铅房设有通风口，数字射线成像系统检测时会产生少量臭氧和氮氧化物，通过铅房自带的排风系统排至车间，再通过车间排风系统排放至室外，少量臭氧和氮氧化物不会在车间积累，不会对周围环境产生不利影响。

8.3.2 数字射线成像检测系统

数字射线成像检测系统根据检测对象和检测技术要求的不同，存在多种类型、多种功能的组合，但是基本配置主要是由射线源、数字成像装置、图像处理系统等组成，如图 8-65 所示。

图 8-65 数字射线成像检测系统

(1) X 数字射线成像装置

数字成像装置是一种将射线能量转换成可供记录和分析的数字信号的装置。它接收到射线照射产生的与辐射强度成正比的电信号,经过后续的信号放大和模数转换等数字化过程,形成数字图像在显示器中输出显示。数字成像装置包括各种探测器和CR系统的成像板及其激光扫描仪。

X数字射线成像装置主要由闪烁体、以非晶硅为材料的光电二极管电路和底层TFT电荷信号读出电路组成。工作时X射线光子激发闪烁体层产生荧光,荧光的光谱波段在550nm左右,这正是非晶硅的灵敏度峰值。荧光通过针状晶体传输至非晶硅二极管阵列,后者接收荧光信号并将其转换为电信号,信号送到对应的非晶硅薄膜晶体管并在其电容上形成存储电荷,由信号读出电路读取并送计算机重建图像(见图8-66)。

(2) 射线源

X射线机按射线能量范围划分为低能、中能和高能射线机。

① 低能射线机:传统上认为,激发X射线的电压范围在100kV以下的射线机称为低能射线机。

② 中能射线机:一般指工业金属检测用射线机,激发X射线的电压范围在100～450kV。近年来国际上推出了一系列600kV、800kV射线机,因此将800kV以下的射线机也称为中能射线机。

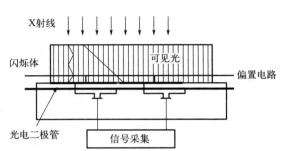

图8-66 成像装置光电转换过程

③ 高能射线机:激发X射线的电压范围在1000kV(1MeV)以上的射线机,一般称为高能射线机或加速器。

X射线机通常由X射线管、高压发生器、控制器、冷却器和高压电缆等部件组成。控制器为高压发生器提供电源,并承担电源的控制及调节功能,同时兼顾射线机的各项保护功能,如过压、过流、过温、欠流、互锁开路等。

(3) 图像处理系统

图像处理系统的主要功能是在计算机上通过相关软件实现的,按被检工件的产品验收标准的要求进行图像质量和缺陷的评定,同时生成检测数据文件和报告,再将检测图像和数据文件保存到存储介质中去。为了进一步提高采集的图像质量和可视化效果,图像处理软件还应包括亮度、对比度变换和降噪、增强、恢复等基本功能。但采用的任何图像处理方法都不应改变原始图像的文件数据。

在满足上述基本功能的前提下,图像处理系统还可以添加相应的图像分析功能。例如:缺陷识别和测量(定位、定性、定量)、工件内部结构分析、工件内部材质均匀性自动检测等。

(4) 像质计

数字射线成像检测系统的性能指标主要通过像质计测定。像质计单独或与被检工件同时透照,依据在检测图像上显示的像质计的细节影像,判定检测系统或检测图像的质量,进一步评定射线检测技术及其缺陷检测能力等。

(5) 数字成像装置的校准

在数字射线成像检测系统中,图像质量的高低主要受噪声的影响,产生噪声的最主要的部件是成像装置和射线源。噪声分为固有噪声和随机噪声。随机噪声主要来自射线源。此类噪声服从统计分布,无法完全消除,主要通过增加曝光率和多幅叠加来降低。固有噪声主要来源于成像装置,如自身电路的热辐射、闪烁体材料特性不一致、像素响应不一致、放大器响应不一致等。解决此类噪声很大程度上取决于对成像装置本身特性的分析。

成像装置的校准方法：在使用探测器进行检测前，应先进行本底校准（在没有射线照射时，探测器的所有像素的背景信号图像）或增益校准（在射线照射范围内，获取的无结构性物体的图像），或者两者都校准。可根据制造商的建议来获得高质量的图像。校准程序必须像在日常校准程序中那样完成。这样是为了确保制造商收集的数据与系统使用时收集的数据紧密匹配。

成像装置由几百万个像素组成，不可避免地存在坏像素。坏像素的存在，使数字成像出现明显的亮点或暗点，甚至是一行或一列亮条或暗条。坏像素会影响成像的质量，从而影响对图像缺陷的正确评判。因此，需要对成像装置进行校正。坏像素的分类见图8-67。

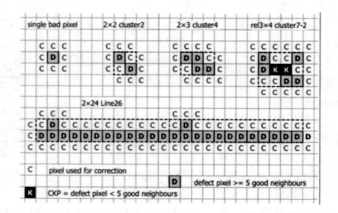

- 单一坏像素
- 成簇坏像素
- 无核(CKP)坏像素簇
- 有核(CKP)坏像素簇
- 线性坏像素

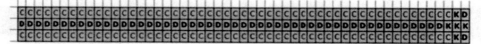

图8-67　坏像素的分类

对坏像素进行校正，应符合相关检测标准的规定，从而确保图像质量能够满足实际检测的使用要求。模拟试验应在类似现场检测的环境下进行，严格控制相关工艺参数如X射线管电压、管电流、焦点尺寸、曝光距离等。试验完成后，应对获取的图像通过软件进行分析和处理，从而对坏像素进行有效的校正。经过坏像素校正后的图像非常接近原始图像，并不影响对图像中细节的检测。相比于包含坏像素的图像，经过坏像素修正后的图像对细孔具有更好的可检测性。

8.3.3　数字射线成像检测应用案例

在石油炼化行业，某些管道在长期高温或低温环境下运行，同时受到内部物料及外部介质的化学与电化学的作用，管道易出现腐蚀及壁厚减薄的问题，从而给安全生产带来隐患，严重的甚至导致泄漏或爆炸事故。为了保证在检验周期内管道的安全运行，迫切需要实现管道缺陷的在线检测和评估，但对于有保温层的管道，传统检测方法难以实施，主要难点在于检测时需要大量拆除保温层，拆除保温层后的管道表面高温又可能影响检测结果，检测完恢复保温层后还可能产生二次腐蚀。

目前，常用的管道带保温层检测技术有脉冲涡流检测、漏磁检测以及胶片射线照相检测，但都各有局限性。用脉冲涡流检测技术对管道带保温层检测时，周围管道以及保温层内的铁磁性物质对特征信号的提取会存在一定的干扰，保温层厚度的不均匀也会干扰检测结果，且对局部腐蚀的检测灵敏度较低。胶片射线照相检测技术有检测效率低、宽容度较小、胶片长期储存困难和不利于数字建档等缺点。漏磁检测技术只能发现较大的腐蚀坑，且图像不直观。

数字射线成像（DR）技术，可以在不拆除保温层的前提下实现管道腐蚀和缺陷检测。使用该技术检测时，穿透被检管道的射线被数字探测器阵列（DDA）接收，直接转换成数字图像显示，无需暗室处理，宽容度大，检测效率高，可自动测量管道壁厚、腐蚀坑、管径等。数字射线图像能在计算机、手机等屏幕上查看，易于存储、调用、传输和共享，方便对管道安全隐患进行监测和评估。图 8-68 所示为数字射线对腐蚀情况的检测。

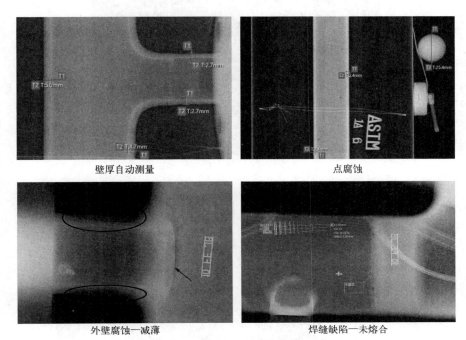

图 8-68　数字射线对腐蚀情况的检测

气体绝缘开关设备（gas insulated switchgear，GIS）在 66kV 及以上电压等级的高压输变电系统中应用广泛。GIS 设备的稳定可靠性是影响电力系统安全运行的关键因素，一旦其发生故障将引起电力系统突发停电，损失极为严重。目前常用的 GIS 绝缘缺陷带电检测手段是局部放电检测方法，可发现一部分绝缘缺陷。然而局部放电检测方法只能给出粗略的判断，不能准确地判断缺陷类型和位置。X 数字射线成像检测方法利用射线机和平板探测器对 GIS 设备透照，再将检测的图像传递给计算机，进而采用计算机智能处理的方法为设备的图像检测提供客观的依据。

对 GIS 母线上存在异响的部位进行检测，同时对母线其他间隔相同位置进行检测，对比其透视成像效果图，发现存在异响的部位母线连接件连接不到位，而母线其他间隔该部位的母线连接件连接紧密，以此确定存在异响的母线部位确实存在缺陷。检测部位和成像结果见图 8-69、图 8-70。

8.3.4　数字射线成像检测的典型焊接缺陷

常规 X 射线底片是负像：高密度骨质是白色的。但是，数字射线成像通过后期图像处理可实现正像和负像的实时转化。因此数字射线成像的典型焊接缺陷图像和常规 X 射线底片所呈现的图像基本一致。

由于 DR 图像无划伤和水迹等伪缺欠对图像的干扰，其成像质量要远高于传统 RT 底

图 8-69　检测部位

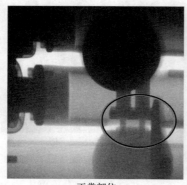 

正常部位　　　　　　　　　　　　　异常部位

图 8-70　成像结果

片,进而可减少缺陷误判。此外对 DR 图像进行增强处理后,对小缺欠的可识别度也高于 RT 底片,二者形成的图像对比见图 8-71。

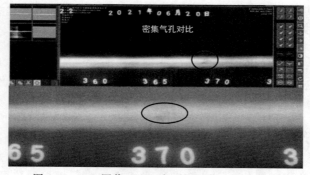

图 8-71　DR 图像(上)与 RT 图像(下)对比

第2部分
实操与考证

第9章

项目一：目视检测

9.1 任务一：作业指导书编写

作业指导书是针对某个岗位的作业活动的文件，侧重描写如何操作，是对程序文件的补充或具体化。对这类文件有不同的称呼，如工艺规程、工作指令、操作规程等。

作业指导书应使得培训参与人员能通过认真细致地研究来回答特定的问题。在相同形式测试文件练习中，要保证有一定的测试前练习，参与人员要能自己制定出这样的检测规程。检测规程应与工艺规程的提纲纲要一致，并包括下列具体的工作步骤。

（1）目标和适用范围
确定检测方法和检测工件，包括关于目标对象的信息。

（2）规定、规范和标准
适用于检测工件的规定、规范和标准。不但要注意工艺技术类的规范，还有与目标对象相关的规范。

（3）人员资质认证
关于依据现有检测规程实施目视检测的检测人员，要说明检测人员的资质认证条件，例如依据 ISO 9712。

（4）目视检测作业指导书（表 9-1）

表 9-1 目视检测作业指导书

项目	内容
适用范围	本作业指导书适用于对碳钢工件焊缝的外观检查
引用标准	本指导书参考标准为以下标准，以下标准通过本指导书的引用而成为其中的一部分，均使用最新版 ISO 17635《焊缝无损检测 金属材料总则》 ISO 17637《焊接无损试验 接缝熔化焊接表观试验》 ISO 9712《无损检测 人员资格鉴定与认证》 ISO 10042《焊接 铝及其合金弧焊接头 缺欠质量分级》 ISO 5817《焊接 钢、镍、钛及其合金的熔化焊接头（束焊除外）缺欠质量等级》
人员要求	1. 从事目视检测人员应熟悉相关标准、规则和技术规范，取得 VT1 级以上资格或者经焊接责任人培训合格后，方可独立上岗操作 2. 检测人员必须熟悉和把握相关的检验标准，如 ISO 5817、ISO 10042 3. 检测人员必须熟悉和把握相应的焊接工艺 4. 人员资格评定满足 ISO 9712 的要求，如每 12 个月检查一次视力，且应当有足够的视力和颜色分辨力

续表

项目	内容
检测条件和设备	1. 表面光照度最小应为350lx,建议应达到500lx,可以借助辅助光源,如手电筒等 2. 为了便于直接检查,在距实施检测的表面600mm内,要给外观检查准备好足够的空间,并且眼睛与被检工件的夹角应大于30° 3. 可以使用放大镜、内窥镜、光导纤维或相机间接检测 4. 对表面缺欠有疑义之处,可采用其他无损检测方法来辅助外观检测 5. 检测设备:焊接检验尺为必备工具,其他设备参考 ISO 17637 附录
检测对象	测量长度、错变量、焊缝高度、焊缝余高、角焊缝厚度、装配间隙、焊缝宽度、坡口角度、咬边深度
检测前准备	1. 对被检测焊缝表面进行清理,无影响检测的覆盖物等 2. 保证良好的光照度
实施步骤	1. 对接焊缝余高的测量:测量余高时,对每一条焊缝,将量规的一个脚置于基体金属上,另一个脚与余高的顶接触,则在滑度尺上可读出余高的数值 2. 宽度测量:测量焊缝宽度时,先用主体测量角靠紧焊缝一边,然后旋转多用尺的测量角靠紧焊缝的另一边,读出焊缝宽度示值 3. 错边量测量:测量错边量时,先用主尺靠紧焊缝一边,然后滑动高度尺使之与焊缝另一边接触,高度尺示值即为错边量 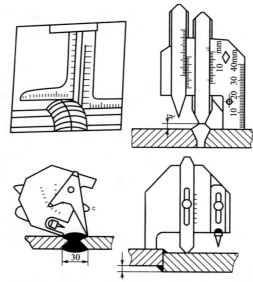 4. 焊脚高度测量:测量角焊缝的焊脚高度时,用尺的工作面靠紧焊件和焊缝,并滑动高度尺与焊件的另一边接触,高度尺示值即为焊脚高度 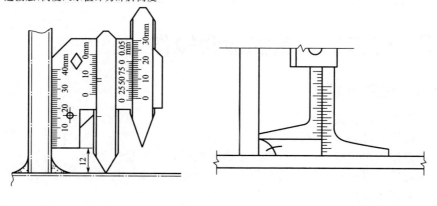

续表

项目	内容
实施步骤	5. 角焊缝厚度测量：测量角焊缝厚度时，把主尺的工作面与焊件靠紧，并滑动高度尺与焊缝接触，高度尺示值即为角焊缝厚度 6. 咬边深度测量：测量平面咬边深度时，先把高度尺对准零件紧固螺钉，然后使用咬边深度尺测量咬边深度；测量圆弧面咬边深度时，先把咬边深度尺对准零件紧固螺钉，把三点测量面接触在工件上（不要放在焊缝处），锁紧高度尺，然后将咬边深度尺松开，将尺放于测量处，活动咬边深度尺，其示值即为咬边深度 7. 角度测量：测量角度时，将主尺和多用尺分别靠紧被测角的两个面，其示值即为角度值 8. 间隙测量：用多用途尺插入两焊件之间，测量两焊件的装配间隙
观察和处理	1. 对于缺陷件，须对缺陷的位置、大小、性质在检测报告上做出具体的描述，并在工件上做出明显的标识 2. 焊缝的质量等级根据 ISO 5817 进行判定 3. 返修后部位以及热影响区应重新进行目视检测
记录和报告	评定后做好记录，检测过程完成后填写报告

9.2 任务二：目视检测操作

9.2.1 任务要求

① 熟悉焊接检验尺的组成。
② 认识试件并进行试件清理。
③ 会使用焊接检验尺进行焊缝余高、宽度和错变量的测定。
④ 会使用焊接检验尺进行焊脚高度、角焊缝厚度、角度和间隙测量。
⑤ 会使用焊接检验尺进行咬边深度测量。

9.2.2 工具准备

(1) 实训设备及器材准备

在实施目视检测前,必须准备检测所用的基本设备和工具,如人工光源、反光镜、放大镜、90°角尺、焊接检验尺等。

(2) 清理试件表面

清理被检焊件的表面,清除其表面的油漆、油污、焊接飞溅等妨碍表面检测的异物。检测区域通常包括100%可接近的暴露表面,包括整个焊缝表面和邻近的25mm宽的基体金属表面。

9.2.3 任务实施

(1) 对接焊缝余高的测量

测量余高时,对每一条焊缝,将量规的一个脚置于基体金属上,另一个脚与余高的顶接触,则在滑度尺上可读出余高的数值(见图9-1)。

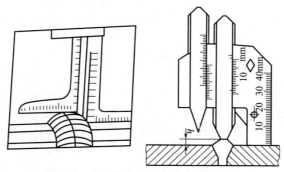

图9-1 对接焊缝余高的两种测量方法

(2) 宽度测量

测量焊缝宽度时,先用主体测量角靠紧焊缝一边,然后旋转多用尺的测量角靠紧焊缝的另一边,读出焊缝宽度示值(见图9-2)。

(3) 错边量测量

测量错边量时,先用主尺靠紧焊缝一边,然后滑动高度尺使之与焊缝另一边接触,高度尺示值即为错边量(见图9-3)。

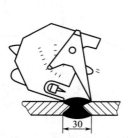 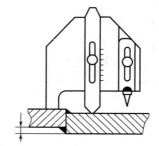

图9-2 宽度测量方法　　图9-3 错边量测量方法

(4) 焊脚高度测量

测量角焊缝的焊脚高度时,用尺的工作面靠紧焊件和焊缝,并滑动高度尺与焊件的另一

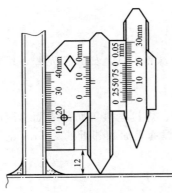
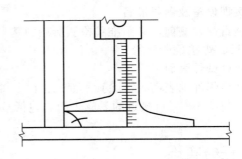

图 9-4 焊脚高度测量方法

边接触,高度尺示值即为焊脚高度(见图 9-4)。

(5)角焊缝厚度测量

测量角焊缝厚度时,把主尺的工作面与焊件靠紧,并滑动高度尺与焊缝接触,高度尺示值即为角焊缝厚度(见图 9-5)。

(6)咬边深度测量

测量平面咬边深度时,先把高度尺对准零件紧固螺钉,然后使用咬边深度尺测量咬边深度(见图 9-6)。测量圆弧面咬边深度时,先把咬边深度尺对准零件紧固螺钉,再把三点测量面接触在工件上(不要放在焊缝处),锁紧高度尺,然后将咬边深度尺松开,将尺放于测量处,活动咬边深度尺,其示值即为咬边深度(见图 9-7)。

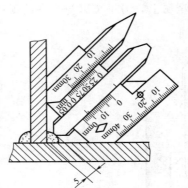

图 9-5 角焊缝厚度测量方法

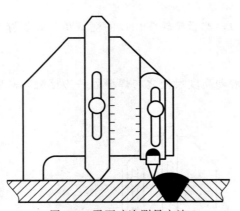

图 9-6 平面咬边测量方法

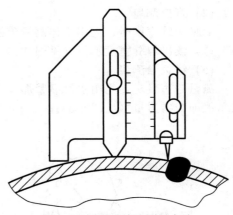

图 9-7 圆弧面咬边测量方法

(7)角度测量

测量角度时,将主尺和多用尺分别靠紧被测角的两个面,其示值即为角度值(见图 9-8)。

(8)间隙测量

用多用途尺插入两焊件之间,测量两焊件的装配间隙(见图 9-9)。

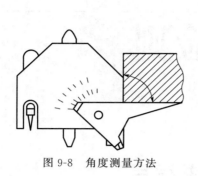 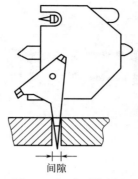

图 9-8　角度测量方法　　　　图 9-9　间隙测量方法

9.3　任务三：结果评定

根据工艺给出的验收等级按照标准进行评定，对重要的、明显的或者有记录义务的显示，应就其尺寸、类型（长形的、线性的、片状的或者圆形的）进行说明。

对于检测工件上不允许的显示或者范围，如果可通过打磨或维修焊接去除掉，应进行标记和记录，并在维修后再次进行目视检测。

第10章

项目二：超声检测

10.1 任务一：作业指导书编写

表 10-1 超声检测作业指导书

项目	内容
适用范围	本指导书适用于使用A型脉冲反射式超声检测仪,以单探头接触法为主进行的锅炉、压力容器、气瓶和压力管道的超声检测工作 本指导书不适用于铸钢、奥氏体不锈钢及允许根部未焊透的单面对接焊缝,曲率半径小于125mm、内外径之比小于80%的纵缝,外径小于159mm的钢管对接焊缝检测
工艺编制依据	列出与超声检测相关的所有设计图纸、技术、质量、安全、环保相关的规程、规范
人员要求	超声检测人员应按有关规程或技术条件的规定经严格的培训和考核,并持有相应考核组织颁发的等级资格证书,才能从事相对应考核项目的检验工作 超声检测人员必须熟悉检测对象的加工工艺和结构形式,能熟练按照检测工艺要求实施检测
检测前技术准备	1. 接受委托并察看现场(审核委托项目是否齐全、条件是否具备) 2. 根据委托要求和通用工艺文件,全面了解被检产品的结构、规格、材质等,编制工艺卡(至少应包括以下方面)： ①采用的探伤系统(仪器和探头的组合)； ②采用的标准试块和对比试块； ③采用的耦合剂； ④探伤面的准备； ⑤时基线和探伤灵敏度的调整； ⑥扫查方式； ⑦评定标准； ⑧安全注意事项 3. 工序交接： ①被检工件必须经过焊缝外观检查合格,需热处理的工件要在热处理后进行检验； ②被检工件内部不得有水、水蒸气、油等介质,且外部不得有保温层、覆盖物； ③被检工件具备检验条件(如打磨完毕等),并经有关部门委托
设备和器材	1. 所需超声波探伤仪规格和精度 2. 所配备的工具、器具(主要列出标准试块、对比试块、探头和常用工具) ①仪器和探头应按《A型脉冲反射式超声波探伤仪通用技术条件》的要求,并应按ZBJ04001和BZBY231的规定对灵敏度、盲区、分辨率、动态范围及水平线性进行测试,仪器和探头的组合灵敏度在达到所探工件的最大检测声程时,其有效灵敏度余量应不小于10dB ②试块采用国标、部标规定的标准试块。为保证检测质量,试块不用时应采取防锈措施,其表面不得有锈蚀、污物等；在同一种产品上相同检测方法不得使用不同型号的试块 3. 耦合剂、砂纸及相关材料 4. 安全器具：防护用品及安全帽、防滑鞋、安全带等劳保用品齐全,施工现场安全设施齐全,照明充足

续表

项目	内容
工件准备	1. 检测面和检测范围的确定,原则上应保证检测到工件被检部分的整个体积。对于钢板、锻件、钢管、螺栓件等应检查到整个工件;对于熔接焊缝则应检查到整条焊缝 2. 检测面应经外观检查合格,所有影响超声检测的锈蚀、飞溅和污物都应予以清除,其表面粗糙度应符合检测要求
实施步骤	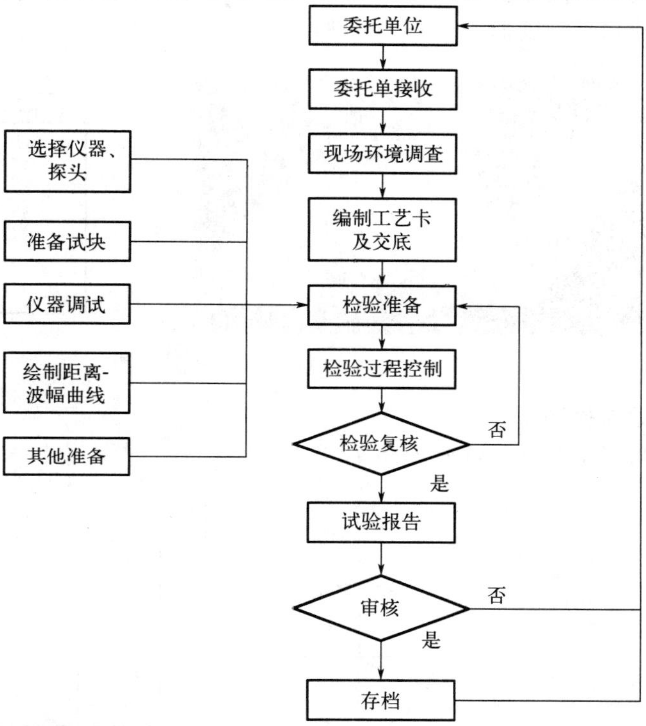 选择仪器、探头 → 准备试块 → 仪器调试 → 绘制距离-波幅曲线 → 其他准备 委托单位 → 委托单接收 → 现场环境调查 → 编制工艺卡及交底 → 检验准备 → 检验过程控制 → 检验复核(否→检验准备;是↓) → 试验报告 → 审核(否→委托单位;是↓) → 存档
记录和报告	评定后做好记录,检测过程完成后填写报告

10.2 任务二：锻件超声检测操作

10.2.1 任务要求

① 编制所指定工件的超声探伤工艺规程、工艺卡。
② 说明编制的规程、工艺卡所依据的标准的条目。
③ 锻件探伤应在相互垂直的两个探伤面上进行,应尽可能地对锻件的整体做全面扫查。饼形、长方形锻件,探伤面应选在相互垂直的两个面上。轴类锻件应在外圆表面做径向探测,必要时在轴的端面做轴向探测。
④ 根据自己选定的标准中的验收规定,对缺陷定量、定位。

10.2.2 工具准备

(1) 实训设备及器材准备

数字超声检测仪、直探头、斜探头、试块、耦合剂等。

（2）设备连接

数字超声检测仪与探头连接、开机、参数设定等。

10.2.3 任务实施

（1）调节扫描速度

具体调节方法是：将纵波探头对准厚度适当的平底面或曲底面，使两次不同的底波分别对准相应的水平刻度值。如图 10-1 所示。

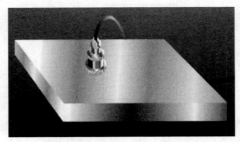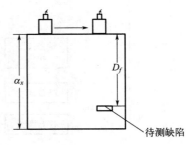

图 10-1 锻件检测

（2）锻件检测

记录缺陷坐标（X,Y）如图 10-2 所示。

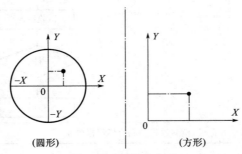

图 10-2 缺陷坐标值

记录锻件 X、Y 坐标值时，应明确锻件的实际标号位置，确定 X、Y 坐标轴，在锻件检测报告（见表 10-2）中正确记录锻件 X、Y 坐标值。

表 10-2 锻件检测报告表

缺陷序号	X/mm	Y/mm	H/mm	(L/B)/mm	(SF/S)/%	(BG/BF)/dB	A_{max}($\phi 4 \pm$dB)	评定	备注
	缺陷横坐标	缺陷纵坐标	缺陷深度	缺陷长、宽	缺陷面积与锻件面积之比	无缺陷处底波与缺陷最大处底波之差	缺陷最大相对 $\phi 4$mm 平底孔的当量		

注意：检测过程中，手不松开探头，保持探头与待测工件的耦合，用力均匀地进行扫查工作，正确地记录检测数据。

±dB：该数据在检测过程中可能出现 +dB 或 −dB，根据实际值记录。

10.3 任务三：焊缝超声检测操作

10.3.1 任务要求

① 试件名称：钢对接焊缝试板。
② 根据工件制作检验说明。
③ 根据自己制作的检验工艺卡对试板进行超声检测。

10.3.2 工具准备

(1) 实训设备及器材准备

数字式超声波探伤仪、工件焊板、耦合剂、超声波标准试块、斜探头等。

(2) 设备连接

数字超声检测仪与探头连接、开机、参数设定等。

10.3.3 任务实施

(1) 斜探头入射点及前沿距离的测量

如图 10-3 所示，在 CSK-ⅠA 试块上，探头做前后移动，指示 $R100\text{mm}$（$R50\text{mm}$）的最大反射波，该波自动调至波幅 80% 高。用钢板尺测量出探头前沿到试块边沿的距离 L，则入射点至探头前沿的距离 $L_0=100\text{mm}-L$。入射点要测量三次，取平均值。

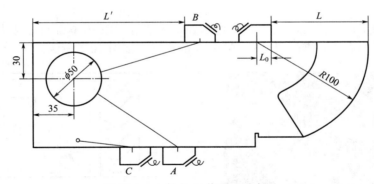

图 10-3 入射点 K 值测量示意图

(2) 斜探头 K 值的测定

如图 10-3 所示，检测前必须要实际测得 K 值，在 CSK-IA 试块上，探头做前后移动，$\phi50\text{mm}$ 的孔找出最大反射波，该波自动调至波幅 80% 高，数字超声检测仪显示区自动刷新实际测量的 K 值。

也可用钢板尺测量出探头前沿到试块边沿的距离 L'，代入下列公式求出探头的 K 值。

$$K \geqslant \tan\beta = \frac{(L'+L-35\text{mm})}{30\text{mm}} \tag{10-1}$$

(3) 制作距离-波幅曲线（DAC）

参照检测标准，根据不同板厚的焊缝，设置表面补偿及判废、定量、评定。将探头放在 CSK-ⅡA（图 10-4）或 CSK-ⅢA（图 10-5）测试块上，选择不同深度的横通孔制作 DAC 曲线，注意要找出横通孔的最高回波。

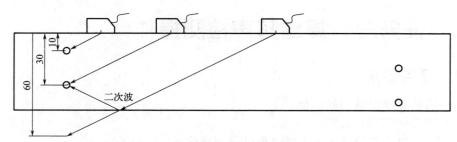

图 10-4　CSK-ⅡA 制作距离-波幅曲线（DAC）

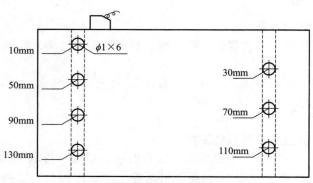

图 10-5　CSK-ⅢA 制作距离-波幅曲线（DAC）

（4）扫查

探头在被探工件上移动，如图 10-6 所示。每次前进齿距 d 不得超过探头晶片直径，在保持探头与焊缝中心线垂直的同时做 10°～15°的摆动，如图 10-7 所示。

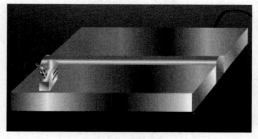

图 10-6　焊缝扫查

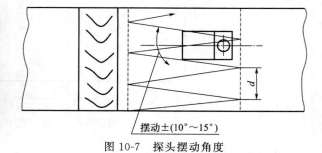

图 10-7　探头摆动角度

① 厚度为 8～46mm 的焊缝，检测面为筒体外壁或内壁焊缝的两侧，如图 10-8 所示。探头移动区为

$$P_1 \geqslant 2TK + 50\text{mm} \tag{10-2}$$

式中　P_1——探头移动区，mm；
　　　T——被检测件厚度，mm。

② 厚度大于 46mm 的焊缝，检测面为筒体内壁焊缝的两侧，如图 10-9 所示。探头移动区为

$$P_2 \geqslant 2TK + 50\text{mm} \tag{10-3}$$

式中　P_2——探头移动区，mm；
　　　T——被检测件厚度，mm。

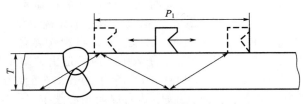

图 10-8　8～46mm 焊缝的探头移动区

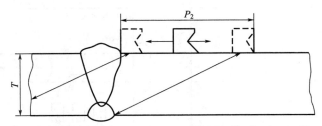

图 10-9　大于 46mm 焊缝的探头移动区

③ 为发现焊缝或热影响区的横向缺陷，对于磨平的焊缝，可将斜探头直接放在焊缝上做平行移动；对于加强层的焊缝，可在焊缝两侧边缘使探头与焊缝成一定的夹角（10°～15°）做平行或斜平行移动，如图 10-10 所示，但灵敏度要适当提高。

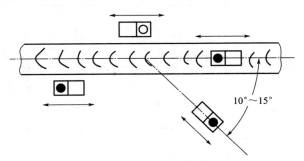

图 10-10　探头平行或斜平行移动

④ 为了确定缺陷的位置、方向或区分缺陷波与虚假显示，可采用前后、左右、转角、环绕运动等探头移动方式，如图 10-11 所示。

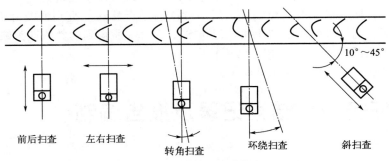

图 10-11　探头移动方式

(5) 缺陷的定位

当发现缺陷后观察回波高度，如果回波高度超过定量线，此时应仔细移动探头寻找最高回波,找到最高回波后,按住探头不动,此时观察屏幕上数据显示区缺陷深度的读数(即H)以及波高所在区域,并用钢尺量出探头到钢板左端边的距离(即 S_3)(从探头中心位置测量,或从探头左边测量再加上探头宽度的二分之一),再观察屏幕上数据显示区缺陷水平的读数,用钢尺从探头前端量出缺陷所在位置,并用钢尺量出缺陷位置与焊缝中心线的距离,如图10-12所示。探头前端到焊缝中心线的距离为30mm,而仪器测量出的水平位置为27mm,则缺陷与焊缝中心距离为3mm,缺陷偏向焊缝中心线B(一)侧,则记录为B3或-3(即在B栏中填写3);此时缺陷最大波幅时的数据记录完毕。缺陷记录表见表10-3。

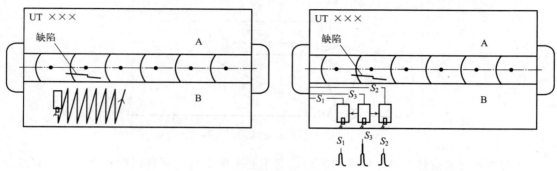

图 10-12 缺陷的定位

表 10-3 缺陷记录表

序号	S_1	S_2	长度(L)	缺陷距焊缝中心距离 q/mm		缺陷距焊缝表面深度 H/mm	S_3	高于定量线 dB 值 (A_{max})	波高区域	评级
				A(+)	B(-)					
1										
2										
3										

注:S_1 为缺陷起始点距试板左端基准线的距离;
S_2 为缺陷终点距试板左端基准线的距离;
S_3 为缺陷波幅最高时距试板左端基准线的距离。

(6)缺陷的定量

将缺陷最高波调整到满刻度的80%,先向左平行移动探头观察屏幕上的回波,当回波降低到40%的时候(即最高波的一半),此时量出探头到钢板左端边距离,记作 S_1;再向右平行移动探头,回到最高波的位置,然后继续向右平行移动,直到回波降低到40%的时候,此时量出探头到钢板左端边的距离,记作 S_2。S_2-S_1 所得到的数值即为缺陷长度(L)。将上面测量出的数据填入表 10-3 相应的栏目中。

依照上述方法将缺陷逐一找出并测量。

10.4 任务四:结果记录及报告编制

(1)检测记录

超声检测记录除符合检测标准的规定外,还应至少包括:工艺规程版次或操作指导书编码;检测技术等级;检测设备和器材(检测仪器型号及编号,探头的型号、晶片尺寸、K值、标称频率等,试块型号,耦合剂);检测工艺参数(检测范围、检测位置、检测比例、扫查方式、检测灵敏度、耦合剂补偿等);检测结果(检测部位示意图,缺陷位置、尺寸、回波波幅等，缺陷评定等级，缺陷类型，缺陷自身高度）；检测人员和复核人员签字。

铸、锻件超声检测应记录的内容及其参考格式可见表 10-4。

表 10-4 铸、锻件超声检测记录

试件名称：				试件编号：		
材质：				主要尺寸：		
表面状态：				检测程度/区域：		
检测标准/规范：				扫查方式：		
验收标准/规范：				质量等级/验收等级：		
仪器型号/编号：				探头规格/编号：		
灵敏度设定技术	□平底孔 □底面 □其他			试块型号：		
参考反射体：				记录等级（记录水平）：		
耦合剂：				表面补偿：		
测长方法：	□6dB/端点 6dB □端点峰值 □绝对灵敏度 □底波降低 6dB □其他					

序号	缺欠类型	坐标/mm			指示长度 L/mm	最大回波高度/dB
		X	Y	Z		

缺欠示意图：

检验地点：		检验日期：		检验人员签章：	

焊缝超声检测应记录的内容及其参考格式可见表 10-5。

表 10-5 焊缝超声检测记录

试件名称：		试件编号：	
材质：		主要尺寸：	
表面状态：		检测程度/区域：	
检测标准/规范：		检测等级：	□A □B □无规定
验收标准/规范：		质量等级/验收等级：	

续表

仪器型号/编号：		探头规格/编号：	
探头前沿：		实测角度：	
灵敏度设定技术：		试块型号：	
参考反射体：		评定等级（测长基准）：	
耦合剂：		表面补偿：	
扫查方式：		探头移动区域：	
测长方法	○6dB/端点 6dB ○绝对灵敏度 ○端点峰值 ○其他		

序号	坐标/mm			指示长度 L/mm	最大回波高度/dB
	水平起始点位置 X	偏离焊缝中心 Y	深度距离 Z		

缺欠示意图：

检验地点：		检验日期：		检验人员签章：	

（2）焊缝超声检测报告

超声检测报告除符合检测标准的规定外，还应至少包括：委托单位；检测技术等级；检测设备和器材（检测仪器型号及编号、探头、试块、耦合剂）；检测示意图（检测部位，检测区域以及所发现的缺陷的位置、尺寸和分布）。

焊缝超声检测报告的内容及其参考格式可见表10-6。

表10-6 焊缝超声检测报告

产品名称：			令号：		
工件名称：	工件编号：		材料：		厚度：
焊缝种类：○平板 ○环缝 ○纵缝 ○T形 ○管座					焊接方法
焊缝数量：		检测面：		检测范围：	
检测面状态：○修整 ○轧制 ○机加					
检验规程：		验收标准：		工艺卡编号：	
检测时机：○焊后 ○热处理后 ○水压试验后					
仪器型号：		耦合剂：○机油 ○甘油 ○浆糊 ○水			
检测方式：○垂直 ○倾斜 ○单探头 ○双探头 ○串列探头					
扫描调节：○深度 ○水平 ○声程			比例：		试块：

续表

检测部位示意图：		检测位置：				
检测结果及返修情况	焊缝编号	检验长度	显示情况	一次返修缺陷编号	二次返修缺陷编号	NI：无应记录缺陷
			○NI ○RI ○UI			
			○NI ○RI ○UI			
			○NI ○RI ○UI			RI：有应记录缺陷
			○NI ○RI ○UI			
			○NI ○RI ○UI			UI：有应返修缺陷
			○NI ○RI ○UI			

检验焊缝总长度：　　　　　mm　一次返修总长度：　　　　　mm
二次返修总长度：　　　　　mm　同一部位经　　次返修后合格
附：检验及复验检测记录　　　页

备注：

结论：　○合格　　　　○不合格
检验：UT　　　级　　　审核：UT　　　级

检测记录与报告应具有可追踪性，并至少保存 7 年以备随时核查。

第11章

项目三：射线检测

11.1 任务一：作业指导书编写

下面为常用的双壁单影法检测环焊缝的作业指导书示例。

检测铝合金 ϕ120mm×10mm 环焊缝，根据设计部门给出的焊缝质量等级为 ISO 10042-B，采用焦点尺寸 1.5mm×1.5mm 的 MHFM 300D 型定向探伤机编写作业指导书（表 11-1）。

表 11-1　铝合金 ϕ120mm×10mm 环焊缝射线检测作业指导书

项目	内容
适用范围	本作业指导书适用于对 ϕ120mm×10mm 环焊缝进行 X 射线检测
引用标准	本指导书参考标准为以下标准，以下标准通过本指导书的引用而成为其中的一部分，均使用最新版 ISO 17635《焊缝无损检测　金属材料总则》 ISO 17636-1《焊缝无损检测　射线检测　第 1 部分：X 射线和伽马射线胶片技术》 ISO 9712《无损检测　人员资格鉴定与认证》 ISO 5580《无损检测　工业射线照相光源　最低要求》 ISO 19232-1《无损检测　射线照片的图像质量　第 1 部分：线形像质计-像质值的确定》 ISO 11699-2《无损检测　工业射线胶片　第 2 部分：参考值控制胶片处理》 ISO 10042《焊接　铝及其合金弧焊接头　缺欠质量分级》 ISO 10675-2《无损检测　X 射线照相的认可等级　第 2 部分：铝及铝合金》
人员要求	1. 从事射线检测人员应至少取得 ISO 9712 相应门类 RT1 级资质，底片评定人员应至少取得 RT2 级资质 2. 射线检测人员应每年进行视力检测，符合 ISO 9712 要求
设备和器材	1. MHFM 300D 型定向探伤机 2. 观片灯（光照强度符合要求，且在检定日期内） 3. 黑度计、密度片（在检定日期内，符合要求） 4. C3 类胶片（Agfa C4 胶片） 5. 前后 0.03mm 铅增感屏 6. 自动洗片机 7. Agfa 自动洗片显影和定影药液 8. Agfa 硫化测试工具包和 PMC 样条（按照 ISO 11699-2 规定对胶片系统进行控制） 9. 10AL16ISO 像质计 10. 个人剂量计、辐射报警仪（定期检定） 11. 盒尺、铅字标记、背散射线防护铅板、记号笔等（符合要求）
检测对象	铝合金 ϕ120mm×10mm 环焊缝，检测部位为焊缝和 10mm 母材
检测前准备	1. 被检测焊缝外观检测合格，无影响评定的焊接飞溅等异物 2. 佩戴好个人剂量计

续表

项目	内容
实施步骤	1. 采用双壁单影法透照 2. 根据焦点尺寸 1.5mm 和标称厚度 b 为 10mm，查标准中的 f_{min} 值为 120mm，确定焦距 $f=400$mm 3. 根据检验等级 B、标称厚度 t、直径 D_e 查到双壁单影法透照时的最小曝光次数为 7，一次透照长度为 60mm 4. 将焊缝分为 7 等份，并在工件上划线 5. 使用 80mm×150mm 规格的 Agfa C4 胶片，在暗室将胶片、增感屏装入暗袋 6. 将铅字标记贴在焊缝边缘，像质计放置在胶片侧，加字母"F" 7. 将暗袋贴在被检测区域焊缝上，相邻底片之间有一定的搭接区域 8. 射线机略偏移焊缝中心线，使射线源侧焊缝不遮挡被检测区域，调节焦距为 400mm 9. 根据穿透厚度 20mm 在电压曲线上查允许的最高管电压为 88kV，在曝光曲线上选取低于此值的管电压曲线，确定曝光量，当焦距和曝光曲线的值不同时，根据曝光因数修正 10. 在设备上调节管电流、管电压和曝光时间并曝光 11. 暗室处理
评定底片	1. 检查底片黑度是否达到 2.3，像质计应清晰显示 W13，标记齐全完整，背散射线不超标 2. 评定区域没有干扰评定的伪缺陷 3. 按照 ISO 10675-2 的 1 级评定： ①气孔类缺陷不能超过 2mm； ②密集气孔和均布气孔除了单个不能超标外，均布气孔分布率 $A \leqslant 2\%$（每 100mm），密集气孔 $d_A \leqslant$ 15mm 或 $d_{A,max} \leqslant W_p/2$； ③条虫气孔、氧化物夹杂 $l < 2$mm； ④不允许出现链状气孔、裂纹、未熔合、未焊透
记录和报告	评定后做好记录，检测过程完成后填写报告

11.2 任务二：射线检测操作

11.2.1 任务要求

① 试件名称：钢对接焊缝试板。
② 根据工件制作检验说明。
③ 根据自己制作的曝光曲线分别对试板进行射线检测。

11.2.2 工具准备

通过识读工艺卡完成对工件的射线检测设备、器材的准备工作。
① MHFM 300D 型 X 射线机一台。
② Agfa D4 射线胶片和检测记录。

③ 黑度计一台。
④ 观片灯一台。
⑤ FE 像质计。
⑥ FE 的曝光曲线。
⑦ 钢对接焊缝试板一件。

11.2.3 任务实施

① 将 D4 胶片放置在对接焊缝试板上,在试板相应位置放置相关标记和像质计。
② 按曝光曲线选择相应的曝光条件,并将射线机头正对焊缝试板进行透照。
③ 将曝光的胶片进行暗室处理。
④ 将经过暗室处理的底片放在观片灯下观察,进行评片。

11.3 任务三:结果评价及报告编制

(1) 结果评价

根据工艺给出的验收等级按照标准进行评定,首先检查底片质量是否符合要求,标记是否齐全完整;对评定区内的缺欠显示首先定性,然后定量评级,最后做好记录并出具探伤报告。

(2) 报告编制

评片结束后,填写检测报告(表 11-2),报告的编写应包括:
① 项目描述:客户、产品;
② 工件:焊接方法、材质;
③ 透照参数:管电压、管电流、曝光时间、焦距;
④ 设备和器材:探伤机型号、胶片、增感方式;
⑤ 结论:像质计指数、缺陷描述、是否合格。

表 11-2 射线检测报告

单位:						射线检测报告			工件名称:		
项目名称:									工件编号:		
编制			审核			批准			版本		
日期			日期			日期					

制造商: 　　　　　　　　　　　　　　　客户:
焊缝/胶片宽度: 　　　　　　　　　　　胶片黑度:
检测日期: 　　　　　　　　　　　　　　检测依据:
焊接工艺过程: 　　　　　　　　　　　　检查范围:
洗片方式: 　　　　　　　　　　　　　　X 射线仪器:
母材:

焦点尺寸 /mm	穿透厚度 /mm	射线透照技术等级	胶片系统等级/型号	增感屏类型	射线源与工件距离 /mm	管电压 /kV	管电流 /mA	曝光时间 /min	备注

透照布置图

续表

工件编号	焊缝编号/底片编号	像质计指数要求/实际	缺欠/位置	标记[①]	评价[②]/日期

①标记:1=没有缺欠;2=较小的缺欠;3=可以接受的缺欠;4=有缺欠,需要修理;5=有缺欠,需要重新焊接
②评价:e=合格;ne=不合格

评片/日期	审核/日期	批准/日期

第12章

项目四：磁粉检测

12.1 任务一：作业指导书编写

下面以常用的干法磁粉检测的作业指导书作为示例（表12-1）。

表12-1 轮箍、轮心干法磁粉检测作业指导书

轮箍、轮心干法磁粉检测作业指导书		编号：略
		版本：略
		系统：略
		部件：轮箍、轮心

适用范围：各型机车轮对大修时对轮心、轮箍各部位的磁粉检测	作业工种：探伤工
作业工装：便携式交流磁粉探伤仪、撒粉器、吹粉球、钢笔、胶带、剪刀、标记笔、10倍放大镜、锉刀、钢丝刷、钢板尺、卷尺	作业材料：磁粉、滑石粉、砂布、棉纱、红油漆、黄油漆

编制依据：
ISO 9712：2021《无损检测 人员资格鉴定与认证》
ISO 12707：2016《无损检测 磁粉检测 词汇》
ISO 9934-1：2016《无损检测 磁粉检测 第1部分：总则》
ISO 9934-2：2015《无损检测 磁粉检测 第2部分：检测介质》
ISO 9934-3：2015《无损检测 磁粉检测 第3部分：设备》
ISO 3059：2012《无损检测 渗透检测和磁粉检测 观察条件》

风险提示：
1. 应在独立工作场地进行，场地应整洁明亮，通风良好，室内温度应保持在5~40℃范围
2. 无损检测工作场地应远离翻砂、锻造、焊接、潮湿、粉尘、强磁场等场所；无损检测设备所用的电源，应与大型机械、动力电源线分开并单独接线
3. 持有2级及以上有效资格证和上岗证
4. 1级无损检测人员应在2级及以上人员的指导下从事相关的无损检测工作，指导人员应在无损检测记录上签章
5. 了解轮箍、轮心主要受力区域和缺陷可能产生的部位，熟悉轮箍、轮心检修技术要求，并掌握磁粉探伤仪技术要求

编制		审核	批准	日期	
序号	作业项目	工具及材料	作业步骤	质量标准	
1	检测前准备	交流磁粉探伤仪 干燥的磁粉 滑石粉 白光照度计	1. 确保检测作业时使用干燥的磁粉、滑石粉 2. 准备好工装量具、检查仪器状态 3. 用白光照度计测量被检工件表面照度	1. 干燥的磁粉、滑石粉 2. 工具齐全；工装量具齐全，检定不过期，设备各部件动作正常，状态良好，探伤机新购置或检修后每月应进行全面性能检查 3. 白光照度≥1000lx	

续表

序号	作业项目	工具及材料	作业步骤	质量标准
2	仪器性能检验	A1-15/50试片 提升力试棒	1. 电源检查 2. 提升力测试(34.3N) 3. 综合试验性能检查、灵敏度测试 4. 照明设备及仪器绝缘性能良好	必须符合ISO 9934规定
3	检测前处理	棉丝、钢丝刷	1. 分解后的部件整齐摆放在探伤架上 2. 清除部件上的氧化皮、油污、油漆及其他附着物 3. 油孔、槽穴及其他孔隙在检测后难以清除磁粉时，在检测前要用无害物质堵住 4. 将轮箍内径面和轮箍内侧面加工完成的轮箍整齐摆放在轮箍转轮器上 5. 用毛刷涂匀滑石粉，使部件表面全覆盖	1. 所有探测面均应露出基础金属表面 2. 轮心外侧面检测前要进行除漆处理，若有腻子还要进行全面清除，轮箍各部件如有覆盖物，检测前要进行清除，保证露出金属探测面 3. 检测全过程，严格执行初探、复探
4	部件磁化	磁粉、撒粉器	1. 接通电源，移动磁轭，同时向检测区域施加磁粉，观察磁粉流动情况，有无磁粉聚集 2. 每个检测区域检查两次，前后检查的磁力线大体相互垂直 3. 在一个工作面检查完毕后，翻动部件在同一部件的另一个工作面上重复上述步骤	1. 在工件工作面上以小于40mm/s的速度缓慢移动探伤器，进行两个垂直方向扫查，扫查时两磁极应与被探部件接触良好，同时均匀施加适量干燥磁粉于有效检测范围内，并观察磁粉流动时有无磁粉聚集，磁痕难以判定时，重新进行扫查作业 2. 对工件工作面进行断续检测操作时，必须要有一定的重叠，每次重叠区域应长度不少于25mm
5	磁痕观察	放大镜	1. 磁痕观察应在磁痕形成后立即进行 2. 磁痕观察应在自然光或灯光下进行 3. 若磁痕难以判断，则重新操作；该侧探究后用桁车翻面，另一侧用同样方法完成	1. 正确判断缺陷磁痕和伪磁痕 2. 疲劳裂纹磁痕浓密、集中、清晰、中间粗大、呈两边对称延伸的曲线状，磁痕重现性好 3. 白光照度≥1000lx
6	裂纹处理	记号笔 红油漆 黄油漆 模板	发现且确认裂纹后，应测量裂纹长度、确定裂纹位置、初步判定裂纹深度	1. 按要求对轮对进行二次检测；对未到限裂纹进行消除、修复后，应进行检测，确认无裂纹后方可使用 2. 轮心表面不允许存在裂纹。对于到限裂纹应进行报废处理，报废部件应由有关人员共同鉴定，做好标识并隔离 3. 轮心表面铸造缺陷在允许范围内，作图标注并装入轮对履历 4. 踏面磁探应在轨道上转动不少于3个120°进行，轮箍内侧立面磁探时极间距应控制在70~90mm 5. 对轮箍内侧面和内径面进行检测时，将轮箍内径面和轮箍内侧面加工完成的轮箍整齐摆放在轮箍转轮器上进行 6. 检测完成后合格品用黄色油漆在非封油侧齿心侧面标注磁粉探伤标记"M"

续表

序号	作业项目	工具及材料	作业步骤	质量标准
7	检测记录		填写检测记录	1. 整齐、规范、字迹清楚、无涂改,签字齐全 2. 检测记录填写时应包括段别、机车型号、修程、日期、部件名称、部件编号、仪器型号、工作方式、检测灵敏度、检测结果、处理意见、检测工签章、验收员签章等内容
8	仪器保养		检测后将仪器擦拭干净,放在通风、干燥的地方	

12.2 任务二:磁粉检测操作

12.2.1 任务要求

① 熟悉并掌握常用的磁粉检测装置、器材的使用方法。
② 能根据不同的检测方法,制定磁粉检测的工艺规程。
③ 掌握焊缝的磁化方法,能对实例工件施行磁粉检测,能准确进行磁痕的判别并按照有关标准进行质量评定。
④ 掌握磁轭式探伤机的使用方法,掌握焊缝检测灵敏度的确定和调整方法。
⑤ 了解各种退磁技术的操作方法和应用范围。

12.2.2 工作准备

(1) 设备仪器及材料

便携式磁轭式磁粉检测仪一台、带有缺陷的对接焊缝试板数块、干燥磁粉若干、A 型标准试片若干。

(2) 对焊接试板进行预处理

用化学或机械方法彻底清除被检工件表面的油污、锈斑、氧化皮、毛刺、焊渣等附着物。

(3) 配制磁悬液

磁粉在保质期内出现受潮结块、变质等影响磁粉使用性能的现象时,禁止使用。荧光磁悬液配制时,应按产品说明书添加合格的防锈剂、防腐剂、分散剂、消泡剂。配制时先将磁粉倒入配制容器内,加入分散剂并充分搅拌成糊状,使磁粉均匀分散,而后将水倒入磁悬液喷壶中,再倒入搅拌好的磁粉,最后倒入防锈剂、防腐剂、消泡剂,充分搅拌,待用。

12.2.3 任务实施

(1) 试片的使用

试片使用前,应用溶剂清洗防锈油;如果工件表面贴试片处凹凸不平,应打磨平,并除去油污。试片表面锈蚀或有褶纹时,不得继续使用。试片使用时,试片应将试片无人工缺陷的面朝外。

(2) 磁化及磁痕的观察

先用磁悬液润湿工件表面,在通电磁化的同时浇磁悬液,停止浇磁悬液后再通电数次,通电时间为1～3s，停止施加磁悬液至少1s后，待磁痕形成并滞留下来时方可停止通电，再进行磁痕观察和记录。

使用马蹄形磁轭检测时，首先调整磁轭间距为100～150mm，而后将磁轭两极跨在焊缝上进行横向磁化和将两极直接放在焊缝上进行纵向磁化。调节电流或两极间距，使灵敏度试片（贴于磁轭两极中间的焊缝上）的刻槽痕清晰显示。

接下来，分别进行纵向和横向检验。纵向磁化时，各检验区域应互相覆盖，覆盖区长度不小于20mm。横向磁化时，两磁轭连线应垂直焊缝纵方向，并沿该方向移动，每次移动距离为40～50mm。

(3) 观察磁痕并做摹绘或照相记录

将测试数据和结果进行记录，内容包括：测试设备种类、检验方法、试片的使用和灵敏度确定、测试的条件选择（充磁电流、磁轭间距等）以及焊缝试块的自然情况。

(4) 工件退磁

用交流线圈退磁法退磁：将被检工件从一个通有交流电的线圈中通过，并沿轴向逐步撤出线圈外1.5m，然后断电；或将被检工件放在线圈中不动，逐渐将电流幅值降为零也可以得到同样的退磁效果。

(5) 清理

退磁之后，应清理被检表面，除去残留的磁粉或磁悬液。磁悬液应先用水进行清洗，然后干燥。磁粉检测后，应对被检工件进行合格与否标示，对含有缺陷的工件应标示出缺陷部位，以便对其进行修复等处理。用完试片后，可用溶剂清洗并擦干，干燥后涂上防锈油，放回原装片袋内保存。

(6) 操作要点

① 采用直接通电法检测带有非导电涂层的工件时，应先彻底清除掉导电部位的局部涂料，以免因接触点接触不良而产生电火花，烧伤被检表面；采用干法检测时应使被检工件表面充分干燥。

② 荧光磁粉不能配制油磁悬液，因为煤油等在紫外光照射下本身发出荧光。

③ 磁化过程中，磁悬液均应在充磁过程中均匀地洒布到工件被检表面。

④ 粘贴试片时，为使试片与工件被检面接触良好，可用透明胶带靠试片边缘贴成"♯"字形，并贴紧（间隙应小于0.1mm）。注意透明胶带不得盖住有槽的部位。

⑤ 用交叉磁轭旋转磁场探伤仪检测时，要求A型试片的刻槽能显示出完整的清晰的圆形磁痕。设备边行走边进行对焊缝的检测，行走速度小于或等于3m/min，行走的带状区域应以焊缝为中轴线。

12.3 任务三：结果评价及报告编制

磁粉检测发现磁痕显示后，首先应观察磁痕位置表面状态，排除虚假显示情况；对于两种材料焊接的连接区域可能存在磁导率差异，以及工件截面突变可能导致漏磁场的情况，应检查确认工件材质与结构情况，必要时采用渗透检测等其他检测方法辅助验证。

发现磁痕后，应对工件重新磁化，如后续磁痕仍出现且位置、尺寸均与第一次检测时相同，应进行记录，并根据检测产品相关验收标准与验收限值对检测区域的磁痕显示进行评定。

目前，国内轨道交通行业焊缝磁粉检测验收标准通常采用ISO 23278：2015《焊缝无损检测 焊缝磁粉检测 验收等级》，如验收等级2×级，其验收限值为线性显示$l \leqslant 1.5$mm，非线性显示$d \leqslant 3$mm。轨道交通行业焊缝产品通常不允许存在裂纹、未熔合、未焊透及目视可见缺陷。评价结束填写检测报告（记录），示例如表 12-2 所示。

表 12-2　磁粉检测报告（示例）

检件名称		检件材质		检件规格	
焊接方法		热处理状况		检测时机	
表面状态		仪器名称		敏度试片	
检测方法		磁化方法		磁化时间	
磁粉种类		磁悬液浓度		磁粉施加方法	

序号	检测部位编号	焊缝长度/mm	检测长度/mm	缺陷编号	缺陷情况			评定等级	备注
					缺陷类型	缺陷尺寸/mm	缺陷位置/mm		

检测人：　　　　　审核人：　　　　　批准人：　　　　　检测单位：

资格：　　　　　　资格：　　　　　　资格：　　　　　　报告日期：　　年　月　日

第13章

项目五：渗透检测

13.1 任务一：作业指导书编写

渗透检测的作业指导书至少应包括以下内容：
① 工艺规程版本号；
② 适用范围；
③ 依据的标准、法规或其他技术文件；
④ 检测人员资格要求；
⑤ 检测设备和器材，以及检定、校准或核查的要求及运行核查的项目、周期和性能指标；
⑥ 工艺规程涉及的相关因素项目及其范围；
⑦ 不同检测对象的检测技术和检测工艺选择，以及对操作指导书的要求；
⑧ 检测实施要求：检测时机、检测前的表面准备要求、检测标记、检测后处理要求等；
⑨ 检测结果的评定和质量分级；
⑩ 检测记录的要求；
⑪ 检测报告的要求；
⑫ 编制者（级别）、审核者（级别）和批准人；
⑬ 编制日期。

下面以常用的渗透检测的作业指导书作为示例见表13-1。

表 13-1 渗透检测作业指导书（示例）

工件名称		规格尺寸		热处理状态		检测时机	外观质量检查合格后
被检表面要求	打磨	材料牌号		检测部位	对接焊缝	检测比例	100%
检测方法	ⅡC-d	检测温度	10~50℃	标准试块	B型	检测方法标准	
观察方式	白光下目视	渗透剂型号	DPT-5	乳化剂型号	/	清洗剂型号	DPT-5
显像剂型号	DOT-5	渗透时间	≥10min	干燥时间	自然干燥	显像时间	≥7min
乳化时间	/	检测设备	携带式喷罐	黑光辐照度	/	可见光照度	≥1000lx

续表

渗透剂施加方法	喷涂	乳化剂施加方法	/	去除方法	擦拭	显像剂施加方法	喷涂
水洗温度	/	水压	/	验收标准		合格级别	Ⅰ级

渗透检测质量评级要求	1. 不允许存在任何裂纹 2. 不允许线性缺陷显示 3. 圆形缺陷显示（评定框 35mm×100mm）长径 $d \leq 1.5$mm，且在评定框内少于或等于1个
示意草图	略

工序号	工序名称	操作要求及主要工艺参数
1	表面准备	用不锈钢刷打磨去除焊缝及两侧各 25mm 范围内的焊渣、飞溅等影响渗透检测的所有异物，使表面粗糙度 $Ra \leq 12.5$um
2	预清洗	用清洗剂将被检面擦拭干净
3	干燥	自然干燥（5~10min），工件表面温度在 10~50℃。
4	渗透	喷涂渗透剂，使之覆盖整个被检表面，在整个渗透时间内始终保持润湿状态，渗透时间 ≥10min
5	去除	先用干燥的干净不脱毛的布或纸依次擦拭直至大部分多余渗透剂被去除后，再用蘸有清洗剂的干净不脱毛的布或纸进行擦拭，直至将被检面上多余渗透剂全部擦除。注意：擦拭应按一个方向进行，不得往复擦拭，不得用清洗剂直接在被检面上冲洗
6	干燥	自然干燥，时间应尽量短（5~10min）；工件表面温度在 10~50℃
7	显像	喷涂法施加显像剂，喷嘴距离被检面 300~400mm，喷涂方向与被检面夹角为 30°~40°，使用前应将喷罐充分摇动使显像剂均匀，不可在同一部位反复多次施加，显像时间 ≥7min
8	观察	显像剂施加后 7~60min 内进行观察，被检面处白光照度 ≥1000lx，必要时可用 5~10 倍的放大镜进行观察
9	复验	检测灵敏度不符合要求时，操作方法有误或技术条件改变时，合同各方有争议或认为有必要时应进行复验。复验应将被检面彻底清洗，重新进行渗透等检测操作各步骤
10	后处理	擦拭，用湿布擦除被检面显像剂或用水冲洗
11	评定验收	根据缺陷显示尺寸及性质按 JB/T 4730.5—2005 标准进行等级评定，Ⅰ级合格
12	报告	出具报告内容至少包括标准规定的内容

编制人及资格	（2级人员）	审核人及资格	（3级人员）
日期		日期	

13.2 任务二：渗透检测操作

13.2.1 任务要求

① 掌握渗透检测试剂灵敏度的测试方法，能正确评价渗透剂的灵敏度。
② 熟悉并掌握常用的渗透检测装置、器材的使用方法。
③ 能根据不同的检测方法，制定渗透检测的工艺规程。
④ 能对实例工件施行渗透检测，能准确进行痕迹的判别并按照有关标准进行质量评定。

13.2.2 工具准备

(1) 设备及器材准备

白光光源，不锈钢镀铬辐射状裂纹试块（B型试块），焊缝试板（长约200mm），同组的渗透剂，铁刷、砂纸、锉刀、扁铲等钳工工具，丙酮或香蕉水。

(2) 清理焊缝试板

焊缝的表面准备：多借助于机械方法，对焊缝及热影响区表面进行清理，以去除焊渣、飞溅、焊药和氧化物等污染物，为此，可以采用砂轮机打磨、钢丝刷刷和压缩空气吹等手段。对焊缝表面进行清理时，特别要注意不要让金属屑（粉末）堵塞表面开口缺陷，尤其是用砂轮打磨时更应注意。在污染物基本清除后，应用丙酮或香蕉水清洗焊缝表面的油污，最后用压缩空气吹干。

13.2.3 任务实施

(1) 预清洗

使用丙酮或香蕉水擦焊缝及B型试块表面，以去除油污及锈蚀物。然后，使被检表面充分干燥。

(2) 渗透处理

将渗透剂刷涂或喷涂于受检表面。当环境温度为5～50℃时，渗透时间通常在10～15min或按检测剂说明书进行。

(3) 清洗处理

渗透达到规定的渗透时间后，先用干净的纱布擦去受检表面的多余渗透剂，再用蘸有清洗剂的纱布擦洗，最后用干净的纱布擦净。

(4) 显像处理

将显像剂刷涂或喷涂于受检表面，显像剂层应薄而均匀，厚度以0.05～0.07mm为宜，喷涂时，喷嘴距受检表面不要太近，一般以100mm左右为宜。显像时间以15～30min为宜。

(5) 检查

显像时间结束后，即可在白光下进行检查。先检查B型试块表面，观察辐射状裂纹显示是否符合要求。如果显示符合要求，则可说明整个渗透系统及操作符合要求，此时，方可检查焊缝试板表面，观察红色图像，必要时，用5～10倍放大镜观察。

(6) 后处理

完成渗透检测并按规定记录之后，被检工件表面上残留的渗透剂、显像剂及其他污染物，应予以清洗，以免造成污染和腐蚀。废弃物收集后按安全环境部门要求放置于指定地方，由相关部门集中处理。

13.3 任务三：结果评价及报告编制

检测完毕后，记录相关检测情况，并出具检测报告。检测记录和报告应清晰整洁，不错不漏，签审齐全，如有更改必须在更改处签名确认。检测报告应包括：受检试件及编号；受检部位；检测剂（含渗透剂、清洗剂及显像剂）名称牌号；操作主要工艺参数（含渗透时间、清洗时间、显像时间等）；缺陷类别、数量、大小、检测日期等。检测报告示例如表 13-2 所示。

表 13-2 渗透检测报告（示例）

渗透剂型号		表面状况	
清洗剂型号		环境温度	
显像剂型号		对比试块	
渗透时间		显像时间	
检测标准		检测比例	

检测部位及缺陷位置（区段）示意图：

渗透检测结果评定表					
位置编号	缺陷位置	缺陷显示尺寸/mm	缺陷性质	评定	备注

检测结论：

检测人员：	审核人员：
检测日期：	审核日期：

第14章

项目六：涡流检测

14.1 任务一：作业指导书编写

下面以常用的涡流检测的作业指导书作为示例（表14-1）。

表14-1 轮心涡流检测作业指导书

轮心涡流检测作业指导书		编号：略
		版本：略
		系统：检测
		部件：轮对轮心
适用范围：各型机车轮对大修时对轮对轮心各部位的涡流检测		作业工种：略
作业工装：脉冲涡流探伤仪、校验试块、实物对比试块、提离试片		作业材料：胶布、放大镜、照明灯具、钢笔、标记笔、砂布、铲刀、钢丝刷、脱漆剂、棉纱、油漆、钢直尺（300mm）、钢卷尺（3m）、脉冲涡流探头
编制依据： ISO 9712:2021《无损检测　人员资格鉴定与认证》 ISO 15549:2019《无损检测　涡流检测　总则》 ISO 12718:2019《无损检测　涡流检测　词汇》 ISO 15548-1:2013《无损检测　涡流检测设备　第1部分：仪器性能和检验》 ISO 15548-2:2013《无损检测　涡流检测设备　第2部分：探头性能和检验》 ISO 15548-3:2008《无损检测　涡流检测设备　第3部分：系统性能和检验》		
安全风险提示： 1. 应在独立的工作场地进行，场地应整洁明亮，通风良好，室内温度应保持在5～40℃范围内，远离铸造造型、锻造、焊接、潮湿、粉尘、强磁场等场所 2. 按规定使用劳动防护用品，机车做好防溜措施，作业时派专人进行安全防护 3. 工作前要认真检查所使用工具，严禁使用不合格工具 4. 按操作规程正确使用仪器、设备 5. 必须由双人进行二次检测。检测人员须持有无损检测人员技术资格鉴定考核委员会颁发的Ⅱ级（及以上）涡流检测资格证和上岗证，并掌握涡流检测作业技术要求 6. 检测时严格执行四不探原则：检测仪灵敏度不够不检测、部件不干净不检测、照明不足不检测、部件不解体不检测		
编制	审核	批准	日期
序号	作业项目	工具材料	作业步骤	质量标准
1	检测前准备	涡流脉冲探头、标准试块、铲刀、脱漆剂、棉纱	1. 确认工具材料齐全 2. 确认检测仪器设备按规定检定校验合格	试块探测面上无异物

续表

序号	作业项目	工具材料	作业步骤	质量标准
2	检测灵敏度校验	轮心实物对比试块、探头及连线、钢直尺（300mm）、钢卷尺（3m）	1. 开机进入检测页面,选择程序、选择显示、设定参数、设定报警 2. 进入仪器检测灵敏度校准功能 3. 将探头的拉杆与缺陷呈垂直方向放置于校验试块上,找4mm深度的人工缺陷,将探头置于该缺陷接近中央位置,微微前后摆动探头,使人工缺陷报警信号指示两侧屏幕找到最高 4. 找到双侧通道报警最高信号指示后,调节报警闸门,使人工缺陷信号刚好能让仪器发出连续报警音 5. 存储灵敏度校验结果,并退出灵敏度校准功能	
3	工件预处理	钢丝刷、铲刀、脱漆剂、棉纱	专业人员清洁轮心表面	轮心表面不得有油污、毛刺等妨碍检测的物质,未达到检测要求不得进行检测作业
4	检测	脉冲探头、探头连线、数码智能灯、钢直尺、钢卷尺	1. 接通电源,连接好探头,调节探伤仪进入检测状态。探头检测面上贴好耐磨胶布,在轮心辐板上从轮辋过渡弧向轮毂过渡弧方向做推拉移动,探头移动速度为0.1～0.2m/s 2. 扫查同时,仔细观察信号波形,如果有异常波形及报警信号应重新进行扫查作业 3. 不落轮检测每次只能检测整个轮心辐板的1/3,因此必须进行两次牵车移动,每次移动前应对检测面进行标记,以防止检测面的遗漏	1. 探头走行路径为锯齿形应覆盖整个轮心表面 2. 轮心内外两侧应进行全面检测。轮辋与轮辐过渡弧、轮辐与轮毂过渡弧、吊装孔周围是检测扫查的重点部位。在吊装孔周围应沿孔的圆周方向向外做一整圈的锯齿扫查 3. 对工件待检测面进行断续检测操作时,必须要有一定的重叠,重叠区域长度不低于25mm
5	信号分析		1. 当发现有异常信号及报警时应及时分析信号形成的原因,结合目视及触摸等手段加以判别,正确排除非缺陷信号（轮心表面凹凸不平、过渡弧、工艺孔等引起探头与被测表面角度变化） 2. 对于难以判明的信号均应进行存储,并采用扩展分析方法进行进一步判定,如果判定信号是缺陷信号,应对缺陷信号进行存储,并对缺陷位置进行标记	1. 轮心表面（除箱形辐板轮心的两辐板内表面外）不应存在裂纹 2. 铸钢轮心存在下列缺陷时应予以报废:轮毂内径面、轮辋上的裂纹;辐板上贯通裂纹;箱形辐板轮心的两侧辐板上同一断面处的贯通裂纹,以及辐板上沿及立筋1/2深度的裂纹

续表

序号	作业项目	工具材料	作业步骤	质量标准
6	缺陷处理		凡确认存在缺陷信号的,应立即对轮对进行解体,采用磁粉、渗透等其他检测方法对其进行重新鉴别,并以此作为检测的最终结果	
7	检测后处理	棉纱	1. 清洁探伤仪、探头、探头连线 2. 清洁试块,并抹防锈油脂 3. 清扫场地	1. 保证探伤仪及配件性能良好,并按规定放置 2. 工作场地清洁
8	检测记录		填写检测记录	记录应书写整齐、规范,字迹清楚、无涂改,数据日期记录要准确无误,签字齐全

14.2 任务二:涡流检测操作

14.2.1 任务要求

① 熟悉并掌握常用的涡流检测装置、器材的使用方法。
② 能根据不同的检测方法,制定涡流检测的工艺规程。
③ 能对实例工件施行涡流检测,能准确进行缺陷的判别并按照有关标准进行质量评定。

14.2.2 工作准备

在进行涡流检测之前,应对涡流探伤系统的性能逐一测试,以保证检测结果的可信度。需要测试的性能指标一般包括信噪比、周向灵敏度、端部盲区、分辨力、连续工作稳定性以及线性等。测试仪器性能时,应使用 ISO 15548-1:2013《无损检测 涡流检测设备 第 1 部分:仪器性能和检验》、ISO 15548-2:2013《无损检测 涡流检测设备 第 2 部分:探头性能和检验》和 ISO 15548-3:2013《无损检测 涡流检测设备 第 3 部分:系统性能和检验》来进行相关的操作和评价。这里仅介绍信噪比、周向灵敏度以及分辨力的测试,其他内容请参考相关标准。

(1) 信噪比的测定

开启设备电源,预热 15~20min,根据设备使用说明所规定的速度进行预运转。

将检测线圈同心地穿过标准试样中心,同时令试件人工缺陷由小到大依次通过检测线圈,调节增益(衰减),记录信号占满刻度 50% 的最小人工缺陷和此时的增益值 G_1。

再将检测线圈同心穿过对比试样,调节增益(衰减),当噪声指示占满刻度的 50% 时读取此时增益值 G_2,则涡流检测仪器的信噪比可以表示为:

$$S/N_{ED-\phi} = |G_2 - G_1|$$

其中,$ED-\phi$ 表示测试时所使用的对比试样代号;ϕ 表示指示值在满刻度 50% 的最小人工缺陷的直径。

上述测试也可利用槽型对比试样来进行,具体内容与上述步骤相同,只需将信噪比表示为

$$S/N_{ED-h} = |G_2 - G_1|$$

其中，$ED-h$ 表示测试时所使用的对比试样代号；h 表示指示值在满刻度 50% 的最小人工缺陷的深度。

（2）周向灵敏度差的测试

将试件穿过检测线圈中心（或将检测线圈穿过试件），此时应注意同心。调节增益（衰减），使对比试样上沿圆周分布的间隔为 120°的三个通孔的信号刚刚好全部报警（此时信号的最低值为 50%），记录此时的增益（衰减）值 G_3。

再将试件穿过检测线圈中心。以 1dB 的差值逐渐增加衰减量，直到三个通孔的信号指示全部低于 50%，记录此时的增益（衰减）值 G_4，则周向灵敏度差可以表示为：

$$\Delta = |G_3 - G_4|$$

（3）分辨力的测试

涡流检测仪器能分别检出的最近的两个孔之间的距离称为分辨力，单位为 mm。可以使用图 14-1 所示的标准试件进行测试。

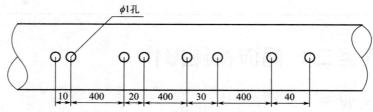

图 14-1　分辨力测试用标准试件

将试件穿过线圈中心或将线圈穿过试件，使试件上单个通孔得以显示，且指示值占满刻度的 50%。此时保持仪器各指标不变，再次检测试件，当明显获得两个邻近通孔的指示时做记录，用最近的两孔之间距离表示仪器的分辨力，单位为 mm。

14.2.3　任务实施

涡流检测应在所有生产工序完成之后的钢管上进行。

（1）准备工作

检测之前应去除吸附在工件上的金属粉末、氧化膜以及油脂等杂物。在检测之前，涡流检测仪应预热 0.5h 左右。

（2）调整检测灵敏度

利用对比试样调整检测灵敏度，通过调整使得每个人工缺陷都能被检测设备发现并给出预警信号，并且圆周方向的灵敏度差小于 3dB。

（3）钢管检测

当使用扁平式线圈对钢管进行检测时，钢管和线圈应彼此相对移动，其目的是使整个钢管表面都被扫查到，典型的两种旋转方式如图 14-2 所示。此外，也可采用钢管旋转并直线前进的方法，主要用于检测外表面上的裂纹。

钢管焊缝的检测，除采用外穿过式探头进行检测外，也可采用放置式线圈。放置式线圈应有足够的宽度，通常做成扇形或平面形，以保证焊缝在偏转的情况下得到扫查，如图 14-3 所示。图中 f 表示施加到检测线圈的励磁频率。扇形线圈可以制成多种形式，取决于使用的设备和被检测钢管。

（4）操作要点

① 测试的环境条件应符合相关规定，一般来讲，环境温度应处于 0～40℃，空气的相对湿度不应超过 80%，否则会影响测试结果的准确性。同时电源电压的波动不得超过额定电

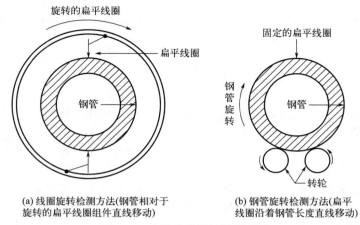

图 14-2　扁平式线圈检测示意图

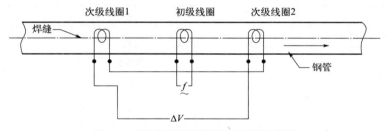

图 14-3　扇形线圈焊缝涡流检测示意图

压的 10%，而且应保持周围环境的清洁、无振动。

② 被检工件表面的杂物会产生虚假显示，特别是非铁磁性材料上附着的磁性粉末对检测结果的干扰非常显著，应予以严格清理。

③ 仪器必须连续稳定运行 10min 以上，才能开始检测工作。

④ 连续使用的情况下，应每隔 2h 和每批检测结束时利用对比试样校验设备。如果发现灵敏度降低，应适当提高 3dB，此时如果仍然无法检测到所有人工缺陷，应停止检测，对设备进行重新调节和校准。

14.3　任务三：结果评价及报告编制

(1) 结果评价

根据检测仪显示器显示出来的信号，判断信号是否为缺陷信号，是何种性质的缺陷信号。当判断为缺陷信号时，若缺陷显示信号小于对比试样人工缺陷的显示信号时，应判定为工件合格；反之可判为不合格。对于不合格产品或工件，应根据有关验收标准规定进行修复处理或报废。如果对获得的检测结果产生疑问，应重新进行检测或利用其他检测方法（如目测检测法、磁粉检测法、破坏性试验等）进行复验。其基本原则如下：

① 当被检测钢管显示的信号小于对比试样人工缺陷的显示信号时，应该判定该钢管为经涡流检测合格产品。

② 当被检测钢管显示的缺陷信号不小于对比试样人工缺陷的显示信号时，认为该钢管为可疑产品。对于可疑产品需经过重新检测，若检测结果符合前述的要求，则认定为合格。

也可以对检测中的可疑部分进行修磨,若钢管尺寸在修磨后符合规定,则重新安排检测。还可以将可疑部位切除,余下部位可以认定合格。如果在特别重要的场合可以认定可疑产品不合格。

(2)检测报告

钢管的涡流检测报告应包括如下内容:

① 检测的日期:年、月、日。

② 工件的型号、炉号、规格、尺寸,被检工件总数,报废工件数。

③ 对比试样编号、验收标准及合格级别。

④ 设备参数,如探头形式、磁饱和电流、电压、励磁频率、探头(或工件)运行速度、检测灵敏度、相位等。

⑤ 对检测工件做出合格与否的结论,或提出用其他检测方法复验的建议。

⑥ 检测人员、报告签发者及有关责任者签名。

常用的检测报告格式如表 14-2 所示。

表 14-2 涡流检测报告(示例)

零件名称		材料	
仪器型号		探头及编号	
仪器检测参数 频率: 相位: 增益: 垂直/水平比: 线圈形式:		对比试块及图示	
检测步骤		零件示意图及扫查方式	

说明(必要时)

编制人/日期/级别	审核人/日期/级别	批准人/日期

附录

"1+X"轨道交通装备无损检测等级考试通用样题

1. 无损检测的常规方法不包含下列哪个？（ ）
 A. 超声检测　　　B. 金相检测　　　C. 涡流检测　　　D. 射线检测
 参考答案：B

2. 当外部磁化力撤去后，一些磁畴仍保持优势方向，为使它们恢复原来的无规则方向，所需要的额外的磁化力，通常叫作（ ）。
 A. 剩余磁场力　　B. 矫顽力　　　　C. 直流电力　　　D. 外加磁场力
 参考答案：B

3. 脉冲反射式超声波探伤仪中，产生时基线的电路单元叫作（ ）。
 A. 同步电路　　　B. 发射电路　　　C. 触发电路　　　D. 扫描电路
 参考答案：D

4. 检测钢材表面缺陷最方便的方法是（ ）。
 A. 射线法　　　　B. 静电法　　　　C. 磁粉法　　　　D. 超声法
 参考答案：C

5. 在管电压、管电流相同的情况下，下列哪种线路产生的射线质较硬，照射剂量率较大？（ ）
 A. 半波整流　　　　　　　　　　　B. 线路种类与射线的质和剂量率无关
 C. 全波整流　　　　　　　　　　　D. 稳恒直流
 参考答案：D

6. 顺磁性材料的磁特性是（ ）。
 A. 磁性强　　　　B. 缺乏电子运动　C. 根本无磁性　　D. 磁性微弱
 参考答案：D

7. 软射线 X 射线管的窗口材料一般是（ ）。
 A. 钨　　　　　　B. 银　　　　　　C. 铜　　　　　　D. 铍
 参考答案：D

8. 能够在射线底片上充分记录的工件厚度范围是（ ）。
 A. 底片的对比度　B. 底片的清晰度　C. 底片灵敏度　　D. 底片的宽容度
 参考答案：D

9. 对于无损检测技术资格等级人员，有权独立判定检测结果并签发检测报告的是（ ）
 A. 高级人员　　　B. 中级人员　　　C. 初级人员　　　D. A 和 B
 参考答案：D

10. 影响射线底片清晰度的因素是（ ）。
 A. 固有不清晰度　B. 几何不清晰度　C. 散射线　　　　D. 胶片粒度
 参考答案：C

11. 当光子与物质相互作用时，光子的波长增加，方向改变，这是由于（ ）。
 A. 电子对产生　　B. 汤姆逊散射　　C. 光电效应　　　D. 康普顿散射
 参考答案：D

12. 电流通过导体时，围绕导体的是（　　）。
A. 磁场　　　　　B. 有势场　　　　　C. 剩磁场　　　　　D. 静电场
参考答案：A

13. 制作凹曲面的聚焦透镜时，若透镜材料声速为 C_1，第二透声介质声速为 C_2，则两者材料应满足（　　）关系。
A. $C_1 > C_2$　　　B. $C_1 = C_2$　　　C. $Z_1 = Z_2$　　　D. $C_1 < C_2$
参考答案：A

14. 采用线圈法磁化时，要注意（　　）。
A. 线圈两端的磁场比较小　　　　　B. 小直径的零件应靠近线圈内壁放置
C. 线圈的直径不要比零件大得太多　　　D. 以上都是
参考答案：D

15. 撤去外磁场后，保留在可磁化的材料中的磁性叫做（　　）。
A. 永久磁场　　　B. 漂移场　　　C. 衰减磁场　　　D. 剩余磁场
参考答案：D

16. 由试样中感应的涡流所产生的磁场（　　）。
A. 加强了产生涡流的磁场　　　　　B. 对产生涡流的磁场无影响
C. 抵消了产生涡流的磁场　　　　　D. 与产生涡流的磁场方向相反
参考答案：D

17. 下列关于无损检测的说法错误的是（　　）。
A. 检测结果可靠性无法验证
B. 可以直观地发现缺陷的性质
C. 无损检测技术的发展可以推动新材料新产品的出现
D. 一般要与破坏性检测搭配使用获得工件整体性能信息
参考答案：B

18. 同种固体材料中，在给定频率下产生波长最短的波动形式是（　　）。
A. 横波　　　B. 纵波　　　C. 表面波　　　D. 压缩波
参考答案：C

19. 活塞波声场，声束轴线上最后一个声压极大值到声源的距离称为（　　）。
A. 近场长度　　　B. 未扩散区　　　C. 超声场　　　D. 主声束
参考答案：A

20. 下面哪一条是渗透探伤法的主要局限法？（　　）
A. 不能发现浅的表面缺陷　　　　　B. 不能用于非金属表面
C. 不能用于铁磁性材料　　　　　D. 不能发现近表面缺陷
参考答案：D

21. 下列几种材料中，射线衰减系数较大的是（　　）。
A. 铝　　　B. 铜　　　C. 碳　　　D. 铁
参考答案：

22. 当超声纵波由有机玻璃以入射角15°射向钢界面时，可能存在（　　）。
A. 折射纵波和折射横波　　　　　B. 反射横波
C. 反射纵波　　　　　D. 以上都有
参考答案：D

23. 渗透检验方法可检出的范围是（　　）。
A. 非多孔材料的表面缺陷　　　　　B. 非多孔性材料的近表面缺陷

C. 非磁铁性材料的近表面缺陷　　　　D. 非多孔性材料的表面和近表面缺陷

参考答案：A

24. 放大器的不饱和信号高度与缺陷面积成比例的范围叫做放大器的（　　）。
A. 分辨力范围　　　　　　　　　　B. 灵敏度范围
C. 选择性范围　　　　　　　　　　D. 线性范围

参考答案：A

25. 单色射线是指（　　）。
A. 由单一波长的电磁波组成的射线　　B. 用来产生高对比度的窄束射线
C. 工业探伤γ源产生的射线　　　　　D. 标识X射线

参考答案：A

26. 各种胶片成像的粒度（　　）。
A. 随千伏值提高而减小　　　　　　B. 与千伏值无关
C. 变化服从勃朗宁定律　　　　　　D. 随千伏值提高而增大

参考答案：D

27. 在管电压、管电流相同的情况下，焦点尺寸越小，其焦点的温度（　　）。
A. 不一定　　　B. 不变　　　C. 越高　　　D. 越低

参考答案：C

28. 散射线的主要成分是低能电磁辐射，它是由光子在哪一过程中减弱而产生的？（　　）
A. 康普顿过程　　B. 光电过程　　C. 电离过程　　D. 电子对过程

参考答案：A

29. 从零件两端通电磁化零件，零件的长度（　　）。
A. 改变磁场方向　　　　　　　　　B. 对磁场强度无影响
C. 改变磁场强度　　　　　　　　　D. 影响零件的磁导率

参考答案：B

30. 产生X射线的一般方法是在高速电子的运动方向上设置一个障碍物，使高速电子在这个障碍物上突然减速，这个障碍物被叫作（　　）。
A. 阳极　　　B. 阴极　　　C. 靶　　　D. 灯丝

参考答案：C

31. 同直径的长横孔在球面波声场中距声源距离增大1倍则回波减弱（　　）。
A. 9dB　　　B. 12dB　　　C. 6dB　　　D. 3dB

参考答案：C

32. 当不连续性处于什么方向时，其漏磁场最强？（　　）
A. 与磁场成90°　　B. 与磁场成45°　　C. 与磁场成180°　　D. 与磁场成0°

参考答案：A

33. 漏磁场与下列哪些因素有关？（　　）
A. 磁化的磁场强度与材料的磁导率　　B. 缺陷埋藏的深度、方向和形状尺寸
C. 缺陷内的介质　　　　　　　　　　D. 以上都是

参考答案：D

34. 下列哪种零件不能用渗透探伤法检验？（　　）
A. 非松孔性材料零件　　　　　　　B. 铸铝件
C. 松孔性材料零件　　　　　　　　D. 铸铁件

参考答案：C

35. 检测工艺卡批准人为（　　）。
A. 不需要　　　　　B. 中级人员　　　　　C. 高级人员　　　　　D. 委托人
参考答案：C

36. X 射线管的阳极靶最常用的材料是（　　）。
A. 钨　　　　　B. 银　　　　　C. 铍　　　　　D. 铜
参考答案：A

37. 脉冲反射式超声波探伤仪中，产生触发脉冲的电路单元叫作（　　）。
A. 扫描电路　　　　　B. 显示电路　　　　　C. 发射电路　　　　　D. 同步电路
参考答案：D

38. 线圈匝数加倍会使（　　）。
A. 电感加倍　　　　　B. 电感增加 3 倍　　　　　C. 电感减半　　　　　D. 电感减小 3/4
参考答案：B

39. 放射性元素 Co60 转变为 Ni60 的过程是一次（　　）。
A. K 俘获　　　　　B. α 衰变　　　　　C. β 衰变　　　　　D. γ 衰变
参考答案：C

40. 在探测条件相同的情况下，孔径比为 4 的两个球形人工缺陷，其反射波高相差（　　）。
A. 12dB　　　　　B. 18dB　　　　　C. 6dB　　　　　D. 24dB
参考答案：A

41. 当施加于 X 射线管两端的管电压不变，管电流增加时，则（　　）。
A. 产生的 X 射线波长不变，强度增加　　　　　B. 产生的 X 射线波长不变，强度减少
C. 产生的 X 射线波长增加，强度不变　　　　　D. 产生的 X 射线波长不变，强度不变
参考答案：A

42. A 型扫描显示中，水平基线代表（　　）。
A. 波传播时间
B. 缺陷尺寸大小
C. 探头移动距离
D. 超声回波的幅度大小
参考答案：A

43. 硬磁材料是指材料的（　　）。
A. 矫顽力大　　　　　B. 磁导率低　　　　　C. 剩磁强　　　　　D. 以上都是
参考答案：D

44. 大焦点 X 射线机与小焦点 X 射线机相比，其特点是（　　）。
A. 射线的能量低穿透力小
B. 照相清晰度差
C. 射线不集中，强度小
D. 照相黑度不易控制
参考答案：B

45. 下列关于漏磁场的叙述中，正确的是（　　）。
A. 缺陷方向与磁力线平行时，漏磁场最大
B. 漏磁场的大小与缺陷的深度比有关
C. 工件表层下缺陷所产生的漏磁场，随缺陷的埋藏深度增加而增大
D. 漏磁场的大小与工件的材质无关
参考答案：B

46. 大功率 X 射线管阳极冷却的常用方法是（　　）。
A. 对流冷却
B. 传导冷却
C. 辐射冷却
D. 液体强迫循环冷却
参考答案：D

47. 涡流检测常用的检测方式是（　　）。
A. 内探头线圈法　　B. 穿过式线圈法　　C. 探头式线圈法　　D. 以上都是
参考答案：D

48. 渗透探伤是一种非破坏性检验方法，这种方法可用于（　　）。
A. 探测和评定试件中的各种缺陷
B. 探测和确定式样中的缺陷长度、深度和宽度
C. 探测工作表面的开口缺陷
D. 确定式样的抗拉强度
参考答案：C

49. 超声场的未扩散区长度（　　）。
A. 约等于近场长度 3 倍　　　　　　　　B. 约等于近场长度 0.6 倍
C. 约等于近场长度 1.6 倍　　　　　　　D. 约等于近场长度
参考答案：C

50. X 射线机的管电流不变，管电压减小时，则 X 射线将会发生（　　）。
A. 波长增大，强度减小　　　　　　　　B. 强度不变，波长增大
C. 波长减小，强度减小　　　　　　　　D. 强度不变，波长减小
参考答案：A

51. A 扫描显示中，荧光屏上垂直显示大小表示（　　）。
A. 缺陷的位置　　　　　　　　　　　　B. 被探材料的厚度
C. 超声传播时间　　　　　　　　　　　D. 超声回波的幅度大小
参考答案：D

52. 涡流检测技术利用的基本原理是（　　）。
A. 机械振动　　B. 放射性能　　C. 毛细现象　　D. 电磁感应
参考答案：D

53. A 扫描显示，"盲区"是指（　　）。
A. 近场区
B. 声束扩散角以外的区域
C. 始脉冲宽度和仪器阻塞恢复时间
D. 以上都是
参考答案：C

54. 在超声探头远场区中（　　）。
A. 声束边缘与中心强度一样　　　　　　B. 声束边缘声压较大
C. 声束中心声压较大　　　　　　　　　D. 声压与声束宽度成正比
参考答案：C

55. 用来定义渗透液向裂纹等开口小的缺陷中渗透趋势的术语是（　　）。
A. 吸出　　　　B. 饱和　　　　C. 毛细现象　　　　D. 润湿
参考答案：C

56. 仪器的垂直线性好坏会影响（　　）。
A. 缺陷的当量比较　　　　　　　　　　B. 缺陷的定位
C. AVG 曲线面板的使用　　　　　　　　D. 以上都对
参考答案：D

57. 按表面张力系数的大小排列水、苯、酒精、醚的顺序是（　　）。
A. 醚＞水＞苯＞酒精　　　　　　　　　B. 苯＞水＞酒精＞醚

C. 苯＞醚＞水＞酒精 D. 水＞苯＞酒精＞醚
参考答案：D

58. 斜探头直接接触法探测钢板焊缝时，其横波（　　）。
A. 在耦合层与钢板界面上产生 B. 从晶片上直接产生
C. 在有机玻璃斜楔块中产生 D. 在有机玻璃与耦合层界面上产生
参考答案：A

59. 表示磁化力在某种材料中产生的磁场强度的关系的曲线叫作（　　）。
A. 磁感应曲线 B. 磁滞回线 C. 饱和曲线 D. 磁力曲线
参考答案：B

60. 表示胶片受到一定量X射线照射，显后的底片黑度是多少的曲线叫作（　　）。
A. 吸收曲线 B. 曝光曲线 C. 灵敏度曲线 D. 特性曲线
参考答案：D

61. 保存射线胶片的环境相对湿度应为（　　）。
A. 10％～25％ B. 50％～65％ C. 70％～85％ D. 越干燥越好
参考答案：B

62. 要在工件中得到纯横波，探头入射角 α 必须（　　）。
A. 在第一、第二临界角之间 B. 小于第二临界角
C. 大于第一临界角 D. 大于第二临界角
参考答案：A

63. X射线管管电流大小主要取决于（　　）。
A. 灯丝电流 B. 阳极到阴极的距离
C. 靶材料 D. 以上都是
参考答案：A

64. 乳化剂的 H，L，B 值越低则（　　）。
A. 亲水、亲油性均越强 B. 亲水、亲油性均越弱
C. 亲水性越强 D. 亲油性越强
参考答案：D

65. X射线管中轰击靶产生X射线的高速电子的数量取决于（　　）。
A. 阴极靶材料的原子序数 B. 灯丝材料的原子序数
C. 阳极靶材料的原子序数 D. 灯丝的加热温度
参考答案：D

66. 渗透液体入表面缺陷的原因是（　　）。
A. 毛细现象 B. 渗透液的重量
C. 渗透液的化学作用 D. 渗透液的黏性
参考答案：A

67. 当两台相同型号的X射线机的千伏值和毫安值均相同时，则（　　）。
A. 产生的X射线的强度和波长一定相同
B. 产生的X射线的强度相同，波长不同
C. 产生的X射线的波长相同，强度不同
D. 产生的X射线的强度和波长不一定相同
参考答案：D

68. 下列哪一特征，不是X射线管的靶材料所要求的（　　）。
A. 高熔点 B. 高热传导率 C. 高原子序数 D. 高质量吸收系数

参考答案：D

69. X 射线管中的阴极最常见的是（   ）。
A. 旋转阴极　　　　B. 热阴极　　　　C. 固定阴极　　　　D. 冷阴极
参考答案：B

70. 一般 X 射线机调节管电压的方法通常是（   ）。
A. 调节阴极和阳极之间的距离　　　　B. 调节阴极和阳极之间的电压
C. 调节灯丝的加热电压　　　　　　　D. 调节灯丝与阴极之间的距离
参考答案：B

71. 涡流检测技术可以用来测量（   ）。
A. 涂层厚度　　　B. 镀层厚度　　　C. 薄板厚度　　　D. 以上都是
参考答案：D

72. 无损检测的作用不包含系列哪一项？（   ）
A. 不损伤工件的前提下发现缺陷
B. 覆盖层的测厚
C. 探测焊缝的晶粒尺寸
D. 导电材料的分选
参考答案：C

73. 胶片特性曲线上，两个特定黑度点的直线的斜率叫作（   ）。
A. 胶片宽谷度　　　B. 感光度　　　C. 平均梯度　　　D. 梯度
参考答案：C

74. 决定 X 射线管靶材适用性的两个因素是（   ）。
A. 电阻和抗氧化性能　　　　B. 硬度和磁导度
C. 拉伸强度和倔强强度　　　D. 原子序数和熔点
参考答案：D

75. 如果试验频率增大而场强不变，则表面涡流密度（   ）。
A. 减小　　　B. 增大　　　C. 不变　　　D. 以上都可能
参考答案：B

76. 下面哪条不是渗透探伤方法的优点？（   ）
A. 应用方法比较简单　　　　B. 被检零件的形状尺寸没有限制
C. 可发现各种类型的缺陷　　D. 原理简单容易理解
参考答案：C

77. 用芯棒法磁化圆筒零件时，最大磁场强度的位置在零件的（   ）。
A. 壁厚的一半处　　　B. 外表面　　　C. 两端　　　D. 内表面
参考答案：D

78. 下面有关材料衰减的叙述、哪句话是错误的？（   ）
A. 衰减系数一般随材料的温度上升而增大
B. 当晶粒度大于波长 1/10 时对探伤有显著影响
C. 横波衰减比纵波严重
D. 提高增益可完全克服衰减对探伤的影响
参考答案：D

79. 以下属于无损检测新技术的是（   ）。
A. 电流扰动检测技术　　　　B. 磁光涡流检测技术
C. 泄漏兰姆波检测　　　　　D. 以上都是

参考答案：D

80. 决定材料对 X 射线吸收量最重要的因素是（   ）。
A. 材料晶粒度   B. 材料密度   C. 材料厚度   D. 材料原子序数
参考答案：D

81. 决定 X 射线机工作时间长短的主要因素是（   ）。
A. 阳极冷却速度的大小   B. 工件厚度的大小
C. 工作电压（kV）的大小   D. 工作电流（mA）的大小
参考答案：A

82. 下列关于线圈磁化的叙述中，正确的是（   ）。
A. 可以使圆柱形工件得到均匀磁化
B. 磁化同一试件，在线圈内通以交流电比通以同幅值的三相全波整流电的磁场强度要大
C. 当用直流电磁化长度、外径和材质都相同的圆钢棒和圆钢管时，钢管受到的磁场作用较强
D. 把多个细长试件捆为一匝装满线圈，能得到强的磁化效果
参考答案：C

83. 使用加速器的目的是（   ）。
A. 产生 γ 射线   B. 产生 α 射线
C. 产生高能量的 X 射线   D. 产生中子射线
参考答案：C

84. 一般均要求斜探头楔块材料的纵波速度小于被检材料的纵波声速，因为只有这样才有可能（   ）。
A. 在工件中得到纯横波   B. 实现声束聚焦
C. 得到良好的声束指向性   D. 减少近场区的影响
参考答案：A

85. 渗透探伤容易检验的表面缺陷应有（   ）。
A. 较大的深度   B. 较小的宽深比   C. 较大的宽深比   D. 较大的宽度
参考答案：B

86. 坡口或焊材表面不清洁，有水或油污，可能引起（   ）。
A. 未熔合   B. 裂纹   C. 气孔   D. 灰渣
参考答案：C

87. 无损检测质量的可靠性控制途径不包括下面哪项？（   ）
A. 检测人员需要取得相应证书   B. 探伤设备必须要检定
C. 探伤环境要满足一定的要求   D. 由三级人员来签字认可
参考答案：D

88. 与超声频率无关的衰减方式是（   ）。
A. 扩散衰减   B. 散射衰减   C. 吸收衰减   D. 以上都是
参考答案：A

89. 对焊缝进行目视检测时发现有咬边，应有什么反应？（   ）
A. 咬边只在奥氏体材料中是不好的，必须从这种材料中清除
B. 咬边缺口末端有成尖形的和圆形的
C. 咬边可在任何情况下保留，因为它们只出现在表面上
D. 咬边不属于焊缝缺陷，因为它们位于焊缝旁

参考答案：B

90. 第一临界角是（   ）。
A. 折射横波等于90°时的纵波入射角
B. 折射纵波等于90°时的纵波入射角
C. 入射纵波接近90°时的折射角
D. 折射纵波等于90°时的横波入射角

参考答案：B

91. 关于超声检测技术发展趋势的叙述错误的是（   ）。
A. 超声检测的无设备化
B. 新型非接触超声换能技术应用
C. 超声无损检测的信号处理技术
D. 超声无损检测的网络化和集成化

参考答案：A

92. 焊接前的目视检测包括哪些内容？（   ）
A. 焊缝准备的清洁度
B. 装配情况
C. 焊缝准备的形状、大小、清洁程度以及装配情况
D. 焊缝准备的形状和大小

参考答案：C

93. 在目视检测时，检测对象的哪些特征能够通过人眼辨认出来并进行评定？（   ）
A. 只有亮度上的区别和颜色上的区别
B. 亮度上的区别以及形状偏差，不包括颜色上的区别
C. 只有形状偏差
D. 形状偏差，颜色上的区别以及亮度上的区别

参考答案：D

94. 在目视检测时还可使用哪些辅助工具？（   ）
A. 放大镜，在无法直接进行观察的区域使用
B. 显微镜，在无法直接进行观察的区域使用
C. 内窥镜和镜子，为了将检测对象尽量放大，以求达到更好的细节分辨能力
D. 内窥镜和镜子，为了在无法直接进行观察的区域进行观察

参考答案：D

95. 渗透检测法可以发现下述哪种缺陷？（   ）
A. 锻钢中的夹杂物
B. 钢板中的分层
C. 齿轮的磨削裂纹
D. 锻件中的残余缩孔

参考答案：C

96. 射线照相难以检出的缺陷是（   ）。
A. 夹渣和咬边
B. 气孔和未熔合
C. 未焊透和裂纹
D. 分层和折叠

参考答案：D

97. 经过检测发现存在超过验收标准的缺陷之工件应（   ）。
A. 按验收规范的规定处理
B. 立即隔离待处理
C. 立即废弃
D. 立即确定报废

参考答案：B

98. 在无水无电的现场进行渗透探伤，可选用（   ）。
A. 水洗型着色方法
B. 溶剂清洗型着色方法
C. 后乳化型着色方法
D. 自乳化型荧光方法

参考答案：B

99. X 胶片的片基常用的材料是（　　）。
A. 聚乙烯薄膜
B. 涤纶薄膜
C. 聚氨酯薄膜
D. 聚氯乙烯薄膜
参考答案：B

100. 荧光渗透剂优于着色渗透剂是因为（　　）。
A. 小显示容易看见
B. 在不能与水污染的情况下使用
C. 对缺陷的污染不太灵敏
D. 可在明亮的地方进行检验
参考答案：A

"1+X"轨道交通装备无损检测等级考试专业样题

1. 超声波在凸曲面上反射时,反射波(   )。
   A. 聚焦   B. 发散
   C. 不一定   D. 发散或聚焦与两种介质的声速有关
   参考答案:B

2. 为了减小零件厚度变化对电导率读数的影响(   )。
   A. 应提高实验频率   B. 不存在减小这种影响的实际方法
   C. 应降低试验频率   D. 减小填充系数
   参考答案:A

3. 三相全波整流电可用于检测(   )。
   A. 仅仅是表面下的缺陷   B. 内部很深的缺陷
   C. 仅仅是表面缺陷   D. 表面和表面下的缺陷
   参考答案:D

4. 在增感型胶片特性曲线的曝光过渡区,随着曝光量的增加,底片黑度的增加将(   )。
   A. 不一定   B. 不变   C. 减小   D. 增大
   参考答案:C

5. 用溶剂擦洗较水清洗优越的原因在于(   )。
   A. 检验时不需特殊光源
   B. 易于看出微小痕迹
   C. 使渗透液能较快地渗入小的开口中去
   D. 在现场或偏远场合使用方便
   参考答案:D

6. X射线管中轰击的电子运动的速度取决于(   )。
   A. 管电流   B. 灯丝电压
   C. 靶材的原子序数   D. 管电压
   参考答案:D

7. 检查空心工件内表面的纵向缺陷,应该采用哪种磁化方法?(   )
   A. 通电法   B. 磁轭法   C. 线圈法   D. 穿棒法
   参考答案:D

8. 旋转探头式涡流仪器最常用于(   )。
   A. 检查表面和表面下夹杂   B. 检查如折叠、缝隙等表面缺陷
   C. 检查内部缩管或裂纹   D. 以上都是
   参考答案:B

9. 一般而言,射线胶片的感光度越高,底片的清晰度就会(   )。
   A. 升高   B. 不变   C. 不一定   D. 降低
   参考答案:D

10. 润湿液体的液面,在毛细管中呈现的形状为(   )。
    A. 平面   B. 凹面   C. 凸面   D. 不一定
    参考答案:B

11. 显示试件某一纵断面的声像的显示方式为（　　）。
A. A型显示
B. X-Y记录仪显示
C. B型显示
D. C型显示
参考答案：C

12. 裂纹处于什么方向时裂纹上集聚的磁粉最多？（　　）
A. 与磁场成45°
B. 与磁场成180°
C. 与磁场方向无关
D. 与磁场成90°
参考答案：D

13. 感应电流法磁化工件主要采用（　　）。
A. 交流电
B. 直流电
C. 单相全波整流电
D. 单相半波整流电
参考答案：A

14. 超声波容易探测到的缺陷尺寸一般不小于（　　）。
A. 半个波长　　　B. 一个波长　　　C. 若干个波长　　　D. 四分之一波长
参考答案：A

15. 射线照相底片产生黄色灰雾，其原因是（　　）。
A. 胶片质量不好
B. 显影液及定影液老化
C. 水洗不足
D. 以上都不对
参考答案：C

16. 射线底片上缺陷轮廓鲜明的程度叫作（　　）。
A. 胶片对比度　　B. 主因对比度　　C. 清晰度　　D. 颗粒度
参考答案：C

17. 一般来说，对薄工件焊缝的超声波探伤选用大折射角探头可以（　　）。
A. 提高探测灵敏度
B. 提高定位精度和分辨率
C. 提高声压反射率
D. 缩短声程
参考答案：B

18. 渗透探伤前的零件清洗是（　　）。
A. 不需要的
B. 为了防止产生不相关显示
C. 很重要的，因为如果零件不干净就不能正确地施加显像剂
D. 必须的，因为表面污染可能阻止渗透液渗入不连续
参考答案：D

19. 施加湿式显像剂允许使用的方法是（　　）。
A. 用手工喷粉器喷涂
B. 用沾有显像剂的布擦
C. 喷或浸
D. 用软刷刷涂
参考答案：C

20. 采用X射线机对某一工件探伤时，焦距为1m，曝光时间为6min，其余条件均不变，曝光时间改为3min时透照焦距应改为（　　）。
A. 2m　　　　B. 0.5m　　　　C. 0.7m　　　　D. 1.4m
参考答案：D

21. 缺陷反射声压的大小取决于（　　）。
A. 缺陷大小　　　B. 缺陷取向　　　C. 缺陷性质　　　D. 以上全部
参考答案：D

22. 荧光渗透探伤中，黑光灯的作用是（ ）。
A. 加强渗透液的毛细现象　　　　　B. 降低零件的表面张力
C. 使渗透液发荧光　　　　　　　　D. 中和表面上多余的渗透剂
参考答案：C

23. 超声波垂直入射至异质界面时，反射波和透射波的（ ）。
A. 波形不变　　B. 传播方向改变　　C. 波形变换　　D. 发生折射
参考答案：A

24. 试件干燥温度太高，干燥时间太长，就会造成（ ）。
A. 渗透剂黏度增高　　　　　　　　B. 渗透液接触角增大
C. 渗透液表面张力增大　　　　　　D. 缺陷中渗透剂被烘干，无法形成显示
参考答案：D

25. 底面多次回波探伤主要用于（ ）。
A. 大厚度试件　　B. 形状复杂的试件　　C. 厚度较小的板材　　D. 中厚度试件
参考答案：C

26. 超声平面波自声速 C_1 的介质入射至声速为 C_2 的凸界面上，当 $C_1 < C_2$ 时，透过波（ ）。
A. 不一定　　B. 方向不变　　C. 发散　　D. 会聚
参考答案：C

27. 检查厚焊缝中沿熔合线方向的平面状缺陷应采用（ ）。
A. 单斜探伤法　　B. 板波法　　C. 双斜探伤法　　D. 直探头
参考答案：C

28. 提高灯丝温度的目的是（ ）。
A. 发出 X 射线的波长较短　　　　　B. 发射电子的能量增大
C. 发射电子的数量增大　　　　　　D. 发出 X 射线的波长较长
参考答案：C

29. 纵波直射法探测平板形试件时，如果仪器工作条件和耦合状态良好，试件材质衰减很小，但探伤图形中既无缺陷波又无底波，这是由于试件中存在（ ）。
A. 与探测面倾斜的大缺陷　　　　　B. 与探测面垂直的大缺陷
C. 与探测面平行的大缺陷　　　　　D. 以上都可能
参考答案：A

30. 选择磁化电流的种类时，应考虑（ ）。
A. 是表面缺陷还是近表面缺陷　　　B. 工件的形状
C. 缺陷的大小　　　　　　　　　　D. 以上均不必考虑
参考答案：A

31. 下面哪一种方法可以用来改善涡流试验系统的信噪比？（ ）
A. 积分　　B. 滤波或微分　　C. 相位鉴别　　D. 以上都是
参考答案：D

32. 着色检验中被检零件上的白光照度应至少达到（ ）lx。
A. 1500.0　　B. 200.0　　C. 800.0　　D. 500.0
参考答案：D

33. 下列哪种方法能在工件中形成纵向磁场？（ ）
A. 线圈法　　B. 通电法　　C. 支杆法　　D. 穿棒法
参考答案：A

34. 单晶片直探头接触法探伤中，与探测面十分接近的缺陷往往不能有效地检出，这是因为（ ）。
    A. 近场干扰   B. 折射   C. 盲区   D. 材质衰减
    参考答案：C

35. 下列哪一因素对胶片的感光度、梯度、颗粒度均产生影响？（ ）
    A. 改变管电流值   B. 改变显影条件   C. 改变焦距   D. 改变管电压值
    参考答案：B

36. 显影时，哪一条件的变化会导致影像颗粒粗大？（ ）
    A. 显影液活力降低
    B. 显影液搅动过度
    C. 显影时间过短
    D. 显影液温度过高
    参考答案：D

37. 渗透探伤中要求显像剂（ ）。
    A. 喷洒均匀   B. 白度要高   C. 颗粒度要小   D. 以上都是
    参考答案：D

38. 在探伤灵敏度确定后，缺陷的当量大小（ ）。
    A. 约为实际缺陷面积的2倍
    B. 与实际缺陷面积差不多
    C. 比实际缺陷的面积小
    D. 比实际缺陷的面积大
    参考答案：B

39. 减小尺寸逐渐变化产生的显示而保留缺陷产生的显示的一种方法是（ ）。
    A. 采用阻抗试验方法
    B. 增大放大器的通带宽度
    C. 在涡流试验仪器中加入一个高通滤波器
    D. 在涡流试验仪器中加入一个低通滤波器
    参考答案：C

40. 下列哪种缺陷不能用渗透探伤方法发现？（ ）。
    A. 表面裂纹   B. 内部锻造裂纹   C. 表面分层   D. 表面折叠
    参考答案：B

41. 铸件表面的冷隔的渗透探伤剂显示是（ ）。
    A. 聚集的小显示
    B. 断续或连续的光滑线条
    C. 粗糙的深显示
    D. 大型泡状显示
    参考答案：B

42. 显像前干燥时应注意（ ）。
    A. 时间越长越好
    B. 在保证零件表面充分干燥条件下，时间越短越好
    C. 采用热空气烘箱干燥效果好
    D. 温度越高越好
    参考答案：B

43. 哪种情况下涡流在导电材料中的投入深度减小？（ ）
    A. 试样的磁导率减小
    B. 试验频率、试样的电导率或磁导率增大
    C. 试验频率或试样的电导率减小
    D. 试验频率减小或试样的电导率增大
    参考答案：B

44. 面状缺陷（如裂纹、未熔合等）的可检出性不仅取决于射线照相影像质量的三参数，而且还取决于缺陷本身的（　　）。
    A. 缺陷大小　　　　　　　　　　B. 缺陷与射线束的夹角 θ
    C. 缺陷深度、宽度　　　　　　　D. 以上都是
    参考答案：B

45. 射线照相底片上产生黑色树枝状花纹的原因是（　　）。
    A. 胶片静电感光　　B. 显影时搅拌不均　　C. 显影温度过高　　D. 以上都不对
    参考答案：A

46. 表面细节处的不可检性的原因可能是什么？（　　）
    A. 与周围的环境没有足够的对比度
    B. 以下所有情况都可能是细节处的不可检性的原因
    C. 检验员的眼睛没有足够的时间去适应周围的照明
    D. 照明的强度不够高
    参考答案：B

47. 渗透探伤中干燥的目的是（　　）。
    A. 施加湿式显像剂后，干燥处理有助于形成均匀的显像剂涂层
    B. 缩短渗透时间
    C. 保证施加在湿乳化剂上的干式显像剂均匀干燥
    D. 保证多余的渗透剂都蒸发掉
    参考答案：A

48. 最容易使后乳化渗透检验失败的原因是（　　）。
    A. 乳化时间过长　　B. 渗透时间过长　　C. 乳化前过　　D. 显像时间过长
    参考答案：A

49. 小口径管道射线探伤时常采用（　　）方法透照。
    A. 单壁单影法　　B. 双壁单影法　　C. 双壁双影法　　D. 都可以
    参考答案：C

50. 在一定的曝光条件下，当管电流为 5mA 时曝光时间为 8min，如其他条件不变，管电流为 10mA 时，则曝光时间应为（　　）。
    A. 18min　　　　B. 4min　　　　C. 24min　　　　D. 12min
    参考答案：B

51. 乳化剂的应用是（　　）。
    A. 提高渗透剂渗入不连续性的渗透性
    B. 消除虚假显示
    C. 有助于显像剂的吸收作用
    D. 与渗透剂混合形成可以被水清洗的混合物
    参考答案：D

52. 在射线照相时，像质计应放置在（　　）。
    A. 射线源一侧的工件表面上　　　　B. 胶片上
    C. A 和 B　　　　　　　　　　　　D. 胶片侧的工件表面上
    参考答案：A

53. 单直探头法或单斜探头法都能发现的缺陷是（　　）。
    A. 片状　　　　B. 面状　　　　C. 点状　　　　D. 线状
    参考答案：C

54. 下列哪种磁化方法电流是直接流过工件的？（　　）
A. 线圈法　　　　B. 磁轭法　　　　C. 穿棒法　　　　D. 通电法
参考答案：D

55. 显影的目的是（　　）。
A. 使曝光的金属银转变为溴化银　　　　B. 去除未曝光的溴化银
C. 使曝光的溴化银转变为金属银　　　　D. 去除已曝光的溴化银
参考答案：C

56. 减少尺寸逐渐变化产生的显示面保留缺陷产生的显示的一种方法是（　　）。
A. 在涡流试验仪器中加入一个高通滤波器
B. 采用阻抗试验方法
C. 增大放大器的通带宽度
D. 在涡流试验仪器中加入一个低通滤波器
参考答案：A

57. 下面不能用磁粉法检测的是（　　）。
A. 奥氏体钢　　　　B. 碳钢　　　　C. 合金工具钢　　　　D. 铸钢
参考答案：A

58. 同样厚度的两个金属试件，一个可测得五六次底面回波，另一个只测得两次底面回波，则后者的（　　）。
A. 声阻抗大　　　　B. 晶粒细小均匀　　　　C. 密度大　　　　D. 晶粒粗大
参考答案：D

59. 几何不清晰度也可称为（　　）。
A. 固有不清晰度　　　　B. 半影　　　　C. 几何放大　　　　D. 照相失真
参考答案：B

60. 与表面光滑的零件相比，检验表面粗糙的零件时一般应采用（　　）。
A. 较低频率的探头和黏度较小的耦合剂　　　　B. 较高频率的探头和黏度较小的耦合剂
C. 较低频率的探头和较黏的耦合剂　　　　D. 较高频率的探头和较黏的耦合剂
参考答案：C

61. 粗糙表面对渗透检验的影响主要是（　　）。
A. 去掉多余的渗透剂困难　　　　B. 渗透液渗入缺陷困难
C. 观察缺陷困难　　　　D. 显像剂施加困难
参考答案：A

62. 渗透探伤时，花键、销钉、铆钉等下面会积存渗透剂残余物，这些残余物最可能已起的反应是（　　）。
A. 产生疲劳裂纹　　　　B. 残余物吸收潮气而引起腐蚀
C. 漆层剥落　　　　D. 产生腐蚀裂纹
参考答案：B

63. 锻件中非金属夹杂物的取向最可能的是（　　）。
A. 与锻造方向一致　　　　B. 与锻件金属流线垂直
C. 与主轴线平行　　　　D. 与锻件金属流线一致
参考答案：D

64. 试件内部的、光滑的、片状的与探测面垂直的缺陷，能有效发现该缺陷的探伤方法是（　　）。
A. 串列式探伤　　　　B. 双晶片直射法　　　　C. 斜探头法　　　　D. 单探头法

参考答案：A

65. 渗透后去除渗透剂时，清洗剂用得过量会造成（　　）。
A. 灵敏度提高
B. 只要掌握得好可达到最佳清洗效果
C. 灵敏度降低，发生漏检
D. 清洗质量好
参考答案：C

66. 渗透检验容易检验的表面缺陷应有（　　）。
A. 较大的深宽比
B. 较小的深宽比
C. 较大的宽度
D. 较大的深度
参考答案：A

67. 自乳化水洗型渗透液中乳化剂的作用是（　　）。
A. 有助于用水清洗多余的渗透液
B. 减少渗透时间
C. 增强渗透液的渗透能力
D. 提高渗透速度
参考答案：A

68. 大功率 X 射线管阳极冷却的常用方法是（　　）。
A. 对流冷却
B. 液体强迫循环冷却
C. 传导冷却
D. 辐射冷却
参考答案：B

69. 探伤结束后，为了防止残留的（　　）腐蚀被检表面或影响其使用，必要时应对其予以清除。
A. 乳化剂
B. 渗透剂
C. 清洗剂
D. 显像剂
参考答案：D

70. 水浸式垂直探伤钢板时，超声波进入工件内传播的有（　　）。
A. 折射角为 90°的纵波
B. 折射角为 0°的纵波
C. 纵波和横波
D. 以上各种波的叠加
参考答案：B

71. 磁粉探伤能够检查的材料是（　　）。
A. 铁磁性材料
B. 非金属材料
C. 顺磁性材料
D. 有色金属
参考答案：A

72. 下面哪种磁化方法是使电流直接从工件上通过？（　　）
A. 磁轭法
B. 支杆法
C. 穿棒法
D. 线圈法
参考答案：B

73. 什么是间接目视检测？（　　）
A. 用放大镜进行目视检查
B. 在红外线照明下进行目视检查
C. 在人工照明情况下进行目视检查
D. 检测人员眼睛和检测区域之间光路中断下的目视检测
参考答案：D

74. 斜探头探测焊缝时，正确调整仪器扫描线比例是为了（　　）。
A. 判定缺陷大小
B. 识别焊缝回波和缺陷波，判定缺陷位置
C. 确定探伤灵敏度
D. 以上都是
参考答案：B

75. 垂直探伤时工件底面倾斜能引起（　　）。
   A. 底面反射增强　　　　　　　　　　B. 局部或整个地丧失底面回波
   C. 杂波信号增多　　　　　　　　　　D. 底面反射波不变化
   参考答案：B

76. 一个平板试块的底面多次回波之间距离相等者，可认为该仪器水平线性（　　）。
   A. 不好　　　　B. 很好　　　　C. 一般　　　　D. 很差
   参考答案：B

77. 铸件往往难以用超声检测，因为（　　）。
   A. 流线均匀　　　　　　　　　　　　B. 缺陷任意取向
   C. 晶粒结构粗大　　　　　　　　　　D. 材料结构非常致密
   参考答案：C

78. 从零件表面去除多余的可水洗型渗透剂时，常用的方法是（　　）。
   A. 将零件浸入水中清洗　　　　　　　B. 用水喷洗
   C. 在自来水龙头下冲洗　　　　　　　D. 用湿布擦
   参考答案：B

79. 使用干法时，往工件上施加磁粉的正确方法是（　　）。
   A. 用在压力的压缩空气吹槽　　　　　B. 使工件在磁粉容器中滚动
   C. 使磁粉轻轻地飘落在受检表面上　　D. 将工件埋入磁粉，取出后观察
   参考答案：C

80. 配制荧光磁粉水磁悬液的正确方法是（　　）。
   A. 直接将磁粉倒入水分散剂中搅拌
   B. 将磁粉与少量分散剂混合搅拌，然后加入余量分散剂和水
   C. 将磁粉与润湿剂混合搅拌，然后用水冲洗稀释
   D. 直接将磁粉倒入水中搅拌
   参考答案：B

81. 磁粉探伤能够检查出的缺陷是（　　）。
   A. 钢锭中心的缩孔　　　　　　　　　B. 钢棒表面的裂纹
   C. 平行于工件表面的分层　　　　　　D. 钢管壁厚的减薄
   参考答案：B

82. 检查空心工件上的内壁纵向缺陷，应该（　　）。
   A. 用通电法磁化　　　　　　　　　　B. 使电流通过于工件中的导体
   C. 增大使用的电流　　　　　　　　　D. 用线圈法磁化
   参考答案：B

83. 检查薄壁环形件宜采用（　　）。
   A. 永久磁轭探伤仪　　　　　　　　　B. 感应电流探伤仪
   C. 半自动化设备　　　　　　　　　　D. 电磁轭探伤仪
   参考答案：B

84. 若射线源在1m处的剂量率是0.5rem/h，每天按4h工作，在不超过安全剂量的前提下，射线专业人员最短的距离是（　　）m。（一年按原50周计，每周工作6天）
   A. 13.4　　　　B. 11　　　　C. 26　　　　D. 6.8
   参考答案：B

85. 胶片对比度是显示一定曝光量变化所引起的（　　）的固有能力。
   A. 清晰度　　　　B. 粒度　　　　C. 黑度差　　　　D. 几何不清晰度

参考答案：C

86. 一般 X 射线机调节管电压的方法通常是（   ）。
A. 调节阴极和阳极之间的距离　　　　B. 调节灯丝与阴极之间的电压
C. 调节阴极和阳极之间的电压　　　　D. 调节灯丝的加热电压
参考答案：C

87. 直射法探伤时试件的探测面应选在与缺陷最大表面（   ）。
A. 相倾斜的面　　B. 相垂直的面　　C. A 和 B　　D. 相平行的面
参考答案：D

88. 关于支杆法正确的叙述是（   ）。
A. 适宜于焊缝的检查或局部检查
B. 低碳钢比高碳钢容易烧伤
C. 最适宜于检测表面光洁度高的工件
D. 适宜于形状复杂的小型工件的全面检查
参考答案：A

89. 在磁化的工件上，磁感应线离开或进入工件的区域称为（   ）。
A. 饱和点　　B. 缺陷　　C. 磁极　　D. 交点
参考答案：C

90. 可探测距离最大的探伤方法是（   ）。
A. 板波法　　B. 表面波法　　C. 纵波法　　D. 横波法
参考答案：C

91. 下列哪一种缺陷类型可能会在焊缝中产生？（   ）
A. 未熔合　　B. 分层　　C. 搭接焊缝　　D. 折叠
参考答案：A

92. 在条件允许的情况下，焦点尺寸应尽可能地小，其目的是（   ）。
A. 提高清晰度　　B. 节省合金材料　　C. 减小设备体积　　D. 增大能量密度
参考答案：A

93. 提高非铁金属的热处理温度会（   ）。
A. 对电导率无影响　　　　B. 增大电导率
C. 可能增大也可能减小电导率　　　　D. 减小电导率
参考答案：C

94. 在声程大于 3N 的远场，平底孔的反射声压（   ）。
A. 与声程的平方根成反比　　　　B. 与声程的平方成正比
C. 与声程的平方成反比　　　　D. 与声程成反比
参考答案：C

95. 剩磁法检验时，磁化后的工件不得与其他钢件接触或摩擦，其原因是（   ）。
A. 可能产生磁写　　B. 可能损坏工件　　C. 可能使磁场减弱　　D. 可能使工件退磁
参考答案：A

96. 视觉识别能力受什么影响？（   ）
A. 受照明强度和反差影响　　　　B. 仅受反差影响
C. 仅受色差影响　　　　D. 仅受照明强度影响
参考答案：A

97. 下列显像剂（   ）去除最容易。
A. 干粉　　B. 水悬浮　　C. 溶剂悬浮　　D. 水溶性

参考答案：A

98. 近表面缺陷磁痕的特征是（　　）。
A. 清晰且明显　　　　B. 清晰且较宽　　　　C. 宽而模糊　　　　D. 浓密清晰
参考答案：C

99. （　　）对渗透剂渗入表面缺陷的速度影响最大。
A. 黏度　　　　　　　　　　　　　　B. 相对质量
C. 密度　　　　　　　　　　　　　　D. 表面张力和润湿性能
参考答案：A

参 考 文 献

[1] 《国防科技工业无损检测人员资格鉴定与认证培训教材》编审委员会. 无损检测综合知识 [M]. 北京：机械工业出版社，2016.
[2] 《国防科技工业无损检测人员资格鉴定与认证培训教材》编审委员会. 目视检测 [M]. 北京：机械工业出版社，2016.
[3] 《国防科技工业无损检测人员资格鉴定与认证培训教材》编审委员会. 射线检测 [M]. 北京：机械工业出版社，2016.
[4] 《国防科技工业无损检测人员资格鉴定与认证培训教材》编审委员会. 超声检测 [M]. 北京：机械工业出版社，2016.
[5] 《国防科技工业无损检测人员资格鉴定与认证培训教材》编审委员会. 磁粉检测 [M]. 北京：机械工业出版社，2016.
[6] 《国防科技工业无损检测人员资格鉴定与认证培训教材》编审委员会. 渗透检测 [M]. 北京：机械工业出版社，2016.
[7] 《国防科技工业无损检测人员资格鉴定与认证培训教材》编审委员会. 涡流检测 [M]. 北京：机械工业出版社，2016.
[8] 中国机械工程学会无损检测分会. 超声检测 [M]. 北京：机械工业出版社，2010.
[9] 中国机械工程学会无损检测分会. 射线检测 [M]. 北京：机械工业出版社，2010.
[10] 中国机械工程学会无损检测分会. 磁粉检测 [M]. 北京：机械工业出版社，2010.
[11] 中国机械工程学会无损检测学会. 渗透检测 [M]. 北京：机械工业出版社，2010.
[12] 中国机械工程学会无损检测学会. 涡流检测 [M]. 北京：机械工业出版社，2010.
[13] 张天鹏. 射线检测 [M]. 北京：中国劳动社会保障出版社，2007.
[14] 郑晖，林树青. 超声检测 [M]. 北京：中国劳动社会保障出版社，2008.
[15] 宋志哲. 磁粉检测 [M]. 北京：中国劳动社会保障出版社，2007.
[16] 胡学知. 渗透检测 [M]. 北京：中国劳动社会保障出版社，2007.
[17] 赵刚. 无损检测技术在地铁车辆检测中的应用 [J]. 科技风，2017（14）：291-291.
[18] 冯文慧，唐鲁楠. 磁粉检测技术在地铁转向架检修中的应用 [J]. 中国新技术新产品，2016（01）：65-65.
[19] 唐鲁楠，冯文慧. 无损检测技术在地铁检修中的应用 [J]. 无损检测，2016（03）：82-84.
[20] 黄永巍. 中国铁路总公司机车车辆无损检测技术标准 [J]. 2018远东无损检测新技术论坛论文集，2018（07）：659-664.
[21] 许利民. 焊接检测及技能训练 [M]. 长沙：中南大学出版社，2010.
[22] 吴静然. 焊接无损检测 [M]. 北京：机械工业出版社，2018.